U0735215

2020年江苏省体育局重大体育科研项目

城市社区公共体育服务系统非平衡演进研究

李国◎著

CHENGSHI SHEQU
GONGGONG TIYU
FUWU XITONG
FEIPINGHENG
YANJIN YANJIU

九州出版社
JIUZHOUPRESS

图书在版编目（CIP）数据

城市社区公共体育服务系统非平衡演进研究／李国
著 . -- 北京：九州出版社，2020.12
ISBN 978-7-5225-0070-6

Ⅰ . ①城⋯ Ⅱ . ①李⋯ Ⅲ . ①群众体育—社会服务—
研究—中国 Ⅳ . ① G812.4

中国版本图书馆 CIP 数据核字 (2021) 第 104756 号

城市社区公共体育服务系统非平衡演进研究

作　者	李　国　著
责任编辑	李文君　周　春
出版发行	九州出版社
地　址	北京市西城区阜外大街甲 35 号（100037）
发行电话	（010）68992190/3/5/6
网　址	www.jiuzhoupress.com
印　刷	武汉鑫佳捷印务有限公司
开　本	787 毫米 ×1092 毫米　16 开
印　张	18.75
字　数	240 千字
版　次	2020 年 12 月第 1 版
印　次	2020 年 12 月第 1 次印刷
书　号	ISBN 978-7-5225-0070-6
定　价	152.00 元

★ 版权所有　侵权必究 ★

前　言

　　城市社区居民日益增长的公共体育需求与相对贫瘠的公共体育资源之间的矛盾已成为制约社区公共体育服务发展的瓶颈与桎梏。从系统论的视角来讲，城市社区公共体育服务系统长期处于"供需失衡"的状态，难以实现"质"的飞跃。有效解决这一矛盾，打破系统长期供需失衡的状态，不仅是城市社区公共体育服务系统有序演进的现实选择，也是国家"转变体育发展方式、推进体育强国建设、履行公共服务职能、保障居民健身权利"的内在要求。国内关于公共体育服务系统发展问题的研究尚处于起步阶段，研究成果多强调系统外部力量的驱使作用，较少论及源于系统内部要素相互作用的驱动力，相关发展策略也多为"刺激—反应"型的被动举措，呈现出一定的"他组织"特征，难以从根本上解决供需失衡问题。因此，积极探索城市社区公共体育服务系统演进的内源式动力机制，打破长期"供需失衡"的状态，促进系统形成动态交流的"非平衡结构"，推动系统"自组织"地有序演进，已成为时下政府部门与体育工作者急需解决的重要课题。

　　本书以城市社区公共体育服务系统非平衡演进为研究对象，以系统科学理论、自组织理论与新公共服务理论为理论基础，运用文献资料、逻辑分析、系统分析、问卷调查、实地调研、专家咨询、因子分析、案例分析、数理统计等方法，按照"应然论证—实然剖析—问题归因—路径选择"这一逻辑主线，立足于系统自组织演进理论体系，从应然的视角分析城市社区公共体育服务系统非平衡演进的内涵、实质、方向、特征、功能与内源式动力机制；在此基础上，对城市社区公共体育服务系统非平衡演进的实然表征、影响因素与本质问题进行实证分析；结合影响因素与本质问题，重点阐释非平衡演进的现实路径；为进一步完善当前社区公共体育服务监督机制，构建了非平衡演进效果的评价体系。主要研究结论有以下六点：

第一，城市社区公共体育服务系统主要包括城市社区公共体育服务主体、城市社区公共体育服务内容、城市社区公共体育服务对象等三个子系统，它们之间相互作用、相互影响。城市社区公共体育服务主体与城市社区公共体育服务内容之间是供给与被供给的关系，城市社区公共体育服务对象与城市社区公共体育服务内容之间是决定与被决定的关系，城市社区公共体育服务主体与城市社区公共体育服务对象之间是服务与被服务的关系。城市社区公共体育服务对象决定公共体育服务主体供给的公共体育服务内容；反之，城市社区公共体育服务主体供给的公共体育服务内容影响公共体育服务对象。

第二，城市社区公共体育服务系统的非平衡演进主要是指城市社区公共体育服务系统在开放与交流的非平衡结构状态下的演进与发展，其内涵可以表述为"对外开放，对内搞活"，实质是城市社区公共体育服务系统与环境之间、各子系统之间存在相互依存、相互制约的联系。城市社区公共体育服务系统非平衡演进的方向是自组织地形成有序结构状态。在非平衡演进过程中，城市社区公共体育服务系统体现出整体性、稳定性、层次性、多样性、相关性、包容性等特征，具有组织管理、资源整合、服务供给、保障监督、评价反馈等功能。

第三，城市社区公共体育服务系统非平衡演进的运行机制既需要系统组分自发组织起来主动发生联系，也需要对系统组分行为进行必要的约束和役使。自组织机制是指通过城市社区公共体育服务系统组分之间自发自主的相互联系、相互作用，实现从简单到复杂、从无序到有序的演进。自组织机制的有序运行需要以城市社区公共体育服务系统的开放性、远离平衡态、非线性作用与涨落为条件，而动力则主要源自系统内部组分之间的竞争与协同作用。役使机制是指系统组分之间相互竞争、相互协同而形成的序参量的约束作用，而公共体育服务制度即为这一序参量。公共体育服务制度的规范与有效执行是其发挥役使作用的条件，而动力则来自系统组分之间的利益诉求与责任驱动。在两种机制的共同作用下，城市社区公共体育服务系统获得了有序演进的内源式动力。

第四，城市社区公共体育服务系统非平衡演进的实然表征是联系断裂与供需失衡的平衡态，主要体现在"服务主体相对单一、服务内容相对短缺、居民需求表达不畅"等方面；影响因素主要有公共体育服务内容因子、公共体育服务主体因子、公共体育服务对象因子、公共体育资源经费因子、公共体育服务制度建设因子、社会经济文化环境因子等，6 个共同因子累积方差贡献率达到 79.738%；存在的问题主要是系统开放不足、联系断裂、供需失衡、监督疲软等。

第五，城市社区公共体育服务系统非平衡演进的现实路径主要包括适度开放、加强联系、以需为本、规范制度与优化环境等五个方面。适度开放是前提，可以通过汲取社会资源、发展多元主体与援引先进模式等途径促进公共体育服务系统的适度开放；加强联系是关键，可以通过促进主体交流、贯通表达渠道等途径加强系统组分之间的联系；以需为本是核心，应确立社区居民的中心地位，践行"社区居民导向"的体育服务理念，建立"以需为本"的供给机制；规范制度是保障，应鼓励社区居民参与决策，规范公共体育服务制度内容，完善监督评价机制；优化环境是基础，应创造良好的经济条件与文化氛围。

第六，科学的评价体系不仅是满足社区居民公共体育需求的制度保障，而且是完善城市社区公共体育服务系统监督评价机制的重要手段。城市社区公共体育服务系统非平衡演进效果的评价体系主要包括 3 个一级指标、9 个二级指标、23 个三级指标；选取模糊综合评价方法，对山东省 J 市 D 社区公共体育服务系统建设情况进行了实际测评，评价结果显示 D 社区的评价分值为 70.0467 分，公共体育服务系统建设情况处于"一般"等级。

总体而言，课题基于系统科学理论、自组织理论与新公共服务理论，围绕"何为非平衡""为何非平衡""如何非平衡"等基本问题，从"理论分析"和"实证调研"两个方面对城市社区公共体育服务系统非平衡演进进行论证。在此基础上，针对城市社区够公共体育服务系统发展问题，提出了一种非平衡演进的观点与优化路径，冀望为促进城市社区公共体育服务的科学发展提供决策参考。

目　录

第1章 绪 论

1.1 问题的提出

城市社区公共体育服务系统的产生源于社区居民日益增长的多样化的公共体育需求，而其发展则起因于人们对城市社区公共体育服务系统的理想诉求与实然境况之间差距的反思与超越。纵观城市社区公共体育服务系统的发展历程，不难发现，一方面，城市社区公共体育服务系统在人们的关注与青睐中呈现出前所未有的繁荣景象与发展潜力；另一方面，城市社区公共体育服务系统发展的应然状态与实然境况之间的差异映射出的问题与困惑也如影随形。对于城市社区公共体育服务系统发展过程中成绩与问题并存、愿望与结果差异的现实性的体察与评价，正是人们不断追求发展与超越的意义所在。因此，面对城市社区公共体育服务系统发展实践中存在的问题与困惑，应秉承实事求是、客观科学的态度，透过现象认识本质，由表及里地探究问题的根源。对于城市社区公共体育服务系统非平衡演进问题的分析，就是一种有益尝试。

改革开放以来，在国家政治经济体制改革不断深入与完善的背景下，社区体育作为社会体育的重要组成部分开始登上历史的舞台，逐步成为社区居民强身健体、进行休闲娱乐的主要方式，承担着提升社区居民体质、促进社区精神文明建设的重任。因此，积极地组织开展社区体育活动，提供优质的体育服务，满足社区居民的公共体育需求，一直是体育行政部门的工作重点。随着我国城市化进程的稳步推进，城市社区居民生活水平不断提高，国家统计局统计显示，2013 年底，我国城镇人均可支配性收入达到 26955 元，比 2012 年增长 9.7%。在社会生活条件不断改善的背景下，城市社区居民的健身意识显著提高，公共体育需求日趋增长，呈现出多元化与多样性的特征。但是，社区体育场地设施、体育活动组织开展、社区体育健身指导等公共体育服务资源的开发与供给却相对不足，未能达到城市社区居民的期望与要求。国家体育事业"十二五"规划也明确指出，群众体育面临的主要问题是"人民群众日益增长的体育需求与社会体育资源相对不足之间的矛盾"[①]。这一矛盾已经成为制约公共体育服务系统发展的桎梏。

在国家大力推进公共体育服务系统建设的背景下，如何有效地解决城市社区公共体育服务供需失衡的问题、探讨问题产生的根源、推动公共体育服务系统健康发展已成为全社会关注的焦点和学术界探讨的热点。现有的研究成果主要是基于经济学视角与公共管理学视角对公共体育服务供需失衡问题进行分析，经济学视角的研究主要侧重于依托公共产品理论探讨公共体育服务的概念、属性与供给措施等，公共管理学视角的研究则主要强调从制度建设与政策执行等方面规范公共体育服务的供给过程。相关研

---

① 体育事业发展"十二五"规划 [EB/OL]. [2011-04-01]. http://www.sport.gov.cn/n16/n1077/n1467/n1843577/1843747.html.

究成果在一定程度上丰富了城市社区公共体育服务服务理论体系，促进了公共体育服务建设实践的推进。但也存在一定的不足。例如，解决问题的措施多为"刺激—反应"型的被动举措，难以推动系统可持续发展；重点强调公共体育服务系统外部力量的驱动作用，忽视了系统自身内源式驱动力的作用，呈现出一定的"他组织"特征，难以从根源上解决公共体育服务供需失衡问题。

实际上，城市社区公共体育服务供需失衡的问题长期存在，并未得到有效解决。从系统论的视角讲，长期存在的供需失衡问题导致城市社区公共体育服务系统的演进状态没有发生根本改变，一直处于相对静止的平衡态，难以实现"质"的飞跃。客观科学地解决这一矛盾，打破城市社区公共体育服务系统长期供需失衡的平衡态，推动系统有序演进，不仅是城市社区公共体育服务系统实现可持续发展的现实选择，也是国家"转变体育发展方式、建设体育强国、履行服务职能、保障居民体育权利"的内在要求。

1.1.1　体育发展方式的转变

中华人民共和国成立之初，面对民族体质羸弱的状况，体育运动责无旁贷地肩负起增强国民体质、振奋民族精神、重塑国家形象的历史重任。以毛泽东为代表的第一代国家领导人多次强调应大力开展群众性的体育活动，增强民族体质，为生产劳动和国防建设服务。毛泽东主席亲笔题词"发展体育运动，增强人民体质"，指导群众性体育运动的开展。20世纪60年代，鉴于国家落后的社会经济发展水平，国家体委提出了"控制群众体育的规模与数量"，"体育工作的重点应当放在运动训练工作上"[①]的方针。对

---

① 田雨普.新中国60年体育发展战略重点转移的回眸与思索[J].体育科学，2010，30(1)：3—9.

于"运动训练工作"的侧重，促进了体育竞技水平的提升，第 26 至 28 届世乒赛上中国队的优异成绩即为见证。改革开放初期，受"文化大革命"的影响，国家社会经济发展水平仍较落后，1978 年，我国农村家庭恩格尔系数为 68%，城镇家庭为 59%，两者平均超过 60%，隶属贫穷社会。[①]1979 年，国际奥委会恢复了中国的合法席位，在获得与世界列强同等竞技权益的同时，我国竞技体育也承受了巨大的压力。邓小平同志指出："现在看来，体育运动搞得不好，影响太大了，是一个国家经济、文明的表现，它鼓舞了这么多人，吸引了这么多观众、听众，要把体育搞起来。"因此，怎样在较短时间内提高运动技术水平、赶上或超过其他国家，彰显社会主义制度的优越性，便成为当时体育界急需解决的问题。基于落后的社会经济发展水平，国家体委要求"省级以上体委在普及与提高相结合的基础上，侧重抓提高"。1984 年，中共中央在《关于进一步发展体育运动的通知》中指出："集中力量发展优势项目，把那些短时间能赶上世界先进发展水平的项目抓上去，在今后的重大国家比赛中，争取更优异的成绩。"[②] 竞技体育获得了优先发展的指导思想基本确定，并获得了优先发展的制度保障和资源保障。竞技体育优先发展战略的实施使我国竞技体育获得了空前的繁荣，竞技体育成绩突飞猛进。1981 年，我国囊括第 36 届世乒赛 7 项桂冠，1982 年，斩获第 9 届亚运会 61 枚金牌，跃居亚洲第一，1984 年，我国实现了奥运金牌"零"的突破，2008 年，中国队在北京奥运会上获得金牌总数第一的辉煌成绩，在短短 30 多年的时间里，中国竞技体育的水平已经

---

① 杨桦，任海.转变体育方式由"赶超型"走向"可持续发展型"[J].北京体育大学学报，2013，36（1）：1—9.

② 1984 年中共中央关于进一步发展体育运动的通知［EB/OL］.［2004-04-26］. http://www.olympic.cn/rule/code/2004/0426/26065.html.

跻身世界前列。竞技体育的辉煌成绩一方面使国人成功甩掉了"东亚病夫"的帽子，树立了良好的国家形象，民族自信心获得了较大的提升。另一方面，也使这种发轫于特殊历史时期的竞技体育优先发展的非协调发展方式得到了强化，对中国体育的发展产生了深远的影响。

在国家政策的支持下，竞技体育优先发展起来，而与之相对的群众体育则由于缺乏资源支持，发展水平相对较低。鉴于竞技体育与群众体育发展失衡的状况，1995年，全国人大八届三次会议的《政府工作报告》明确指出，体育工作要坚持群众体育和竞技体育协调发展的方针，把发展群众体育、推行全民健身计划、普遍增强国民体质作为重点。同年8月通过的《中华人民共和国体育法》也明确规定，体育工作要坚持以开展全民健身活动为基础，实行普及与提高相结合、促进各类体育协调发展。为了进一步协调群众体育与竞技体育的发展，我国又相继颁布了《全民健身计划纲要》与《奥运争光计划纲要》，对两者的科学发展进行指导。但是，现实中的群众体育却在被尊重中表现得步履维艰，存在体育组织管理人员短缺、体育经费投入不足、体育场地器材缺失、体育服务缺位等问题，无法满足广大居民强身健体的基本需求。

随着改革开放的深入，政治经济体制改革稳步推进，国民经济发展水平持续攀升，城乡居民生活水平稳步提高。广大居民的体育需求不再只局限于竞技体育斩获金牌给予人们的震撼与感动，而是对自身健康、休闲娱乐与身心发展呈现出极大的热情。鉴于此，国家体育事业"十二五"规划提出了"以转变体育发展方式为主线，以建设完全符合国情、比较完整、覆盖城乡、可持续发展的公共体育服务体系为重点，以改革创新为基本动力，……促进我国体育事业全面协调可持续发展"[①]的奋斗目标。

---

① 体育事业发展"十二五"规划［EB/OL］.［2011–04–01］. http://www.sport.gov.cn/n16/n1077/n1467/n1843577/1843747.html.

它的提出，标志着我国进一步转变体育发展方式，走"全面、协调、可持续发展"的道路，已成为时下无二的选择。因此，积极推进城市社区公共体育服务系统建设，打破城市社区公共体育服务系统供需失衡的发展态势，提供优质的公共体育资源，满足城市社区居民多样化的公共体育需求，不仅是对转变体育发展方式的积极响应，更是对走全面协调可持续发展道路的探索实践。

1.1.2 体育强国建设的要求

"体育强国"一词在我国最早出现于 1964 年原国家体委内部刊物《体育参考》刊文中，用"两大体育强国"形容美国和苏联在赫尔辛基奥运会上的表现。20 世纪 80 年代，"体育强国"一词多次出现在政府的方针政策中，并成为体育界为之奋斗的目标。1980 年全国体育工作会议上提出了"为使我国进入世界体育强国而奋斗"；1983 年原国家体委在《关于进一步开创体育新局面的请示》中提到要"成为世界体育强国之一"，并确立了若干具体指标。21 世纪以来，中国运动健儿在近四次奥运会上金牌成绩稳居前三，其中在 2008 年奥运会上成功问鼎。在竞技体育取得辉煌战绩的时刻，胡锦涛主席在北京奥运会、残奥会总结表彰大会上指出："我们要坚持以增强人民体质、提高全民族身体素质和生活质量为目标，……实现经济体育和群众体育协调发展，进一步推动我国由体育大国向体育强国迈进。"胡锦涛主席的讲话不仅为我国体育发展指明了方向、确立了目标，而且为新时期体育工作的开展提供了强大的动力，标志着我国体育事业进入了新的历史发展时期。经济的发展与社会的进步，要求我们对"体育强国"的理解应与时俱进，结合新的时代背景分析其内涵与内容。因此，新时期"体育强国"的内涵、建设内容与发展指标、具体实现机制与路径等问题，则成为时下政府决策层与体育工作者关注的焦点。

关于"何为体育强国",众说纷纭,观点不一。周爱光教授认为,体育强国是指体育事业总体水平在世界上处于一流或前列的国家,要成为体育强国,需至少具备 3 个必要条件:在群众体育方面,要求年满 20 周岁的成年人占体育人口的 45% 以上;在竞技体育方面,要求奥运会的奖牌数和成绩应列前 8 名之内;在体育产业方面,则要求产值应占 GDP 的 1.5% 以上。[①] 徐本力教授认为,体育强国是指包括竞技体育和大众体育为主的体育事业的整体结构的发展水平。[②] 汲智勇认为,对于体育强国的认识经历了从"单维"向"多维化"转变的过程,体育强国不仅仅具备优异的竞技体育成绩,更是群众体育、竞技体育、体育文化等在内的多维综合体。[③] 邱雪则制定了体育强国指标体系,主要包括 4 个一级指标和 22 个二级指标。[④] 由上述分析不难发现,虽然各位学者对于体育强国的理解不尽相同,但在群众体育作为体育强国建设的基本内容和评价指标的认识上则趋于一致。因此,积极分析我国群众体育的现状、发展水平、存在的问题,制定客观科学的发展策略,是体育强国建设的应然要求。

相对于竞技体育的辉煌而言,我国群众体育发展水平的相对低下,"政府提供的公共体育服务不足,体育场地设施建设、组织体系建立、科学健身指导等诸多方面与广大人民群众的需求存在较大差距,已经成为我国在

---

① 周爱光."体育大国"与"体育强国"的内涵探析 [J].体育学刊,2009,16(11):1—4.

② 徐本力.体育强国、竞技体育强国、大众体育强国内涵的诠释与评析 [J].天津体育学院学报,2009,24(2):93—98.

③ 汲智勇.关于体育强国认识的演变历程与发展策略研究 [J].体育与科学,2010,31(5):26—29.

④ 邱雪.体育强国指标体系的创建 [J].中国体育科技,2010,46(1):10—14.

建设体育强国过程中的基础性薄弱环节"。① 如何科学地促进群众体育的发展，有效解决公共体育需求的增长与公共体育资源的短缺问题，已成为体育强国建设过程中的关键所在。因此，客观分析城市社区居民的现实体育需求及其发展动向，实现供需双方的有效互动，解决居民体育需求与资源供给之间的长期矛盾问题，改变城市社区公共体育服务系统的演进状态，实现公共体育服务系统的有序演进，切实提高社区公共体育服务水平，进一步推动竞技体育与群众体育的协调发展，是新时期建设体育强国的基本要求，更是迈向体育强国的现实路径选择。

1.1.3 政府服务职能的定位

为适应社会经济的高速发展，推动政府职能的转变、建设服务型政府已成为时下我国政治体制改革的核心。党的"十七大"报告明确提出"加快行政管理体制改革，努力建设服务型政府"的要求，并强调"健全政府职能体系，完善公共服务体系"。党的"十八大"报告则进一步提出了"建设职能科学、结构优化、廉洁高效、人民满意的服务型政府。……推动政府职能向创造良好发展环境、提供优质公共服务、维护社会公平正义转变"。② 我们不难发现，增强政府服务职能，建设服务型政府，不断完善公共服务体系，已成为新时期党和政府的重点工作。

体育事业作为一项关乎国民体质健康的民生问题，它的发展"要着眼于满足人民群众的体育需求，以城乡体育健身场地和设施、群众体育组织，

---

① 体育事业发展"十二五"规划［EB/OL］．［2011-04-01］．http：//www.sport.gov.cnn16/n1077/n1467/n1843577/1843747.html.

② 胡锦涛在中国共产党第十八次全国代表大会上的报告［EB/OL］．［2012-11-08］．http：//politics.people.com.cn.

全民健身体系为建设重点，以为人民提供更多更好的体育公共服务，让人民分享体育发展成果，享受体育带来的健康和快乐，形成健康文明的生活方式为目标"。① 国家体育总局局长刘鹏在全国体育局局长会议上明确指出："政府提供公共体育服务的职能只能加强，不能消弱，这既是由体育事业的公益性质决定的，也是由政府的职责和任务决定的。"② 国家体育总局在《体育事业发展"十二五"规划》中明确提出了"加快完善公共体育服务体系，提高公共体育服务水平，……促进我国群众体育发展迈上新台阶"③ 的建设目标。由此可见，在建设服务型政府的背景下，为广大居民提高优质的公共体育服务，满足居民不断增长的体育需求，已成为各级政府理应履行的重要服务职能之一。

在国家的推动下，政府部门的公共体育服务能力在一定程度上得到了提升，并取得了一定的成果。但也存在诸多问题，公共体育服务的供给还远不能满足广大居民强身健体的需求。就体育场地而言，第五次全国体育场地普查结果显示，我国共有各类体育场馆 850080 个，……人均体育场地面积仅为 1.03 平方米，平均每万人拥有体育场地 6.58 个，体育场地供给严重不足。此外，还存在诸如社会体育指导员的配置、公共体育活动的组织与开展、科学健身指导水平等问题。这些问题长期存在，一直没有得到根本解决，已成为制约政府公共体育服务能力与水平的桎梏。因此，认

---

① 胡锦涛在北京奥运会、残奥会总结表彰大会上的讲话［EB/OL］.［2008-09-29］.http：//news.xinhuanet.com.

② 刘鹏局长在全国体育局长会议上的讲话［EB/OL］.［2013-12-24］.http：//www.sport.gov.cn.

③ 体育事业发展"十二五"规划［EB/OL］.［2011-04-01］. http://www.sport.gov.cnn16/n1077/n1467/n1843577/1843747.html.

真分析城市社区公共体育服务长期存在的问题，探讨改变公共体育服务系统供需失衡发展状态的机制与路径，为广大居民提供优质的公共体育服务，不仅是各级政府以人为本、执政为民的现实体现，更是政府履行服务职能理应承担的重要责任。

1.1.4　居民体育权利的保障

在全面建设小康社会的进程中，我国体育价值观正悄然转变，"从过热的'争金夺银'现象转向为促进大众健康幸福的全民健身，从'服务生产'转向对人们生活质量的关注，体育'追寻健康、幸福生活'的本质功能将得到充分的体现"。[①] 广大居民的体育健身意识较过去有了大幅度的提高，进入公共体育场所、大型体育场馆或专业健身俱乐部运动锻炼的人数和次数均逐渐增多。在此背景下，广大居民对于实现自身体育权利的诉求明显增强。

体育权利是指通过法律规定的公民在有关体育的各种社会生活中所享有的权利，是国家以法律确认和保护公民实现某种体育行为的可能性。[②] 对于公民体育权利的维护与保障是我国体育法治建设的基本要求。我国《宪法》明确规定，国家发展体育事业，开展群众性的体育活动，增强人民体质。这一规定不仅反映了国家对公民体育权利的尊重与重视，而且为以后公民体育权利的立法奠定了基础。随着社会的发展，国家关于公民体育权利的相关法规条例相继出台。1995 年《中华人民共和国体育法》于 2009 年进行了修正。现行体育法规定："地方各级人民政府应当

① 鲁长芬，陈琪.从当代体育价值观的转变透视新时期体育功能 [J].体育学刊，2007，14（3）：126—129.

② 于善旭.论公民体育权利 [J].体育科学，1993，13（6）：23—25.

为公民参加社会体育活动创造必要的条件，支持、扶助群众性体育活动的开展。"2009 年国务院颁布的《全民健身条例》也对"公民参与体育运动的正当权利与地方政府理应承担的责任"等进行了明确规定。此外，国务院还将 8 月 8 日定为"全民健身日"，成为中华人民共和国成立后的第一个全国性体育节日。相关法规的出台为居民参与体育运动、实现体育权利提供了法律依据。

在体育法规条例的保障下，各级政府积极组织开展各种体育文化活动，维护广大居民的健身权益。特别是在北京奥运会申办成功后，以"全民健身与奥运同行"为主题的系列活动陆续开展，极大地提升了民众的运动兴趣，促进了体育文化知识的普及。政府部门不断加大对全民健身的投入力度，国家体育总局局长刘鹏在 2012 年全国体育局长会议上指出："全国各类体育场地已超过 100 万个，建成'农民体育健身工程'34.8万个，'全民健身路径'26.1 万条。雪炭工程、社区运动场、健身步道等遍布全国"，"目前全国注册的公益性社会体育指导员超过 90 万人"。全民健身活动取得了一定的成绩。但是，城市社区居民公共体育需求的增加与公共体育资源不足之间的矛盾仍然没有得到根本性的解决，严重制约了广大居民体育权利的实现。因此，客观分析居民体育需求与资源供给长期失衡的原因，探讨影响公共体育服务系统建设的影响因素与发展路径，促进公共体育服务系统的有序演进，不失为保障广大居民实现体育权利的现实选择。

1.2 研究意义

面对广大社区居民日益增长的公共体育需求与贫瘠的公共体育服务资源，只有加快公共体育服务系统的建设步伐，不断提供优质的公共体育服务，才能有效地解决这一主要矛盾，打破城市社区公共体育服务系统长期供需失衡的状态。因此，积极分析城市社区公共体育服务系统的演进发展问题，从系统论的视角探索城市社区公共体育服务系统非平衡演进的机理与路径，一方面，可以丰富公共体育服务理论，另一方面，可以为公共体育服务系统建设实践提供指导。

1.2.1　理论意义

在社区居民生活水平不断提高、公共体育需求日益多样化的背景下，学术界开始重视公共体育服务系统发展问题的研究，并产生一些研究成果。但是，比较而言，关于公共体育服务系统发展的研究还处于起步阶段，相关研究成果在促进公共体育服务建设不断发展的同时，也存在诸如系统性理论研究成果较少、分析不够深入等不足。本研究以系统科学理论、自组织理论与新公共服务理论为理论支撑，对城市社区公共体育服务系统的边界与结构进行深入分析，在此基础上，探讨城市社区公共体育服务系统非平衡演进的机理，提出非平衡是城市社区公共体育服务系统演进的应然选择的观点，并对非平衡演进的内涵、实质、方向、特征、功能以及运行机制等问题进行理论分析，在一定程度上能够丰富与完善城市社区公共体育服务系统演进发展理论体系。

1.2.2　实践意义

城市社区公共体育服务系统非平衡演进的根本目的是加快公共体育服务系统建设步伐，为社区居民提供优质的公共体育服务资源。基于城市社区公共体育服务系统发展的现实，不难发现，尽管国家不断增加投入，制定相关政策，力促公共体育服务系统建设不断推进。但是，社区公共体育设施缺乏、社会体育指导员不足、社区居民公共体育需求表达与意见反馈不畅的现实问题一直没有得到根本性的解决，从系统论的角度讲，城市社区公共体育服务系统长期处于"供需失衡、联系断裂"的状态。因此，加强城市社区公共体育服务系统非平衡演进研究，探讨改变系统供需失衡与联系断裂的状态的演进机制，分析城市社区公共体育服务系统发展过程中存在的现实问题与影响因素，提出非平衡演进的现实路径，有效地解决城市社区公共体育服务系统非平衡演进过程中的问题，为城市社区公共体育服务系统建设实践提供参考。

1.3 国内外文献综述

1.3.1 国内关于公共体育服务体系的研究

强化政府公共体育服务职能，建立与完善公共体育服务体系，不断满足广大居民日益增长的体育需求，是"十二五"时期我国体育事业发展的主要任务。在国家建设"服务型"政府、不断实现政府职能转变的背景下，公共体育服务体系建设已成为政府决策部门与学术界关注的焦点，相关研究成果主要可以归纳为公共体育服务体系相关概念、供给现状、体制机制、建设主体、发展路径等几个方面。

1.3.1.1 关于公共体育服务体系相关概念的研究

厘清公共体育服务体系的概念和内涵是建设公共体育服务体系的前提，目前，学术界对于公共体育服务与公共体育服务体系的概念尚未形成共识，对于两个概念的理解存在分歧。首先，对于何为公共体育服务的问题，主要分歧有两点：一是"公共体育服务"与"体育公共服务"的用词规范，二是公共体育服务内涵界定的不同视角。第一，在用词规范上，范冬云①、刘亮②等主张使用"体育公共服务",理由主要是"公共体育服务"从构词结构上看存在"公共＋体育服务"与"公共体育＋服务"两种形式,易出现理解偏差,并且"公共服务"概念作为国内外学术界经常使用的固有名词,具有不可分割性,不能随意改动。而肖林鹏③、郇昌店④等则主张使用"公共体育服务",理由是在构词上"公共体育服务"符合现代汉语多重定语排序原则,"公共＋体育＋服务"符合语言学多项定语排序原则。第二,对于公共体育服务内涵界定的视角不同,主要包括产品说、职能说、行为说与过程说四种。产品说强调公共体育服务的产品属性,以刘艳丽、苗大培⑤等学者为代表。职能说从政府职能的视角进行界定,以戴永冠⑥等人的观点为代表。行为说主要从组织行为视角进行分析,以樊炳有⑦、王景波⑧等学者的观点为例。过程说强调公共体育服务是一个动态的过程,以范冬云⑨等人为代表。

---

① 范冬云.我国体育公共服务研究汇中几个问题的探讨［J］.成都体育学院学报,2010,36（2）:6—12.

② 刘亮.我国体育公共服务的概念溯源与再认识［J］.体育学刊,2011,18（3）:34—40.

③ 肖林鹏,李宗浩,杨晓晨.公共体育服务概念及其理论分析［J］.天津体育学院学报,2007,22（2）:97—101.

④ 郇昌店,张琼.我国公共体育服务概念的辨析——兼与范冬云先生商榷［J］.西安体育学院学报,2011,28（3）:305—308.

⑤ 刘艳丽,苗大培.社会资本与社区体育公共服务［J］.体育学刊,2005,12（3）:126—128.

⑥ 戴永冠,林伟红.公共体育服务概念、结构及人本思想［J］.武汉体育学院学报,2012,46（10）:5—10.

⑦ 樊炳有.体育公共服务的理论框架及系统结构［J］.体育学刊,2009,16（6）:14—19.

⑧ 王景波.加强体育行政部门体育公共服务职能的研究［J］.沈阳体育学院学报,2009,28（1）:18—20.

⑨ 范冬云.我国体育公共服务研究汇中几个问题的探讨［J］.成都体育学院学报,2010,36（2）:6—12.

由于"公共体育服务"内涵界定视角不一，学者们对于"公共体育服务系统"的界定也有所不同。主要可以分为三类：一是系统说，二是要素说，三是功能说。首先，系统说强调公共体育服务体系是实现公共体育服务有效供给的系统。例如，任春香等认为，公共体育服务体系是指依据一定的公共体育服务的供给方式而形成的公共体育服务系统。[①] 其次，要素说强调公共体育服务系统是由相关要素构成的整体。范冬云认为，体育公共服务体系是体育公共服务各构成要素相互作用而形成的有机整体。[②] 最后，功能说强调公共体育服务体系具有提供公共体育服务的功能。郇昌店认为，公共体育服务体系是实现公共体育服务供需均衡的要素集合。[③] 杨俊峰认为，公共体育服务体系是一个由若干服务要素和保障要素组成的，按一定结构和层次构架的，具有体育服务和体育保障功能的整体。[④]

学者们分别从不同视角对相关概念进行了界定，为我们更加全面地理解公共体育服务与公共体育服务体系的概念提供了参考。公共体育服务和公共体育服务体系概念的不同界定，一方面反映了学者们对于两者的认识逐步深入，另一方面也反映了对于这两个概念内涵的理解尚缺乏共识。不同概念的界定各有侧重，多是基于一定理论视角上的分析，有自身的合理性，主要是服务于作者研究的需要。但是，这种概念的非统一性往往造成实践中的顾此失彼，在一定程度上阻碍了公共体育服务体系建设的进程。

---

① 任春香，李红卫. 新时期我国公共体育服务体系的基本内容探析 [J]. 体育与科学，2011，32（5）：40—43.

② 范冬云. 广州市大众体育公共服务研究 [D]. 上海体育学院，2010：8.

③ 郇昌店，肖林鹏，李宗浩等. 我国公共体育服务体系概念再讨论——基于功能主义的视角 [J]. 山东体育学院学报，2013，29（2）：1—6.

④ 杨俊峰. 山西省小城镇公共体育服务体系研究 [D]. 山西师范大学，2009.

1.3.1.2 关于公共体育服务供给现状的研究

公共体育服务供给现状是我国学者关注的焦点。了解公共体育服务供给现状是建立与完善公共体育服务体系的前提。相关研究成果主要是针对公共体育服务体系供给内容进行调研，分析存在的问题，提出相应的对策和建设。相关研究成果可以分为公共体育服务供给的整体现状分析与供给的局部现状分析两种。

第一，公共体育服务供给的整体现状分析。根据调查的区域，相关研究成果可分为：（1）省域公共体育服务供给现状研究。牛宏飞等对山东省公共体育服务供给现状进行分析，研究认为山东省体育公共服务水平城乡差异大，与发达地区相比处于较低水平，应完善公共服务均等化指标体系，加快欠发达地区的经济发展速度，采取多元、分区供给模式，实行整体高投入、地区不均衡的财政机制。[①]（2）城市公共体育服务供给现状。林立等以帕森斯功能理论为基础，对福州市公共体育服务供给现状进行调查分析，研究认为，福州市开展公共体育服务的自然资源比较充沛，主要存在获取程度的增值性特征不足、获取方式的选择性不明显、获取资源数量的有限性特征突显等问题；福州市供给公共体育服务的社会资源也较充足，主要存在对经济资源开发利用的重要性认知不足、人文资源获取和分配的有效性较低、人力资源的获取和配置整合难度较大、政治资源和制度资源的获取可塑性较大等问题，提出福州市体育主管部门应发挥主体作用，合理开发利用相关资源等建议。[②]何元春对厦

---

① 牛宏飞，刘一民.山东省体育公共服务水平现状分析[J].中国体育科技，2013，49（1）：3—8.

② 林立，李付伟，候胜川.基于帕森斯功能理论的体育公共服务资源开发利用研究——福州市体育公共服务调查分析［J］.体育科学，2012，32（9）：37—44.

门市公共体育服务供给现状进行调查分析发现，体育场馆利用与体育活动开展状况有所好转，但是场馆资源仍比较有限，存在公共服务积极性不高和难以满足差异性体育需求等问题。指出应改变评价体系重"硬"轻"软"现象，提高场馆利用率与满意度，关注现实需求，建构公民参与评价机制。①（3）区域公共体育服务供给现状研究。郑家鲲认为长三角地区公共体育服务供给主要存在多样性不足、公益性不突出、公平性不显著、互动性不充分等问题，指出应加快政府职能转变改变服务模式、健全政策法规体系、完善服务机制、增加经费投入、积极推动社会参与、加强评估监督、提高服务素质、整合资源、加强体育组织建设、重视市民的个性化公共体育服务需求等建议。②（4）农村公共体育服务供给现状。王海宏指出，河南省农村地区公共体育服务基础设施薄弱，城乡差距显著，相关政策的执行只停留在口头表达层面，缺少操作性的刚性保护措施，并对影响农民参与体育活动的主客观因素进行了分析。③陈家起指出，苏南地区农村公共体育服务主体已出现多元化特征，供给的地域空间逐步拓宽，经费来源渠道多元化，供给内容多种多样，存在市场化供给方式致使公共性偏离、服务对象利益表达不畅、忽视相关制度文化与物质建设的协调发展、缺乏多样化供给的长效机制等问题，提出应加强监督、加大资金投入、协同物质建设与文化建设、规范相关制度等

---

① 何元春，谢黎红，徐卫华等．厦门体育公共服务数据挖掘及量化分析［J］．上海体育学院学报，2011，35（5）：7—11．

② 郑家鲲，沈建华．长三角地区体育公共服务发展现状、基本矛盾与对策［J］．上海体育学院学报，2009，33（3）：6—9．

③ 王海宏，杨建国，王剑，等．农村公共体育服务的现状调查与对策研究［J］．武汉体育学院学报，2008，42（11）：73—77．

建议。①

公共体育服务供给现状的整体性分析为我们进一步了解公共体育服务的现实状况提供了参考。相关研究主要对公共体育服务体系建设、健身指导、服务公益性、体育活动组织、居民满意度等方面进行了调研，在阐述公共体育供给对于满足居民体育需求的重要意义的基础上，探讨了现阶段公共体育供给的整体水平与居民体育需求之间的差距，针对公共体育供给的具体内容进行了实践考察，分析了公共体育供给存在的现实问题与不足，并提出了解决问题的对策与建议，对了解公共体育供给的真实状况、促进公共体育供给水平的不断提升具有重要的意义。但是，也存在一定的问题：第一，对于现状的调研力图做到全面，未能抓住主要矛盾，致使重点不突出；第二，对于社区公共体育供给总体不足的原因的分析比较浅显，多是对调研状况的总结，缺乏系统深入的理论分析；第三，解决问题的建议与策略较空泛，缺乏针对性，可行性与可操作性不强，相关建议多是属于"刺激—反应"型的被动措施，尚缺乏系统性、可行性与可操作性的具体行动方案与发展策略。

第二，公共体育服务供给的局部现状分析。主要包括公共体育设施调查和社会体育指导员现状调查。（1）公共体育场地设施调查。尹玲认为，社区体育设施存在的问题是场地资源配置不平衡，设计针对性不强、功能单一，监督验收机制欠缺等。管理中的问题主要是使用制度、维护制度不完善，协调机制不健全等。建议从体育场地设施管理与建设两方面进行干预。②赵立通过实地调查北京市20个新型社区，对体育场地设施配套建设

---

① 陈家起，刘红建，朱梅新. 苏南地区农村体育公共服务供给的有序探索 [J]. 体育与科学，2013，34（5）：111—117.

② 尹玲. 关于我国社区体育场地设施存在问题的思考[J]. 成都体育学院学报，2008，34（9）：28—31.

法律规制及执行情况进行了研究。研究发现，法律规制不合理、不完整、不清晰，相关执法不严以及行政监管的被动缺位等是影响城市社区体育场地设施配套建设不能到位的主要原因。[①] 肖林鹏认为我国群众体育场地设施存在的主要问题是数量短缺，功能单一，开放与使用率不高，非法占有体育场地设施等。应积极培育场地设施资源数量，开发利用资源并制定相关制度与政策。[②] 马成国对上海市共18个区县的市级、区县级、街道（镇）级、社区（村）级的公共体育设施建设进行了调研。研究发现，居民对公共体育各类设施的需求增加，设施布局与设计需进一步完善；大型的市级体育场馆能够满足国际赛事的要求；中型的区县级体育中心的三大件——馆、场、池建设不均衡；小型的街道级百姓健身房数量较少，需大力发展；微型的社区级健身苑点基本形成网络体系，但各区县配置不均衡。建议应加强对公共体育设施需求偏好、公共体育设施建设的具体方式和投融资机制、公共体育设施建设与治理长效机制、公共体育设施建设监督机制、微型公共体育设施安全与风险和科学人文等方面的研究。[③]（2）社会体育指导员现状调查。项立敏运用访问调查法对我国社会体育指导员现状进行了分析。研究认为，我国社会体育指导员在整体结构上存在高级指导员比例低、指导员年龄偏大、文化素质低、从业时间短、指导率低等问题。建议在抓数量增长的同时，提高专业素质、加大指导员培训的经济投入、建立科学合

---

① 赵立，杨智学，李芾，等．我国城市新型社区体育场地设施配套建设法律规制及执行状况探讨：以北京市为例［J］．首都体育学院学报，2012，24（7）：346—349.

② 肖林鹏，袁玉涛，唐立慧．我国群众体育场地设施资源现状及对策研究［J］．山东体育学院学报，2005，21（2）：18—20.

③ 马成国，季浏．上海市公共体育设施建设现状与对策研究［J］．沈阳体育学院学报，2012，31（3）：29—33.

理的指导员分类体系等。① 阎守扶对北京市社会体育指导员发展现状进行了调研。结果显示，女性社会体育指导员的比例超过男性，技能指导类的社会体育指导员超过组织管理类；社体指导员人数不断增加，但技术等级结构呈"金字塔"式，指导员对位的发展不能满足群众的实际需求。建议应增加指导员的数量，提高指导员的业务素养，并丰富指导员工作的手段与技巧。② 孙天明认为，江苏省城市社会体育指导员的现状是，在技术等级结构中，国家级与一级比例较低，年龄偏高，学历层次偏低，非体育专业人员比例较高，指导员指导的频度与具有的级别成反比，指导地点分散。建议应规范培训制度，切实提高指导频度，加强体育教师作用完善队伍结构，丰富类别结构，使培训内容更有针对性，建立管理网络，加快社会体育指导员职业化进程。③

公共体育场地设施、社会体育指导员等公共体育服务供给的局部现状分析，一方面反映了近年来公共体育发展所取得的成绩，另一方面，也清晰地呈现出公共体育供给不足的具体症结。针对不同的问题，专家和学者们提出了具有针对性的建议，有效地促进了相关问题的解决。但这种"化整为零"的分析问题的研究范式忽视了社区公共体育服务的系统性、整体性以及要素间的非线性作用，容易引起实践中的恶性竞争，难以实现社区公共体育系统整体状态的跃迁。

---

① 项立敏.我国社会体育指导员现状的社会学研究［J］.山东体育学院学报，2006，22（4）：27—30.

② 阎守扶，李思琪，赵立.北京市社会体育指导员发展现状与对策研究［J］.中国体育科技，2010，46（6）：103—108.

③ 孙天明.江苏省社会体育指导员现状与对策研究［J］.山东体育学院学报，2004，20（4）：51—53.

1.3.1.3　关于公共体育服务体系体制和机制的研究

（1）关于公共体育服务体系体制改革的研究

陈玉忠指出，在国家经济体制由计划经济体制向市场经济体制转变的背景下，传统的体育管理体制已难以适应社会发展的需要。广大居民日益增长的体育需求与体育服务及相关产品不足之间的矛盾已成为公共体育服务管理面临的主要问题，应通过发挥社会组织的作用等途径实现管理体制的创新。[①] 谭清芳认为，传统行政管理体制对公共体育服务实行包办制，体育社团过度依赖政府，难以提供公共体育服务；公共体育服务体系缺乏相关的法律制度。指出应通过完善体育法律法规建设、转变政府职能、建立多元服务平台与加强监督等加快体制改革。[②] 郭惠平指出，公共体育服务体系存在资源行政垄断、政府管理型体制性障碍等问题，应通过明确公共体育服务性质和社会化改革内涵，正确定位政府和社会服务组织角色、兴办多元主体、政府职能管办分离、引入市场机制和培育民间组织等措施实现传统管理体制的社会化改革。[③] 张小航指出，我国公共体育服务体系中存在诸多公共性阙如问题，严重阻碍了公共利益的实现。因此，在新形势下，迫切需要公共性的回归，应在价值取向、协商网络、行政体制、治理结构四个维度深化我国公共体育服务改革。[④] 于善旭认为，《全民健身

---

① 陈玉忠. 社会转型与体育公共服务管理体制改革［J］. 体育文化导刊，2008（3）：9—12.

② 谭清芳，郭瑞平. 我国体育公共服务体系的制度缺失和均衡发展［J］. 武汉体育学院学报，2013，47（10）：14—17.

③ 郭惠平，唐宏贵，李喜杰，等. 对我国公共体育服务社会化改革的再思考［J］. 武汉体育学院学报，2007，41（11）：1—6.

④ 张小航. 公共性的回归：后新公共管理时代我国公共体育服务改革取向探讨［J］. 天津体育学院学报，2013，28（4）：364—368.

条例》是国际推进公共体育服务体系建设过程中作出的重要制度安排，应积极推进开展《全民健身条例》的实施、强化政府责任、加强公共体育服务的法治运行、完善相关配套法规政策、落实执法监督。① 田冲认为，建立公共体育服务，应对公共体育产品的供给进行制度创新研究，主要应从管理体制创新、财政体制创新、决策体制创新、供给体制创新、监督体制创新等几个方面进行制度创新路径探索。②

（2）关于公共体育服务体系运行机制的研究

张冰提出了"以钱养事"的公共体育服务供给机制，认为"以钱养事"机制利于政府职能的转变，应注意科学立项、实行精细化管理、建立考评机制、实行绩效管理等问题，主要存在体育基本公共服务市场化运作机制仍需培养、居民体育需求表达与参与机制尚未建立、传统政治文化的阻力等困难。③ 齐立斌指出，农村公共体育服务体系的运行机制主要包括决策机制、创新机制、动力机制、保障机制与监督机制，它们之间有机结合、相互关联、相互制约。④ 罗旭指出，全民健身体育公共服务的运行机制是由运作环境、运作目的、运作动力、运作程序、运作手段等要素构成的动态系统，这些要素之间相互作用，共同决定着公共体育服务系统的整体功能。⑤ 樊炳

---

① 于善旭.论《全民健身条例》对公共体育服务的制度推进［J］.天津体育学院学报，2010，25（4）：277—281.

② 田冲.体育公共产品供给的制度创新［J］.长白学刊，2011，158（2）：160.

③ 张冰，秦小平.以钱养事机制在体育基本公共产品供给中的应用研究［J］.山东体育学院学报，2012，28（5）：6—10.

④ 齐立斌.农村公共体育服务体系的运行机制研究［J］.南京体育学院学报，2010，24（4）：44—48.

⑤ 罗旭，苗向军，邢文华.全民健身体育公共服务运行机制的理论分析［J］.沈阳体育学院学报，2008，28（6）：11—14.

有认为，体育公共服务系统的结构、动力关系、支撑点及其功能构成了体育公共服务的运行机制原理。①

公共体育服务体系体制和机制研究的相关成果使我们对于公共体育服务供给制度与机制缺陷造成的负面影响有了较为深刻的认知，对于创新供给制度与运行机制已形成共识，并对制度与机制创新问题进行了初步分析，提出相关建议。但针对制度改革与机制创新的具体论证，仍停留在依靠公共体育服务体系外部力量的驱使，对于源于公共体育服务体系内部动力驱动的制度安排与机制创新的研究较少，仍有待于进一步提高。

1.3.1.4　关于公共体育服务体系建设主体的研究

公共体育服务系统建设主体研究可以分为多元化主体研究、政府主体研究、社会组织主体研究、市场主体研究等几个方面。

（1）公共体育服务体系多元化主体研究

孔祥指出，城市社区体育公共服务体系建设的供给主体主要包括政府组织、市场组织、社会组织。② 曹可强指出，应在借鉴国外体育公共服务和我国其他公共服务成功经验的基础上，实现政府、社会非营利组织和市场商业组织的共同供给。③ 张宏对政府、企业、非营利组织等公共体育服务不同供给主体的职责进行了划分。研究认为，政府的主要职责是提供资金、制定政策和宏观管理。中央政府和省级政府的主要职责是协调和平衡地区间公共体育服务供给，促进公共体育服务区域均等化，制定全国统一

---

① 樊炳有.体育公共服务的运行机制探讨［J］.体育与科学，2010，31（2）：25—32.

② 孔祥.城市社区体育公共服务体系建设的供给主体及实现路径［J］.体育与科学，2011，32（4）：66—71.

③ 曹可强，俞琳.论体育公共服务供给主体的多元化［J］.体育学刊，2010，17（10）：22—25.

的基本公共体育服务标准；市级政府和区（县）级政府主要负责配置好各种资源，确保本地区公共体育服务体系的落实；街道和社区居委会主要负责有效使用政府资源，充分利用社会化和市场化手段，组织安排好公共体育产品的生产。企业的主要职责是基础设施的建设、设备用品的制造，以及大型公共服务设施和项目的专业化管理。非营利组织应该承担体育公共产品的生产任务。[①]蓝国彬认为，体育公共服务供给主体应由政府唯一主体向政府、非政府部门、非营利组织、私人等多主体转变。供给主体的演变主要经历政府体育公共服务供给垄断单一模式、政府主导的多主体供给模式、市场主导的多主体供给模式等3个阶段。[②]

（2）公共体育服务体系政府建设主体研究

周爱光指出，政府在纯体育公共服务和基本体育公共服务领域处于绝对主导地位，在准体育公共服务领域处于核心主导地位，政府是体育公共服务的监管者、基本体育公共服务的供给者、多元体育公共服务供给主体的主导者、体育公共服务的监管者等。[③]邵斌指出，政府在公共体育服务体系建设中应承担生产者、付费者、监管者、制度制定和绩效评估者的责任，影响政府供给公共体育服务的因素主要有经济能力、服务理念与意识、公共服务相关制度。[④]王艳指出，政府应从主导理念、产品结构、运行机制、

① 张宏，陈琦.我国公共体育服务不同供给主体的职责划分［J］.广州体育学院学报，2013，33（2）：4—7.

② 蓝国彬，樊炳有.我国体育公共服务供给主体及供给方式探析［J］.首都体育学院学报，2010，22（2）：27—31.

③ 周爱光.从体育公共服务的概念审视政府的地位和作用［J］.体育科学，2012，32（5）：64—70.

④ 邵斌，蔡玉军，周曰智，等.体育公共服务的政府供给研究［J］.上海体育学院学报，2012，36（4）：7—11.

供给方式和供给评估等方面进行创新，实现由管理型转向服务型、由单一转向多元产品结构、由垄断转向竞争运行机制、重视绩效转向投入等。①

（3）公共体育服务体系社会组织建设主体研究

刘明生指出，社区体育组织是体育公共服务体系的重要建设主体之一，体制不顺、机制不畅与组织自身的服务能力等问题是社会组织存在的主要难题，应按功能对体育组织进行分类，建立基于公共体育服务需求的三级服务网络，强化体育组织专业化能力。② 林子指出，非营利组织可以通过规范有序的政策路径、体制创新与多元治理模式的体制路径、政府引导和合作与竞争模式导入的实践路径等参与公共体育服务体系建设。③ 郑丽指出，可以通过建立合作机制、制定优惠政策，拓展社会体育发展空间，将体育志愿服务与公共体育服务建设相结合，提升社会组织自身的服务能力等路径，参与公共体育服务体系建设。④ 刘玉认为，非营利体育组织参与体育公共体育服务供给存在相关理论研究薄弱、供给边界与限度不明、数量较少、专业人才流失严重以及独立性不强、政府支持不够、活动经费缺失、缺失监督机制、供给效率低下等问题。发展途径主要是加强理论研究，明确供给边界与限度，加强宣传，提高认知程度，加强培育支持，拓宽资金来源渠道。⑤

---

① 王艳．公共体育服务政府供给的创新途径研究［J］．沈阳体育学院学报，2011，30（2）：12—15.

② 刘明生，李建国．城市社会体育组织参与体育公共服务的困境与对策［J］．上海体育学院学报，2012，36（3）：53—56.

③ 林子．非营利体育组织参与体育公共服务的路径选择［J］．体育与科学，2012，33（3）：110—117.

④ 郑丽．社会体育组织参与体育公共服务的路径选择［J］．体育文化导刊，2011（7）：9—12.

⑤ 刘玉．我国体育公共服务发展中体育非营利组织参与困境与对策研究［J］．山东体育学院学报，2010，26（9）：16—22.

（4）公共体育服务体系市场建设主体研究

唐立慧指出，市场化、市场主体的参与能够有效解决政府公共体育服务供给困境的问题，将市场主体的供给边界限定在公共体育场馆服务、公共体育设施服务、国民体质监测服务等供给成本高、效益低的领域。[①] 李萍美认为，可以通过政府发挥职能、完善制度建构、培育扶植第三部门、形成多元主体运行模式等途径实现公共体育服务的市场化。[②] 刘玉指出，可以通过明确市场主体参与公共体育服务的边界与限度，加强培植体育非营利组织、加强监管与利益协调，促进公共体育服务供给的市场化。[③]

公共体育服务体系建设主体研究为我们进一步明晰相关建设主体的地位与作用奠定了基础，对于发挥公共体育服务体系建设主体在公共体育服务供给实践中的作用具有一定的指导意义。首先，相关研究者已经认识到政府作为单一建设主体存在问题与不足，对发展多元化的建设主体形成了共识。其次，对于公共体育服务体系相关建设主体在公共体育服务实践中扮演的角色、承担的责任以及发挥的作用等问题进行了初步探讨，在一定程度上促进了相关主体的参与力度。但是，对于相关建设主体在实践中如何强化联系、产生协同效应，实现公共体育服务供给的有效性等问题，则有待于进一步探讨。

---

① 唐立慧，郇昌店，肖林鹏，等.我国公共体育服务的市场化改革研究 [J].西安体育学院学报，2010，27（3）：257—261.

② 李萍美，许玲.我国公共体育服务市场化分析及路径选择 [J].西安体育学院学报，2008，25（6）：17—22.

③ 刘玉.体育公共服务市场化改革——发达国家经验及借鉴 [J].北京体育大学学报，2012，35（11）：6—10.

1.3.1.5 关于公共体育服务体系供给模式的研究

王骏等认为，政府需要在体育公共服务中发挥主导作用，上海市杨浦区政府可通过市场化制度安排创新供给模式，形成了补贴与项目委托相契合的多元主体参与和协助的"补贴—委托—合作参与模式"。这种供给模式可以满足居民的体育需求，优化体育资源，降低学校服务收费价格，利于体育组织的培育，体现了政府主导下多元供给主体的互动。[①]丁鸿祥认为，社区公共体育服务主要由政府供给，没有调动其他主体的积极性。公共体育资金未纳入地方政府年度财政预算，缺乏刚性约束，公共体育资源缺乏，难以满足居民的需求。首先，要打破政府垄断的格局，鼓励企业、社会组织等参与供给。其次，应创新社区体育运行机制，推进政府购买公共体育服务，规范和培养体育社会组织，推进体育健身服务业发展，丰富资金多元化来源等。[②]栾丽霞认为，社区体育公共服务的网络治理主体主要包括整体化政府、第三方政府——非营利机构、公众——社区居民。社区体育公共服务的网络治理模式应从外部环境层面、网络主体层面和内部整合层面进行构建。[③]张永韬认为，我国非营利体育组织可以通过"支配型模式"与"合作型模式"提供体育公共产品。[④]张梅基于服务外包理论，分析了我国体育公共品的供给模式。研究认为，

---

① 王骏，周曰智.补贴与项目委托契约下体育公共服务供给模式的创新——基于上海市杨浦区政府、学校、体育俱乐部合作模式的调查 [J].山东体育学院学报，2012，28（1）：1—5.

② 丁鸿祥.社区公共体育服务供给模式创新研究 [J].广州体育学院学报，2012，32（1）：19—22.

③ 栾丽霞，张晓洁.基于网络治理理论的社区体育公共服务供给模式研究 [J].成都体育学院学报，20112，38（9）：25—29.

④ 张永韬.非营利体育组织供给体育公共产品模式研究 [J].成都体育学院学报，2012，38（12）：24—27.

政府应该是政策规划者，而不是执行者，应在执行部门引入竞争、契约、价格等市场要素，并由相关部门（公、私、第三部门）提供体育公共服务，从而提高执行效率，形成以组织最佳利益为基础的部门竞合互动模式。[①] 刘玉认为，我国体育发展逐渐由基本没有公共服务职能，到逐步实现了"发展导向—效率优先"供给模式向"进步导向—均等共享"供给模式转型。[②]

公共体育服务体供给模式研究成果丰富了公共体育服务体系研究，在一定程度上促进了公共体育服务供给实践的发展。多数研究成果以不同理论为指导，提出了多种公共体育服务供给模式，并对不同供给模式的价值作用、操作原理与运行程序等问题进行了详细分析，为公共体育服务体系建设实践中供给模式的选择提供了参考依据。但是，对于相关供给模式能否适应我国特殊的社会环境、在公共体育服务供给实践中是否具有可行性与可操作性等问题，值得我们进一步考究。

1.3.1.6　关于公共体育服务体系发展路径的研究

陈玉忠指出，公共体育服务体系建设中主要存在重经济轻宜居、体育场馆建设与民众体育需求脱节、公共体育服务发展不均衡、供给模式改革滞后等问题，可以通过制度创新、实现均等化、提高城市宜居功能、借鉴国外相关公共体育服务建设经验等路径推进公共体育服务体系的建设。[③] 许金锋指出，可以通过多元化供给主体建设、全面提升供给内容与质量、

---

① 张梅.服务外包理论下我国体育公共产品供给模式研究［J］.体育与科学，2012, 33（5）：20—26.

② 刘玉.改革开放30年我国体育公共服务供给模式转型与现实选择［J］体育科学，2013, 33（2）：11—21.

③ 陈玉忠.城市化进程中体育公共服务建设的策略选择［J］.西安体育学院学报，2012, 29（4）：406—411.

创新供给方式等路径，解决公共体育服务体系建设中的供给主体单一、供给质和量的欠缺、供给方式滞后等困境。① 巩东超提出，应通过建立健全法规制度、畅通需求表达机制、改善城乡二元结构、改革财政分配制度、扩大供给力度等路径，解决法规制度不健全、公共需求与资源供给不相符、个体享受服务差异大、总量缺少、人均水平低、供给不可持续等问题。② 周良君对广东省体育公共服务均等化的路径进行了分析。研究认为，广东省不同区域及城乡之间在体育场地设施、体育活动、体育指导力量等方面存在不同程度的非均等现象。应通过供给主体社会化、供给模式多元化和供给方式市场化等路径，实现体育公共服务的均等化。③ 浦义俊以善治理论为基础，分析认为实现公共体育服务均等化的"善治"路径主要有：转变地方政府职能，实现公共体育权利中心由体育行政部门向社会主体的转移；建立互补协调的公共体育服务多元供给机制；建立有效的公共体育服务回应机制及其社会监管机制；建立公共体育服务的多元绩效评估机制；建立政府间、公共体育服务提供主体间及其与其他公共部门间的协作机制。④ 刘玉提出，应以创新建设为关键、加快服务主体培育与扶植，整合开发体育公共服务资源，创新服务机制，优化服务环境，协同创造整体优势等路径，解决体育服务社会化系统运行不畅的问题，促进体育公共服务

---

① 许金锋，麻新远.城市化进程中我国公共体育服务供给的困境及破解途径［J］.沈阳体育学院学报，2013，32（4）：37—43.

② 巩东超.和谐社会视野下的体育公共服务实现路径[J].山东体育学院学报，2013，29（2）：20—23.

③ 周良君.广东省体育公共服务均等化现状与路径选择［J］.上海体育学院学报，2011，35（3）：33—37.

④ 浦义俊，宋惠娟，邰崇禧.善治视阈下公共体育服务均等化路径选择［J］.成都体育学院学报，2011，37（10）：6—10.

的社会化改革。①

公共体育服务体系发展路径研究主要是针公共体育服务体系建设实践中存在的诸多问题，提出具有针对性的发展路径。相关研究成果为公共体育服务体系建设的顺利推进提供了路径选择，在一定程度上促进了公共体育服务体系建设实践的发展。但是，相关发展路径只是针对公共体育服务体系建设过程中存在的"显性"问题的回应，对于这些"显性"问题背后潜在的本质性问题未能进行深入挖掘，致使对于相关问题的解决与处理只能停留在浅显层面。另外，相关发展路径未能有效地与体制改革和机制创新有机地结合，致使其缺乏有效实施的制度保障，实践意义不大。

1.3.1.7　关于公共体育服务体系评价的研究

相关研究可以分为公共体育服务评价指标体系研究与公共体育服务体系评价主体研究。

（1）公共体育服务评价指标体系研究

谢正阳构建了全民健身公共体育服务评价指标体系，运用文献资料法、特尔斐法和数理统计法筛选出 3 个一级指标、13 个二级指标和 23 个三级指标。② 王景波认为，政府公共服务评价制度能够起到提供公共服务质量的作用，评估体系应包括社会体育、学校体育、竞技体育和体育科技 4 个一级指标和 37 个二级指标。③ 郑家鲲指出，基本公共体育服务评价指标体

---

① 刘玉.我国体育公共服务社会化系统运行理论、困境及路径［J］.上海体育学院学报，2013，37（1）：14—18.

② 谢正阳.全民健身公共服务评价指标体系探析［J］.体育与科学，2013，34（1）：86—93.

③ 王景波，赵顺来，魏丕来.地方政府体育公共服务绩效评估指标体系的研究［J］.沈阳体育学院学报，2011，30（2）：1—7.

系应突出公共性原则，整个体系应包括 6 个一级指标和 30 个二级指标。①
宋娜梅指出，公共体育服务绩效评价体系应包括公共体育服务效能、公众
满意度、公共服务投入度 3 个一级指标、14 个二级指标和 58 个三级指标，
运用层次分析法，对绩效评分计算方法进行了探讨。② 王梦阳认为，居民
的满意度应是衡量公共体育服务的重要标准，公共体育服务满意度评价体
系应包括公共体育服务场地、体育活动、体育组织和服务效果 4 个一级指
标和 19 个二级指标。③

（2）公共体育服务体系评价主体研究

王凯认为，政府公共体育服务绩效评估应采用"异体评估"的形式，
应确立"人大核心评估主体"，建立体育绩效评估委员会与客观科学的评
价指标体系，对相关体育部门的工作绩效进行评估监督。④

公共体育服务体系评价研究对于衡量和评估政府公共体育服务绩效和
公共体育服务发展水平具有重要的作用，相关研究成果主要采用文献资料
法、专家访谈法、特尔斐法等对评价指标进行筛选，具有一定的科学性。
但是，相关指标多是对公共体育服务供给内容和效果进行测评，对于公共
体育服务主体参与情况、公共体育服务对象需求表达与意见反馈等情况没
有涉及，难以全面衡量公共体育服务体系的整体状态。此外，相关研究成

---

① 郑家鲲，黄聚云．基本公共体育服务评价指标体系的构建［J］．上海体育学院学报，
2013，37（1）：9—13.

② 宋娜梅，罗彦平，郑丽．体育公共服务绩效评价：指标体系构建与评分计算方法［J］．体
育与科学，2012，33（5）：30—34.

③ 王梦阳．政府公共体育服务满意度绩效评估指标的构建——以上海市为例［J］．体育科学，
2013，33（10）：63—70.

④ 王凯，殷宝林，王正伦．公共服务视域政府体育工作绩效"异体评估"研究［J］．体育科
学，2011，31（9）：34—40.

果重视评价指标体系的建构，对于评价标准、评价方法的相关研究不多。

1.3.1.8　关于社区公共体育服务体系的研究

专家学者对于社区公共体育服务体系的研究可以分为三类：一是社区公共体育服务体系建设研究，二是社区公共体育服务供给现状研究，三是社区公共体育服务体系评价研究。

（1）社区公共体育服务体系建设研究

丁鸿祥认为，社区公共体育服务可以确定为准公共产品，通过引入民营化运营理论，建构以社区为核心的群众体育管理体制，实行政府购买社区公共体育服务的模式。[①]刘志成指出，在城市社区全民健身不断发展的背景下，应认清社区公共体育服务体系存在的投入不足、场地设施缺乏、居民满意度低等问题，应建立公共体育服务体系均衡发展运行机制、保障制度体系，并应积极开发公共体育服务资源。[②]谷礼燕指出，公共服务供给制度的主要问题为制度建设不健全、服务效率与服务质量低、缺少资金保障，提出拓展社区体育公共服务的资金渠道、创新供给模式、建立与完善服务质量监控制度、提供组织运行绩效等建议。[③]陈新生指出，城市社区公共体育服务体系的基本结构应包括社区休闲体育活动、体育场地设施、体育组织、体育信息服务、体育培训指导、体育资金投入、体育监督反馈、体育效果评价等，应建立以整合机制、协作机制、激励

---

①　丁鸿祥.社区公共体育服务供给模式创新研究［J］.广州体育学院学报，2012，32（1）：19—30.

②　刘志成.我国城市社区全民健身公共服务体系构建研究［J］.体育与科学，2012，33（4）：75—80.

③　谷礼燕.我国城市社区体育公共服务供给制度的改革研究［J］.广州体育学院学报，2011，31（1）：24—27.

机制为主的运行机制。① 胡茵认为，社区体育公共服务存在发展不平衡、主管部门不明确、硬件相对滞后、服务效率低下、缺乏标准化设计与发展规划等问题，应发挥政府的主导作用、纳入社会发展总体规划、充分利用社会资源和民营资本。②

（2）社区公共体育服务供给现状研究

陈新生通过对 12 个大中城市 60 个社区的调查，发现存在的主要问题有体育组织薄弱、管理职责不明确、社区体育经费与设施相对缺乏、社会指导员和专业人才不足等，应通过加快相关制度制定、加强体育场地设施建设、加大人才培养力度、多渠道募集资金等措施，改革公共体育服务供给现状。③ 姜大勇指出，山东省城市社区公共体育服务存在社区委员会组织体育活动的频率较低，体育宣传力度不够，体育健身氛围不佳，社区体育指导员比例偏低，经费投入不足的问题。④ 李静对浙江省城市社区公共体育服务体系的现状进行了调研，发现主要存在组织机制不健全、场馆器材偏少、缺乏资金保障等问题。⑤

（3）社区公共体育服务体系评价研究

刘志斌运用模糊层次分析法，对城市社区公共体育服务体系进行综合

---

① 陈新生,楚继军,王宝珠.我国城市社区休闲体育公共服务体系的结构与运行机制分析[J].北京体育大学学报，2012，35（10）：35—41.

② 胡茵.我国社区体育公共服务体系的建设与完善[J].北京体育大学学报，2009，32（5）：12—15.

③ 陈新生，楚继军.城市社区休闲体育公共服务的现状与对策[J].西安体育学院学报，2011，28（1）：29—33.

④ 姜大勇，王玉珠，张蓉.山东省城市社区公共体育服务供给现状与改进策略[J].山东体育学院学报，2011，27（1）：1—8.

⑤ 李静，陈嵘.浙江省社区体育公共服务体系的现状与对策研究——以杭州市为例[J].成都体育学院学报，2009，35（12）：23—25.

评价和研究，建构了包括 5 个一级指标和 17 个二级指标的评价体系。① 张枝梅认为，体育生活化社区评价指标体系应包括政府提供服务产品、社区体育社会化程度、居民锻炼行为与效果、体育家庭健身特征等 4 个一级指标、12 个二级指标以及 29 个三级指标。② 王芹对社区体育建设俱乐部公共体育服务绩效评价现状进行了调研，结果显示，社区体育健身俱乐部公共服务绩效评价的评估主体以政府官员和专家学者为主，评价内容主要是服务项目、数量、质量、社会影响，主要采用考核材料和活动总结获取相关信息，评价结果重在激励与约束、引导与示范、竞争与发展。应通过重视评级理论研究、实施绩效分类评价、重视评价结果反馈与运用，建立问责机制和培育第三方机构等措施改善评价现状。③

　　社区公共体育服务体系研究在丰富社区公共体育服务理论研究的同时，也促进了社区公共体育服务体系建设实践的发展，在一定程度上提升了公共体育服务的水平与质量,满足了广大社区居民的公共体育需求。首先，社区公共体育服务体系建设研究主要针对管理体制、运行机制等问题进行探讨，为社区公共体育服务体系建设的进一步发展提供了决策参考。其次，公共体育服务供给现状研究增进了人们对社区公共体育服务供给存在的问题的认识与了解，为今后的改善与提高奠定了基础。公共体育服务体系评价研究为我们衡量社区公共体育服务质量与发展水平

①　刘志斌，王彦红.城市社区体育公共服务体系综合评价研究——基于模糊层次分析法［J］.职教论坛，2013，35：94—96.

②　张枝梅，李月华.体育生活化社区评价指标体系研究［J］.北京体育大学学报，2012，35（4）：34—38.

③　王芹.我国社区体育健身俱乐部公共服务绩效评估研究［J］.上海体育学院学报，2012，36（4）：22—26.

提供了测评指标,实现了对社区公共体育服务体系建设情况的量化评价。

　　在肯定相关研究成果取得的成绩的同时,也应理性分析相关研究存在的问题与不足。第一,虽然学者们对于社区公共体育服务需求与公共体育资源相对不足之间的矛盾有了较为深刻的认识,但是对于如何改变社区公共体育服务体系长期存在这一矛盾的发展状态的系统性的理论研究不多。第二,对于社区公共体育服务体系管理体制与运行机制的探讨,多是强调社区公共体育服务体系外部力量的驱动,对社区公共体育服务体系内部内源式驱动机制及其相关配套制度建设的研究较少。第三,对于社区公共体育服务体系现状的研究主要集中在对于供给内容的调查分析,较少涉及社区公共体育服务主体、社区公共体育服务对象等方面的情况。第四,在社区公共体育服务体系评价研究中,相关指标只是针对公共体育服务供给内容的衡量与测评,也较少涉及社区公共体育服务主体与社区公共体育服务对象的相关内容。总体而言,多数研究所指的社区公共体育服务体系,其实质是社区公共体育服务内容体系,没有将社区公共体育服务主体与服务对象纳入系统范围之中进行考量。对于社区公共体育服务体系的发展问题,多是重视系统外部驱动力的作用,忽视了系统要素之间相互影响、相互作用的内源式驱动力,缺乏从整体的视角对社区公共体育服务体系及其内部要素之间的关系与作用机制的深入分析,致使城市社区公共体育服务系统长期存在供需矛盾、发展状态难以实现根本改变。因此,需要从系统论的视角对社区公共体育服务系统进行分析,探讨系统要素及其相互关系,分析源于系统内部动力驱动的运行机制,改变城市社区公共体育服务系统供需失衡的平衡态,推动社区公共体育服务系统的健康、科学、可持续发展。

1.3.2 国外关于公共体育服务体系的研究

1.3.2.1 国外公共体育服务体系研究的概况

（1）英国

20世纪70年代初期，体育逐渐成为英国居民社会生活的重要组成部分，民众的体育需求不断增长。全能型的英国政府在1975年发布的《体育和娱乐》白皮书中将体育和娱乐确定为"福利国家"应承担的公共服务内容之一。在公共服务开支剧增与政府服务效率低下的背景下，20世纪80年代，英国政府在公共服务领域开始引入市场竞争机制，拓展融资渠道，提高服务效率。其中，对公共体育供给影响较深的是强制竞标方式的引入。这一竞标方式将"企业精神和管理方式引入体育管理部门"[①]。市场竞争机制产生的追求经济利益最大化问题对公共体育服务造成了一定的负面影响。因此，重视公共体育服务领域中的合作与绩效评定则成为改革的重点。2002年，英国政府出台《游戏计划》，倡导体育休闲娱乐相关部门应该联合行动，以共同发展体育。此外，英国政府十分重视公共体育服务的绩效评价，主要采取最佳价值和全面绩效评估模式，评价政府在体育公共服务中的表现，并对公共体育服务绩效评价指标做了详细的规定。在政府公共服务改革逐步推进的大背景下，英国逐渐形成了"将体育参与者、供给者、政策制定者和投资者联系在一起，以社区需求为导向，确保公共体育政策制定、投资和公共体育服务的供给"[②]的公共体育服务供给体系。其中，政府主要负责公共体育政策的制定、规划，如体育主管部门于2002年制

---

① 汤际澜.英国公共服务改革和体育政策变迁[J].南京体育学院学报，2010，24（2）：43—47.

② 陈从刊，卢文云，陈宁.英国公共体育服务供给体系建设的经验与启示[J].成都体育学院学报，2012，37（1）：28—32.

定的《运动计划战略》将每年提高成人体育参与1%列为目标；供给主体主要包括政府、企业、社会非营利组织等；资金来源主要是体育彩票基金、地方政府补贴、社会募捐、非营利组织以及私人供给等多种渠道。

（2）日本

1964年的东京奥运会后，综合国力强盛的日本开始注重国民体质健康与公共体育服务建设。日本政府于1972年在《关于普及振兴体育运动的基本计划》中明确提出了不同经济发展地区的基本社区体育配套设施的标准，并规定中央直接对47个都、道、府、县和3300个左右的市、町、村进行分配。[①] 政府着力对公共体育场地设施进行兴建，1995年，日本体育设施总量达到20多万个。居民可以免费享用国家出资兴建的公共体育设施。

为了有效地整合体育资源，日本政府与1976年颁布了《学校体育设施对外开放令》，规定在闲暇时间，学校体育场馆应向附近社区居民开放。相关研究表明，1990年，高中、初中与小学室外运动场地向居民开放的比例分别为57.2%、79.7%和86.9%，室内体育场馆开放比例为42.1%、84.4%与91.7%。[②] 学校体育场馆的合理利用，在一定程度满足了社区居民健身的公共体育设施需求。日本体育组织的快速发展促进了公共体育服务水平的进一步提升。日本体协的调查表明，2002年，日本通过认证的体育NPO法人共有481个。其中既有全国性组织和地方性组织，也有综合性体育协会和单项体育俱乐部，还有体育信息方面的组织和文化组织。[③] 民间的体育组织数量也大量出现，公益性社区俱乐部多达370400个。此外，政府鼓励市

---

① 刘玉.发达国家体育公共服务均等化政策及启示[J].上海体育学院学报,2010,34(3):1—5.

② 刘玉.发达国家体育公共服务社会化改革经验及启示[J].西安体育学院学报,2011,28(3):294—300.

③ 魏来.中国公共体育服务产品供给研究[D].北京体育大学,2007.

场主体参与公共体育服务的供给，以满足居民不同层次的体育需求。

（3）美国

美国的公共体育服务主要依托社会力量实现供给，政府不直接提供服务。美国早在 1978 年颁布的《业余体育法》中就明确规定了政府不设专门的体育管理机构。政府在公共体育供给中的角色是管理者，主要负责公共体育政策与评价标准的制定。自 1979 年以来，卫生与公共事业部每隔 10 年颁布一次大众健康政策，主要有 1979 年的《健康公民：卫生署关于预防疾病与促进健康的报告》、1990 年的《健康公民 2000：预防疾病和促进健康的国家目标》，2000 年的《健康公民 2010：促进健康的国家目标》以及近期的《健康公民 2020》。[①] 相关政策的制订与推行有效地促进了公共体育的发展。各种社会组织承担着公共体育服务的供给任务，形成了负责大众体育事务机构多样化、分权化、社会化的特征，组织形式多以俱乐部制为依托。[②] 这些社会组织通过公正公平的竞争机制获取供给公共体育服务的机会。

（4）澳大利亚

体育生活化是澳大利亚体育发展的显著特征，2009 年，澳大利亚国家统计局调查显示，在 15 岁以上的成年人中，有 520 万即 66% 的人积极参与体育活动。[③] 公共体育成绩的取得主要取决于政府的高度重视与巨资投入。相关研究表明，2000 年至 2001 年，澳大利亚各级政府对体育和娱乐的投资总额超过 20 亿美元，人均为 110 美元。联邦政府和州政府投入的

---

① 周兰君 . 美国大众体育管理方式管窥 [J] . 体育学刊，2010，17（9）：45—49.

② 许静，王正然 . 美国大众体育健身服务业发展研究及其启示 [J] . 南京体育学院学报，2010，24（5）：73—75.

③ 杜海燕，肖林鹏 . 澳大利亚体育生活方式探析 [J] . 体育文化导刊，2011，（3）：44—52.

资金主要用于对公共体育设施、体育场馆进行维护，扶持体育俱乐部发展以及支持居民参与体育运动等。各级政府议会一般设置综合性休闲委员会，其中，专职执行委员较少，主要靠招募的体育志愿者负责体育设施的维护、健身活动的组织以及科学健身的指导。体育志愿者已成为提供公共体育服务的重要力量。[①]此外，非营利组织的迅速发展也促进了公共体育的发展。众多体育俱乐部积极参与提供公共体育服务，组织居民参与业余体育活动，提供健身指导，致使以营利为目的的体育健身组织不断减少。

1.3.2.2 国外公共体育服务体系研究简评

面对社会公共体育需求日趋呈现出多元化与多样性特征的发展形势，英国、日本、美国以及澳大利亚等国不断推进公共体育服务体系建设，主要经验可以归纳为以下四点：第一，各国政府相继制定法规政策，保障居民体育健身的权利，加大公共体育的投入力度，注入巨额资金，为居民创造良好的健身环境，并取得了一定的成果。第二，打破了政府在公共体育供给中的垄断地位，允许其他主体参与供给。供给主体呈多样性，主要包括政府、企业、社会团体、非营利组织等。政府在公共体育供给中承担部分供给任务，主要负责制度制定与监督管理，积极鼓励企业、社会团体组织等积极参与，实现居民体育需求的差异性供给。第三，以居民体育需求为导向，进行资源配置，强调供给主体与需求主体之间的沟通交流，实现资源供给的有效性。引入竞争机制并强调合作，提高体育资源的供给效率。第四，将公共体育供给纳入政府工作的绩效评估之中，对公共体育供给状况进行有效的监督和评价，保障公共体育供给工作的有序进行。

---

① 魏来.中国公共体育服务产品供给研究［D］.北京体育大学，2007.

1.4　研究目的、研究假设与研究内容

1.4.1　研究目的

　　城市社区居民日益增长的公共体育服务需求与相对贫瘠的公共体育服务资源之间的矛盾已成为全面建设小康社会时期社区体育发展的桎梏所在。积极推进社区公共体育服务系统建设，有效解决这一矛盾，打破城市社区公共体育服务系统长期供需失衡的状态，促进公共体育服务系统有序演进，不仅能够不断满足广大居民多样化的公共体育需求，而且能够体现党和政府以人为本、执政为民的服务理念。本研究以系统科学理论、自组织理论与新公共服务理论为指导，从理论分析与实证分析两个方面入手，对城市社区公共体育服务系统的非平衡演进问题进行分析，为促进城市社区公共体育服务系统的有序演进提供参考。

1.4.2　研究假设

　　假设一：城市社区公共体育服务系统状态的实然表征是联系断裂与供需失衡的平衡态。

　　假设二：非平衡是城市社区公共体育服务系统有序演进的前提与条件。

1.4.3　研究内容

1.4.3.1　研究框架

本研究的基本内容框架如图 1-1 所示。

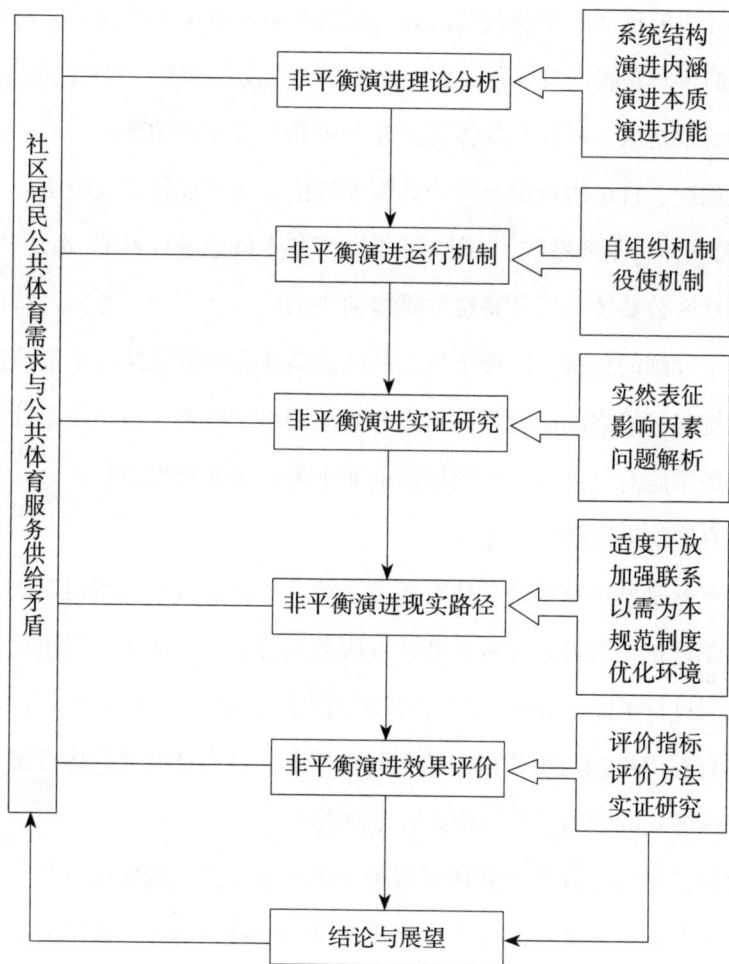

图 1–1 研究框架

1.4.3.2 基本内容

基于系统科学理论、自组织理论与新公共服务理论，对城市社区公共体育服务系统的非平衡演进进行了理论分析与实证研究，提出了非平衡演进的现实路径，构建了非平衡演进的效果评价体系，基本研究内容共包括七章。

第一章是绪论。主要是通过相关文献的整理评述，提出研究问题与假设，设计研究框架。主要包括问题的提出与研究意义，国内外文献综述，研究目的、研究假设与研究内容，研究方法与技术路线，创新之处等内容。

第二章是城市社区公共体育服务系统非平衡演进的理论分析。基于系统科学理论、自组织理论与新公共服务理论，在系统科学理论语境下，对社区、公共体育服务系统、平衡与非平衡等基本概念进行界定，在此基础上，对城市社区公共体育服务系统非平衡演进的内涵、实质、方向、特征与功能进行了详细的分析，明确了城市社区公共体育服务系统非平衡演进的实质是系统与环境之间以及系统要素之间的网络化联系，指出城市社区公共体育服务系统对外开放、对内搞活的非平衡态是实现城市社区公共体育服务系统有序演进的前提与条件。

第三章是城市社区公共体育服务系统非平衡演进的运行机制研究。基于自组织理论，对城市社区公共体育服务系统非平衡演进的自组织机制与役使机制进行了深入分析，对两种机制的内涵、条件、动力进行了详细论证，指出在自组织机制与役使机制的共同作用下，城市社区公共体育服务系统获得了内源式的动力，自组织地有序演进。

第四章是城市社区公共体育服务系统非平衡演进的实证分析。基于城市社区公共体育服务系统非平衡演进的理论阐释，对城市社区公共体育系统非平衡演进的实然表征、影响因素、本质问题进行分析。首先，从城市社区公共体育服务主体、城市社区公共体育服务内容与城市社区公共体育服务对象等维度，对城市社区公共体育服务系统实然表征进行了调研；其次，运用探索性因子分析与验证性因子分析方法，对城市社区公共体育服务系统非平衡演进的影响因素进行了论证；最后，基于实然表征与影响因素分析，探讨了城市社区公共体育服务系统非平衡演进存在的本质问题。

第五章是城市社区公共体育服务系统非平衡演进的现实路径。针对城市社区公共体育服务系统非平衡演进的实然表征、影响因素与存在的本质问题，详细分析了城市社区公共体育服务系统非平衡演进的现实路径。

第六章是城市社区公共体育服务系统非平衡演进的效果评价。对城市社区公共体育服务系统非平衡演进效果评价的价值意蕴进行了阐释，分析了城市社区公共体育服务系统非平衡演进效果的评价模型。在此基础上，尝试构建了城市社区公共体育服务系统非平衡演进的效果评价体系，并选取样本进行实证性研究，为客观科学地评价城市社区公共体育服务系统非平衡演进的效果提供参考依据。

第七章是结论与展望。对城市社区公共体育服务系统非平衡演进理论与实证研究进行总结概括，指出了本研究的主要结论、不足之处，对需要进一步深入研究的问题进行分析讨论，为后续研究的开展指明方向。

1.5　研究方法与技术路线

1.5.1　研究方法

1.5.1.1　文献资料法

对"公共体育服务体系""社区公共体育服务体系"相关研究资源进行整理、归纳、述评，为本研究的开展奠定基础。主要对学校图书馆、超星数字图书馆、方正数字图书馆、书生之家、学术 google、Springer Link 数据库、中国学术期刊网络出版总库、中国优秀博士学位论文全文数据库、中国优秀硕士论文学位论文全文数据库、中国重要报纸全文数据库、中国重要会议论文全文数据库、国际会议论文全文数据库、国家科技成果数据库等进行检索。

1.5.1.2 逻辑分析法

逻辑分析法主要是指在对研究对象进行考察的基础上，发挥主观逻辑思维能力，运用抽象的、理论上前后一致的形式，通过概念、判断与推理等思维形式揭示研究对象的本质、特征与发展规律的一种方法。本研究主要运用归纳、类比与演绎等逻辑分析方法，对城市社区公共体育服务系统非平衡演进的核心概念、本质、运行机制等进行论证分析。

1.5.1.3 系统分析法

系统分析法是系统科学的基本方法，要求将研究对象视为一个有机整体，探讨研究对象的组成部分与整体、各组成部分之间的相互作用与相互关系。本研究运用系统分析法，对城市社区公共体育服务系统结构进行分析，并对各组成部分之间的相互作用关系进行论证。

1.5.1.4 问卷调查法

设计并运用调查问卷，对城市社区公共体育服务系统的发展现状、影响因素等进行调研。首先，设计相关调查问卷，进行预调查，分析问卷的信效度，根据反馈情况，适当调整问卷内容，形成正式调查问卷。其次，选取调查对象，进行问卷调查，具体抽样、发放与回收等情况详见相关章节。

1.5.1.5 实地调研法

为了获取城市社区公共体育服务系统发展的详细状况，深入分析相关影响因素，对江苏省、山东省部分城市社区进行实地调研，主要通过现场观察、现场体验、深度访谈等形式，收集城市社区公共体育服务系统的相关资料信息。

1.5.1.6 专家咨询法

为了深入了解城市社区公共体育服务系统存在的问题，建构城市社区公共体育服务系统非平衡演进的效果评价体系，充分利用参与第九届全国体育科学大会、第四届中国体育博士高层论坛的机会，对相关专家进行无结构访谈，还运用专家咨询问卷，对相关专家进行了问卷调查（如表 1-1 所示）。通过访谈与调查，对城市社区公共体育服务系统存在的问题有了更为深刻的了解，并对相关评价指标进行了筛选，为研究的顺利进行奠定了基础。

表 1-1　咨询专家的基本情况

姓名	单位	职称（职务）
刘国永	国家体育总局群体司	司长
宋继新	吉林省体育局	局长
李伟听	上海市体育局	副局长
任海	北京体育大学	教授
程志理	江苏省体科所	教授
张瑞林	吉林体育学院	教授
周学荣	南京师范大学	教授
刘旭东	宁夏大学	教授
张天峰	南京工业大学	教授
王韶峰	哈尔滨师范大学	教授
骆玉峰	国家体育总局科研所	副研究员
石振国	山东大学	副教授
陈家起	南京师范大学	副教授
张立敏	南京师范大学	副教授
刘远详	山东体育学院	副教授
李江	江苏宜兴市体育局	局长

1.5.1.7　因子分析法

运用因子分析法对城市社区公共体育服务系统非平衡演进的影响因素进行分析，首先运用探索性因子分析对相关因素进行分析，提取公共因子，然后运用验证性因子分析对相关影响因素进行验证分析。

1.5.1.8　案例分析法

案例分析法主要是通过对相关案例进行描述，分析相关问题产生的原因或加深对某一问题的理解。本研究主要引证相关案例，用来说明城市社区公共体育服务系统存在的相关问题，并对产生相关问题的原因进行了分析。在城市社区公共体育服务系统非平衡演进的现实路径研究中，也通过引证相关案例的方法对相关路径及其可行性进行论证。

1.5.1.9　数理统计法

运用 Excel2013、SPSS19.0 等统计软件，对本研究的相关数据进行统计整理分析，为相关研究的论证提供数理支撑。

1.5.2　技术路线

本研究的技术路线如图 1-2 所示，以研究背景与相关文献分析为基础，确定研究视角、研究目的与研究内容，选用相关研究方法，对研究内容进行分析。

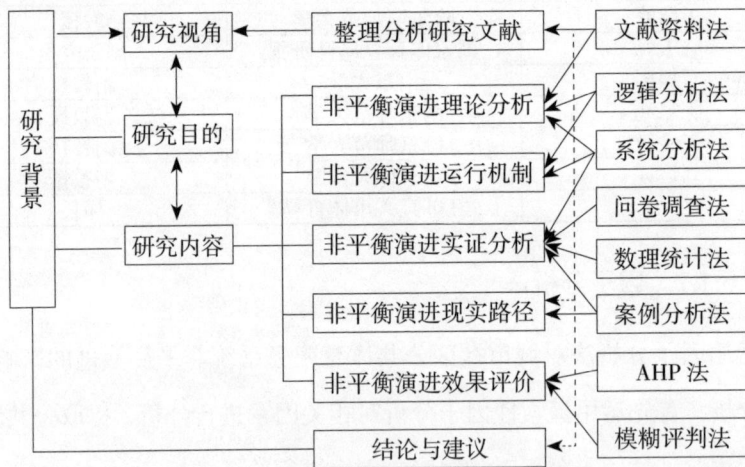

图 1-2　技术路线图

1.6 创新之处

本书尝试从整体的视角对城市社区公共体育服务系统要素之间的关系进行深入分析，将城市社区公共体育服务主体、公共体育服务内容与公共体育服务对象纳入系统范围内进行考量，指出城市社区公共体育服务对象并不只是被动的公共体育服务受益者或受用者，而且还是公共体育服务系统积极的、能动的建设者。城市社区公共体育服务系统的有序演进主要取决于主体、内容与对象之间形成的相互作用、相互联系的"非平衡结构"。

突破传统的强调系统外部力量驱动的"他组织"思想藩篱，尝试论证了城市社区公共体育服务系统有序演进的内源式动力机制，这种内源式动力机制主要源自在"非平衡结构"状态下系统组分之间的竞争与协同作用，以及公共体育服务制度这一序参量的役使作用。

从实然的视角分析了城市社区公共体育服务系统非平衡演进的状态表征、影响因素与本质问题，提出了非平衡演进的路径选择，尝试构建了城市社区公共体育服务系统非平衡演进效果的评价体系。

第2章 城市社区公共体育服务系统
非平衡演进的理论分析

2.1 理论基础

2.1.1 系统科学理论

系统观念由来已久，古代先人的社会劳动实践中蕴含着丰富的系统观点。但作为科学的系统思想，则形成于20世纪的中下叶。近代以来，以还原论、机械论为代表的经典科学大幅度地提高了社会生产力，推动了人类社会的迅速发展。20世纪初期，随着人类社会实践活动的逐步深入，经典科学的局限性日益突显，面对要求从"宏观层次"上处理的大型复杂的社会实践问题时，难以给出合理的解释。在这一时代背景下，强调"从整体上优化解决问题"的系统科学应运而生，彻底改变了科学的基础与面貌，进一步推动了人类社会的发展。正如量子力学创始人普朗克（M. Planck）所言："科学是内在的整体，它被分解为单独的部门，这不是取决于事物的本质，而是取决于人类认识能力的局限性。实际上存在着由物理到化学、通过生物学和人类学到社会学的连续的链条，这是一个任何一处都不能被打断的链条。"而系统科学恰恰能够发挥这种"链条"作用。以1937年美籍奥地利生物学家贝塔朗菲（Ludwig Von Bertalanffy）发表的《关于一般系统论》的文章为标志，把系统作为研究对象的科学理论如雨后春笋般不断涌现。随后，相继出现了系统论、运筹学、信息论、控制论、自组织理论、非线性科学与复杂性科学等系统科学的基础性理论。与此同时，以系统思想为指导发展起来的系统工程、系统分析、管理科学等系统科学的应用性理论则在社会实践领域发挥着重要作用。总之，系统科学的产生与发展使人类的思维观念与方法发生了根本性的变革，系统科学理论与方法已潜移默化地渗透到自然科学与社会科学领域。

2.1.1.1 系统科学基本原理

系统科学是以系统为研究对象的一门科学，主要考察系统的结构、功能及其与环境之间的关系，揭示系统运动、演化的共性规律。系统科学将研究对象视为一个系统，着重考察研究对象的整体性、关联性、结构性、动态性等特征，在分析系统层次、结构、特征的基础上，重点分析系统结构优化、系统要素关系协调等问题，达到实现系统功能、促进系统发展的目的。

（1）系统概念

何为"系统"是系统科学首先应回答的问题。英文中的系统（System）一词源于希腊文，词义指由部分组成的整体。一般系统论创始人贝塔朗菲将系统定义为"相互作用的多元素的复合体"，钱学森院士将"系统"界定为由相互作用和相互依赖的若干组成部分结合而成的具有特定功能的有机整体。[①] 由此可见，要构建一个系统，必须满足三个条件：第一，至少应包含两个不同的元素；第二，元素之间应按照一定的方式相互联系。系统就是由元素及其相互关系构成的整体；第三，系统整体具备一定的功能。此外，系统还具有三个基本特征：一是整体性。系统是由组分构成的整体，具有特定的状态、结构与特征，能够表现出区别于各组分的行为及功能。二是多元性。系统是由不同元素构建的整体，这里的"不同"一方面意指元素的多样性，另一方面则指元素的差异性。系统是多元性与差异性的统一，元素的多样性与差异性不仅是系统存在的必要条件，而且是系统演进发展的重要的动力之源。三是相关性。系统中的元素是以一定的作用和方式结合在一起的，不存在孤立元素或与其他元素无关的组分。系统在特定作用和方式下相互依存、相互影响、相互制约，共同决定着系统的发展。

（2）系统结构

关于系统结构，学者们众说纷纭。有的学者认为，系统结构是指系统各组分按照有序性原则构建的关系实体。有的学者认为主要是指系统要素之间的一种相对稳定的作用方式、组织秩序与时空关系的综合表征。《中国大百科全书：自动控制与系统工程》则认为，系统结构主要是指从系统的目的出发，按照一定规律组织起来的、相互关联的系统元素的集合。虽然上述概念表述不一，但都蕴含着"系统元素及其相关关系"这一本质特征。因此，可以将系统结构定义为系统组分及其之间的相关关联方式的总和。不难看出，系统结构主要包括两层含义，一是系统由哪些组分构成；二是系统组分之间特定的关联方式。

当系统组分较少且各组分之间的差异不大时，系统组分之间的关联方

---

① 吴彤.自组织方法论研究［M］.北京：清华大学出版社，2001.

式较为单一，系统结构相对简单。当系统组分较多且差异明显时，各组分之间的关联方式比较复杂，难以用单一的模式对其进行整合。因此，需要将系统组分按照其内在关联方式划分为各个部分即形成若干子系统，然后将子系统再整合为系统。需要注意的是，由若干组分构成的子系统是系统的一部分，受系统的约束，具有局限性。此外，各子系统是在一定的内在关联方式作用下相互结合而形成的，不是系统的任意部分，具有一定的系统性。因此，在对系统进行结构分析特别是划分子系统时，需要注意系统组分之间的关联方式，按照同一标准进行划分。

（3）系统环境

系统之外的一切与之相关的事物构成系统环境，不存在脱离环境的系统。可以说，系统的形态、结构、功能、行为等都与环境有关。虽然系统与环境关系密切，但它们之间也存在着相对明显的界限，这一把系统与环境划分开来的"界限"，称为系统边界。系统边界是客观存在的，有些系统的边界较为明确，容易划分。有些系统的边界则较为模糊，难以轻易识别。甚至在有些情况下，不同系统之间或系统与环境之间在其相邻的地方相互渗透、相互重叠。

系统边界将系统与环境隔离开来，但环境如何对系统施加影响呢？系统如何在环境中汲取自身发展所需的养分呢？系统自身的"开放性"与"封闭性"可以解决上述问题。开放性是指系统与环境进行交换的属性，封闭性则是指系统阻止与环境交换的属性。这两种属性决定着系统同环境之间的相互联系、相关作用。系统只有开放，才能在环境中获得发展所需的养分，实现自身的不断发展。开放越充分，越利于自身的发展。开放程度不够，则自身发展受到影响甚至停滞萎缩。封闭性是系统自身的保障机制，并非消极因素。对于环境中的有害成分，在系统封闭性的作用下，将难以进入系统，发挥重要的管控作用。若是缺乏必要的管理与控制，系统的发展将受到影响，难以正常演化发展。按照系统与环境的关系，可以将其分为两类：一是与环境进行交换的开放系统，二是与环境没有任何交换的封闭系统。系统科学的研究对象主要是开放系统，基本上不涉及封闭系统。

（4）系统功能

任何系统都有功能。那么，何为系统功能呢？系统功能是描述系统行为的重要概念，主要用于刻画系统行为对周边环境或事物产生的影响。系统功能与性能不同，性能主要是指系统在内部和外部联系中表现出来的特性与能力，是系统自身属性的体现。性能一般不是系统的功能，而功能是一种特殊的性能。性能是功能的存在基础，是系统功能得以发挥的客观依据，而功能则是系统性能的外化表征，体现在系统行为过程中。性能具有多样性，每种性能都可以表现出相应的功能，或多种性能综合起来，可以表现出一定的功能。功能是系统整体性的体现，只有相互作用、相互依存的组分有机结合，才能涌现出新的功能，系统整体功能应具有构成整体的部分及其总和所不具备的功能。

（5）系统状态

系统状态是指系统在演化发展过程中表现出来的那些可以被识别与辨识的态势与状况。例如，运动员的平常态与竞技态、运动队系统的稳定态与非稳定态。正确描述与识别系统的这些状态是科学把握系统特性的前提。一般而言，对于系统状态的描述可以选取若干状态量进行刻画。例如，描述社区居民的体质状况，可以选择身高、体重、血压、心率、肺活量等量化指标进行评价。对于一般系统而言，特别是人体系统、经济系统以及社会系统等，均可选择恰当的状态量对系统发展状况进行刻画。根据状态变量是否随时间变化而改变这一原则，可以将系统分为静态系统和动态系统两种。所谓静态系统，是指系统的状态变量不随时间的流逝而改变的系统，动态系统则指系统状态变量随时间而变的系统。实际上，一切系统都是动态系统，静态系统只是系统的一种相对静止的状态。因为在足够长的时间维度中，总能观察到系统状态的变化。一般而言，系统状态演变所需的时间远远大于系统作为研究对象进行分析的过程中所需的时间，在作为研究对象期间，系统的状态未发生显著变化，我们将这样的系统视为静态系统进行分析，这样不仅可以简化对系统的描述，而且有利于问题的解决。动态系统相对静态系统而言，其状态演化呈现出多样性与复杂性。因此，在分析动态系统状态演变时，应充分考虑系统环境变化产生的影响，并重视系统内部要素之间的相互作用。

（6）系统演化

系统演化是指系统的状态、结构、行为、特性、功能等随时间的推移而发生的变化。系统演化的基本方向可以分为两种：一是系统由简单向复杂、由低级向高级的演化；二是由复杂到简单、由高级到低级的演化。系统演化的两种方向表明，事物既有进化的可能，也有退化的余地，两种演化方向互为补充。那么，系统靠什么发生演化或者说是系统演化的动力是什么？系统科学认为，在一定的环境条件下，系统内部要素之间会发生竞争、合作，引起系统内部要素关联方式、相互作用的变化，推动系统状态、规模、行为的发生改变。

2.1.1.2　系统科学方法论

从哲学意义上讲，方法论是人们认识世界、改造世界的一般方法，是人们用什么样的方式、方法来观察事物和处理问题。方法论与方法不同，方法主要是用于完成一个既定任务的具体技术和操作，而方法论则主要是指进行研究和探索的一般途径，是对如何使用方法的指导。从广义上讲，系统方法论是指用系统的观点分析和解决系统开发、运动及管理实践中的问题所应遵循的工程程序、逻辑步骤和基本方法。从狭义上讲，系统方法论是研究和探索系统问题的一般规律和途径。系统科学方法论的精髓主要体现在如下几个方面。

第一，还原论与整体论的结合。我国系统科学创造人钱学森院士认为："系统论是还原论与整体论的辩证统一。"还原论主要强调将整体分解为各个部分进行分析。整体论则强调从整体上把握研究对象。现代科学是以还原论为基础发展起来的，并在社会实践中发挥了巨大的作用。因此，整体论逐渐被边缘化。随着社会的发展，还原论在实践中遇到了难以克服的难题，其片面性逐步显现。在这一背景下，系统科学应运而生，在承认还原论的前提下分析了其局限性，提出应将还原论与整体论相结合来处理系统问题。

第二，整体描述与局部描述相结合。系统由不同部分组成，整体统领约束部分。部分反过来支撑整体，缺乏部分的支撑，系统难以实现整体性功能。因此，进行系统分析时，需要把整体描述与局部描述结合起来，在系统整体观的指导下分析部分的特性与功能，整合系统局部特性的描述，建立对系统整体的精确把握。

第三，系统分析与系统综合相结合。通过系统分析，可以弄清系统元素或子系统之间相关作用的方式，可以明晰系统所处的环境，识别系统微观结构，精确地把握系统的组成。系统综合的主要任务是要把握系统的整体涌现性，因此，系统分析与系统综合相结合，可以更科学地对系统状态、行为与功能进行描述。

第四，定性描述与定量描述相结合。定性描述就是对研究对象进行"质"

的分析，主要是指根据实物所具有的内在属性以及在运动中的矛盾变化，从事物的内在规定性来分析事物的一种方法。定量描述主要是指研究对象的数量特征、数量关系与数量变化进行的分析。在对系统进行正确的定性分析的基础上，辅以定量分析，达到对系统性质的描述既深刻又精确，是系统方法论的主要内涵之一。

综上所述，将研究对象作为系统进行分析时，应在系统方法论的指导下用系统的观点审视研究对象，并有效地运用相关分析方法，对研究对象的状态、行为、结构、功能以及发展演变等进行科学分析。

2.1.1.3　系统科学理论的指导意义

系统科学为我们从整体的视角探索分析城市社区公共体育服务提供了理论支撑。在系统科学理论的指导下，将城市社区公共体育服务视为具有一定结构与功能的有机整体，分析城市社区公共体育服务系统的边界、状态、结构、行为、功能等，探讨城市社区公共体育服务系统组分之间的关系，为进一步探索城市社区公共体育服务系统的发展演进奠定基础。

2.1.2　自组织理论

对于城市社区公共体育服务这一复杂的巨系统而言，为了实现其有序演进，需要诉诸相关演进理论。20 世纪 70 年代以来兴起的非平衡系统自组织理论（简称"自组织理论"）恰恰能为我们提供理论支撑。严格意义上讲，科学自诞生以来，一直关注事物的演进发展，并产生了一系列的研究成果，例如康德 – 拉普拉斯的天体演化论、赖尔的地质渐变说以及达尔文的生物进化论等。上述演进理论的产生均是基于各个具体的领域或学科，形成了各种具体的演化理论其指导意义也仅局限于其自属地。而 20 世纪下半叶兴起的自组织理论以现代理论物理学最新成果为基础，以现代数学为工具，对各种具体演进现象进行分析，概括出事物演化共同的条件、机制和规律，形成了具有普遍方法论意义的科学理论。自组织理论的研究对象主要是非平衡、非线性的复杂系统，主要任务是分析系统中的要素（子系统）如何自组织地实现从混沌无序的平衡态向有序结构演进。自组织理论蕴含丰富的系统论、整体论和演化论思想，清晰地揭示了复杂系统秩序形成的机理与缘由。

2.1.2.1　自组织与他组织

随着对非平衡、非线性的复杂系统演化研究理论的兴起，"自组织"这一全新概念开始引起人们的关注。自非平衡系统演化理论产生之日，厘清这一概念的涵义与相互关系便成为这些理论需要解决的首要问题，也为我们利用这一理论解读分析城市社区公共体育服务系统的非平衡演进问题奠定基础。

德国著名哲学家康德最先提出了"自组织"这一概念，随着哲学、系统科学、控制论的发展以及一系列非平衡演进理论群的兴起，人们对于"自组织"这一概念的理解愈发深刻并愈发清晰。耗散结构论创始人普里戈金教授将其定义为"那些自发出现或形成有序结构的过程"。在此基础上，协同学创始人哈肯进一步明确了自组织概念的内涵，并获得了广泛认可。他认为："如果一个体系在获得空间的、时间的或功能的结构过程中，没有外界的特定干涉，我们便说该体系是自组织的。这里的'特定'一词是指那些结构或功能并非外界强加给体系的，而且外界是以非特定的方式作用于体系的。"要厘清这些问题，首先应从何为"组织"谈起。作为名词的"组织"是指事物内部按照一定结构和功能关系构成的存在方式。在动词意义上讲，则是指事物向空间、时间或功能上的有序结构的演化过程。

与其对应的概念范畴是非组织。他组织是与自组织对应的概念，主要是指在外部力量作用下获得空间、时间或功能上有序结构的体系，这一有序结构的形成主要是外界力量驱动的结果。

作为系统演化的两种方式，自组织与他组织所体现的演化思想有所不同。自组织强调系统在非平衡条件下，通过系统要素或子系统之间的相关作用，自发地走向有序结构的过程，体现了开放、自主、动态演化的系统观。而他组织主要强调系统外部力量的作用，将系统视为任意超控、毫无生机的静态系统，忽视了系统要素或子系统之间的相互作用，主要反映了相对静止的系统观。这种系统观在处理具有线性关系的简单系统时颇具成效，但面对处于非平衡条件下的复杂巨系统时，则不能反映其非线性的本质。因此，比较而言，建立在系统自身要素或子系统间的相互作用之上的"自组织"更为根本，更能体现系统演化的本质属性与演化规律。

值得注意的是，虽然自组织与他组织不同，但两者之间并没有绝对的界限，他们之间的关系是相对的。从哲学意义上讲，自组织与他组织是一对矛盾，既相互依存又相互排斥。在事物演化的过程中，自组织演化方式与他组织演化方式相互交叉、相互渗透。一方面，自组织系统中含有他组织的成分，例如国家、城市、社区、家庭等人类社会系统的子系统的演进，都有可能受到来自系统之外的特殊力量的作用，即在他组织的作用下演进发展。另一方面，他组织系统也存在自组织成分，在一定条件下可以转化为自组织系统。其中，最为著名的当属我国的都江堰工程。都江堰是在公元前256年左右由时任秦国蜀郡太守李冰父子率众所建的宏大水利工程，是一个典型的他组织系统。但历经几千年仍运行良好，并发挥着灌溉、防洪排沙、水运以及城市供水等巨大作用。主要是由于这一工程遵循了大自然的运行规律，蕴含了自组织演进的思想。多数人类社会系统基本上都是自组织与他组织共存的复合体，处理这些复杂系统的演进问题，首先应辩证地看待自组织与他组织的关系，分析系统自组织规律及其运行机制，在此基础上，辅之以他组织这一外部作用，促进系统在非平衡条件下不断地实现从无序到有序、从低级到高级的演进。

2.1.2.2 非平衡是有序之源

比利时科学家伊利亚·普里戈金（Ilya Prigogine）教授通过长期对系统非平衡现象的研究发现，系统在开放的、远离平衡态的非平衡条件下，与外界环境进行物质、能量、信息的交换，系统可能自发地组织起来，依靠自身要素（子系统）间的非线性相互作用，达到具有一定有序结构的系统状态。只要维持外界物质、能量与信息的流通，系统的这种有序结构将保持下去。普里戈金教授将系统在非平衡条件下自发形成并维持稳定的有序结构状态定义为"耗散结构"。在1965年国家理论生物学研讨会上，普里戈金教授阐述了这一新成果，并将研究系统在非平衡条件下有序演化的理论命名为"耗散结构理论"。耗散结构理论认为，开放系统在远离平衡态时，在非线性的非平衡作用下，系统的演化方向具有不确定性，系统的平衡态可能失稳并发生突变，涌现出全新有序的结构状态。这种结构状态不是一种静止的、平衡的、"死"的结构，而是一种动态的、非平衡的、"活"的结构，即形成"耗散结构"。这种非平衡的耗散结构主要依靠系统外部条件的不断"扰动"才能维持，一旦"扰动"停止，这种结构也将消失。普里戈金教授将形成耗散结构的条件概括为四点：一是系统具有开放性。开放性是系统自组织有序演进的必要条件。系统开放能够与外界环境之间进行资源交换，并依靠这种交换产生负熵流，抵消系统内部熵流的增加，为耗散结构的形成奠定基础；二是系统应当处于远离平衡态的非平衡、非线性区域。远离平衡态是相对于系统平衡态与近平衡态而言的一种结构状态。在平衡态或近平衡态下，系统朝着无序、均匀、低级和复杂性降低的方向演化。只有在远离平衡态时，系统才有可能涌现出新的有序结构。三是系统内部要素之间存在非线性的相互作用。线性相互作用是指系统要素作用的总合等于各个要素的作用相加的代数和。而非线性相互作用则是指系统中不仅有线性作用项，而且还有比线性项更高阶的作用项，系统要素作用的总合不等于每一要素作用相加的代数和，可能产生远远大于各要素单一作用代数和的整体效果。四是系统必须存在涨落。涨落是系统实现从无序向有序演进的触发器。就系统存在状态而言，涨落是对系统平均状态的偏离。就系统演化过程而言，涨落是系统同一发展过程之中存在的差异。无论是对于系统平均状态的偏离，还是同一演化过程存在的差异，涨落所呈现出的作用都是对系统平衡或稳定的破坏。因此，涨落也可以看作是系统非平衡性的体现。涨落可以破坏系统的稳定性，也可以使系统通过失稳获得高层次的稳定性。涨落可以是系统发展的具有建设性意义的因素，通过涨落达到有序，已成为形成耗散结构的重要条件。

耗散结构理论的提出使我们对复杂系统在非平衡条件下的演进问题有了更为深刻的认识，非平衡不再是人们眼中"转瞬即逝"的现象，而是系统有序演进过程中更为基本的状态表征。任何一个系统，如果处在平衡态附近，缺乏系统外部的物质、能量与信息的扰动，其演进过程将受制于热力学第二定律，组织结构将逐步被瓦解，趋向于混沌无序的平衡态。但是，当系统处于远离平衡态的非平衡条件下，并不断地与外界进行物质、能量与信息的交换，演进过程可以发生突变，涌现出新的有序结构。因此，普里戈金教授提出了"非平衡是有序之源"的著名学术观点，明确地告诉人们，非平衡是系统有序演进的前提和条件。

2.1.2.3 竞争与协同是动力之本

虽然人们意识到非平衡是系统有序演化的前提与条件，但在非平衡条件下，系统究竟如何自组织地演进为有序结构状态的？或者说，是什么力量推动系统走向有序呢？西德科学家海尔曼·哈肯（Hermann Haken）创立的协同学明确地回答了这一问题。哈肯认为，在非平衡条件下，复杂系统自组织地形成空间、时间或功能上的有序结构，究其原因，主要是由于系统内部要素（子系统）之间存在竞争与协同的相互作用。哈肯通过对激光现象的分析发现，激光的产生就是系统在远离平衡时出现的相变，即非平衡相变。在此过程中，其内部的要素（子系统）均表现出竞争与协同的特性。哈肯用激光理论中的概念与方法，对电子学、物理学、生物学、化学、生态学、计算机科学、经济学、社会学等领域存在的现象进行分析，得到了相似的结论：在非平衡条件下，系统要素（子系统）均存在两种运动趋向。一种是系统要素（子系统）无规无序的自发的独立运动，另一种则是系统要素（子系统）间相关联系、协调合作的集体运动。第一种运动形式是系统走向无序甚至瓦解的原因，而第二种运动是系统自发地形成有序结构的基本动力。两种运动同时存在，相互影响，共同主宰着系统的演进发展。系统走向无序还是有序，主要取决于系统内部要素（子系统）的两种运动形式哪一种能够占据主导地位。系统能够自组织地形成有序结构，实际上就是在非平衡条件下系统内部要素（子系统）之间相互竞争、合作，从而产生协同效应的结果。因此，哈肯将他的关于非平衡系统演化的成果命名为协同学，用于重点强调有序结构的自组织涌现是系统内部要素（子系统）之间协同作用的产物。

哈肯认为，竞争是系统演化的最活跃的动力，为系统要素或子系统产生协同效应创造前提和条件。竞争体现了系统要素或子系统之间的一种基本关系，反映了相互联系的要素或子系统之间具有个体性并力图保持个体性。为了能够保持个体性，系统要素（子系统）之间势必要相互竞争、相互排斥。竞争的结果不仅造成了系统要素或子系统之间差异的增大，而且强调了系统要素或子系统之间存在的相互作用、相互联系、相互排斥的关系。从系统演化的角度看，这种系统要素或子系统间相互作用、相互联系、相互排斥的竞争进一步造就了系统的非平衡性，为子系统间协同效应的产生创造了前提条件。

协同主要是指系统要素或子系统的相互协调、合作的或同步的联合作用，反映了系统的整体性、合作性与集体性。系统是相关要素或子系统的统一体。缺乏合作，各要素或子系统就是绝对的个体，系统将失去统一性。在非平衡条件下，系统要素或子系统之间的协同效应使要素或子系统中的某些运动趋势走向一致，并逐步将各要素或子系统的运动同化到这一运动趋势之中，这种运动趋势在协同效应的作用下以指数形式加以放大，终将系统内部要素或子系统全部纳入其中，使系统在宏观上呈现出有序的结构状态。

总之，系统要素或子系统间的竞争使系统趋于非平衡，为系统的自组织演化创造条件。协同则在非平衡条件下使系统要素或子系统的某些运动趋势联合起来并加以放大，使系统呈现出有序结构。系统自组织演化的动力则来源于内部要素或子系统之间的两种相互作用：竞争与协同。

2.1.2.4　序参量及役使作用

协同学认为，系统在非平衡演化过程中，如果某个参量从无到有地变化，并能够刻画新结构的涌现，反映新结构的有序程度，这个变量就是序参量。序参量这一概念最早是物理学家郎道用于描述相变过程中新结构的类型和有序程度的概念工具。哈肯将它作为判断系统非平衡演化有序程度的定量化概念，并赋予了其更为丰富的涵义。对于序参量的产生，哈肯曾这样形象地描述："我们将遇到一种为所有自组织现象共有的对自然规律的非常惊人的一致性。我们将认识到，单个组元好像由一只无形之手促成的那样自行安排起来，但相反正是这些单个组元通过它的协作才转而创造出这只无形之手。我们称这只使一切事物有条不紊地组织起来的无形之手为序参量。"

首先，序参量是系统内部要素或子系统集体运动的产物，是描述在协同效应作用下系统整体行为表征的宏观参量。序参量的形成并不是外界作用于系统的结果，而是系统内部要素或子系统竞争与协同的产物。一个系统处于无序的旧结构式，众多子系统独立运动、各行其是。但外界条件使系统处于远离平衡时，系统内部要素或子系统的独立运动开始自组织地关联起来，产生非线性的相互作用。这一非线性的相互作用逐步影响到系统各要素或子系统，协同效应开始在系统要素或子系统的交流合作中涌现，系统自发地呈现出有序结构，导致序参量的出现。

其次，序参量具有役使支配系统要素或子系统的作用，主宰着系统演进的过程。序参量一旦形成，便具有支配系统要素或子系统的能力，它们都要服从序参量的指挥，并将遵照序参量的"命令"行动。哈肯形象地说："序参量好似一个木偶戏的牵线人，他让木偶舞起来。"

总之，一方面序参量产生于系统要素或子系统的竞争与协同的相互作用；另一方面序参量又反过来役使或支配系统要素或子系统的运动。由此可见，整个系统运动过程就是系统要素或子系统相互竞争、协同，产生序参量，序参量反过来役使或支配系统要素或子系统的过程。

2.1.2.5 自组织理论的指导意义

自组织理论为我们探索分析城市社区公共体育服务系统如何实现非平

衡演进提供了理论支撑。以自组织理论为指导，我们将对城市社区公共体育服务系统的平衡态与非平衡态进行界定，在此基础上探讨城市社区公共体育服务系统非平衡演进的内涵、方向、实质、特征与功能，进一步分析城市社区公共体育服务系统非平衡演进的内源式驱动机制，冀望促进城市社区公共体育服务系统自组织地走向非平衡的有序状态。

2.1.3　新公共服务理论

2.1.3.1　新公共服务理论的基本思想

城市社区公共体育服务是公共服务的重要组成部分。以系统专业的公共服务理论为指导进行分析，有助于我们更加深刻地审视城市社区公共体育服务及其演化问题。关于"公共服务"的研究由来已久，19 世纪下半叶，德国学者瓦格纳（Wangner）最早提出了这一概念。随后，法国公法学者莱昂·狄骥将"公共服务"作为现代公法制度的基础，认为公共服务必须由政府控制并加以规范，否则难以得到保证。1950 年左右，公共经济学家们提出了"公共物品"的概念，这一概念在国外的研究中时常与公共物品等同使用。1954 年，美国著名经济学家萨缪尔森在其论文《公共支出的纯理论》中，将公共物品的概念了明确界定为："必须由集团中的所有成员均等消费的产品，如果集体中的任何一个成员可以得到一个单位，那么根据定义，该集团中的其他成员也必须可以得到一个单位。"[①] 此外，他还归纳出公共物品的两个显著特征，即非排他性与非竞争性。萨缪尔森认为，在市场经济中，由于信息不完全、不对称等因素的影响，市场无法有效率

---

① Paul A. Samuelson. The Pure Theory of Public Expenditure [J]. *The Review of Economics and Statistics*，1954，36（4）：387–389.

地配置资源。因此，公共物品或公共服务需由政府供给，以调节经济运行。

20世纪80年代，西方国家纷纷出现了财政收入骤减、经济严重衰退的现象，传统的政府官僚制管理体制使政府效率低下，腐败频现，国家的"福利政策"难以为继，多数国家陷入了"扮演社会福利的供给者与成为经济增长的主力舵手之间的矛盾紧张关系中"。在此背景下，旨在提高政府工作绩效、重塑政府形象的新公共管理理论开始登上历史舞台，逐渐成为公共管理研究领域中的主导范式。新公共管理理论的精髓——企业家政府理论，在美国学者奥斯本和盖布勒合著的《重塑政府》中得到了普及与提炼。作为试图超越传统公共行政理论的新公共管理理论，以其对公共行政内在发展规律与趋势的把握，对西方国家政府体制改革产生了重大影响，迅速被西方各国应用到行政改革实践之中，冀望达到"从根本上改变我们政府的行为方式——从自上而下的官僚体制转向一种自下而上、简政放权的企业家政府模式"。[①]

虽然新公共管理管理理论推动了政府行政改革的进程，并收到了良好的实效。但其自身内在缺陷也在政府行政改革实践中充分地暴露出来。例如，在政府改革中，公共行政官员倾向于成为日益私有化的新政府的企业家，往往热衷于"掌舵"，而忘记了这艘船真正的主人是谁。因此，新公共管理理论受到了广泛的质疑与批判。美国著名公共行政学家哈登特夫妇通过对新公共管理理论特别是作为其精髓思想的"企业家政府理论"的批判与反思，发展起立了一种新的公共行政理论，被称为新公共服务理论。新公共服务理论认为，公共行政官员在管理公共组织与执行公共政策时，

---

① 珍妮特·V.登哈特，罗伯特·B.登哈特.新公共服务：服务，而不是掌舵 [M].北京：中国人民大学出版社，2010.

应集中承担为公民服务和向公民放权的职责，他们的工作重点既不应该是掌舵，也不应该是划桨，而应该是建立具有完善整合力和回应力的公共机构。基本观点主要包括如下几个方面：政府的职能是服务，而不是"掌舵"；公共利益是目标而非副产品；在思想上要有战略性，在行动上具有民主性；为公民服务，而不是为顾客服务；责任并不简单，公务员不应只关注市场，还应关注宪法法律、社区价值观、政治规范、职业标准以及公民利益；重视人，而不只是重视生产率；公民权和公共服务比企业家精神更重要。虽然新公共服务理论是在对新公共管理理论进行批判与反思的基础上发展起来的，但它并非是对新公共管理理论的全盘否定。实际上，新公共服务理论是在肯定新公共管理理论的重要价值上并摈弃其固有缺陷的基础发展起来的，是对新公共管理理论的一种扬弃。

2.1.3.2　新公共服务理论的指导意义

中华人民共和国成立以来，党和政府一直很重视公共服务的建设，只是在较长时期内没有形成明确的公共服务概念。改革开放以来，特别是进入 21 世纪之后，"建设服务型政府"已成为我国行政体制改革和政府管理创新的主要目标，为广大居民提供公共服务已成为各级政府部门的重要任务。作为公共服务的重要组成部分，体育由于在增强居民体质、促进人的全面发展、丰富社会文化生活以及促进精神文明建设等方面的重要作用，愈发受到重视。在社会经济高度发展的今天，城乡居民的健身意识逐渐觉醒，健身观念逐渐增强，对公共体育服务的要求也不断提高。为了满足城乡居民日益增长的体育需求，国家《体育事业"十二五"规划》明确指出："加快完善公共体育服务体系，提高公共体育服务水平，……促进我国群众体育发展迈上新台阶。"新公共服务理论倡导的重视公民权力、公民参与以及公共利益的价值观，与我国政府"以人为本"的执政理念和"全心全意为人民服务"的宗旨高度契合，它的一些核心观点、具体原则与方法等，无疑对我国公共体育服务系统的建设具有一定的借鉴意义与指导作用。

2.2　核心概念的界定

2.2.1　社区

对于"社区"这一概念的理解可谓是"仁者见仁、智者见智"。据华裔美国社会学家杨庆堃教授于 1981 年对"社区"概念进行的调查统计发现，学术界共有 140 多种定义。最早提出社区概念的是德国社会学家斐迪南·滕尼斯（F. Tonnies），他在 1887 年出版的 *Community and Society* 一书中，将社区作为与社会相对应的类型学概念提了出来。滕尼斯认为，与建立在工业化背景下并以理性意志为基础的"社会"相比，社区是指建立在共同价值取向之上的、由同质人口组成的富有人情味和认同感的共同体。这一概念主要强调人与人之间的血缘、邻里与朋友等亲密关系和对社区这一共同体的归属感与认同感。随着社会学研究的兴起，社区研究逐渐成为学术界关注的热点，对于社区概念内涵的认识也逐步深入。杨庆堃教授通过分析 140 多种有关社区概念的定义发现，学术界对于社区概念的界定可以归纳为两种：一是基于地域性的视角，强调社区的地域性涵义。例如，美国社会学者罗伯特·帕克认为，社区是占据一块被或多或少明确地限定的地域上的人群的汇集。① 二是基于功能主义的视角，主要强调社区的功

---

① 董海荣. 社会学视角的社区自然资源管理研究［D］. 中国农业大学，2005：10.

能。例如，伯纳德认为，社区是居住于特定范围内的人口，是以地域为界并具有整合功能的社会系统，是地方性的自治单位。[①] 社区概念界定的多样性，一方面反映了人们对社区的理解尚未形成共识并有待于进一步研究，另一方面也反映了社会学者甚至整个社会对于社区及其发展具有较高的关注度。

我国学者对"社区"的研究大约始于 20 世纪 30 年代。1933 年，费孝通先生在翻译美国社会学家罗伯特·帕克教授来华讲学的论文时，将英语"Community"一词译为"社区"。自此，"社区"一词开始为中国学者所熟知。对于何为"社区"的问题，费孝通先生认为，社区是若干社会群体或社会组织聚集在某一地域里形成的一个在生活上相互关联的大集体[②]，通俗地讲，"社区就是生活在一个地区的一群人的社会关系，社区可大可小，一个学校，一个村子，一个城市，甚至一个民族，一个国家，甚至可以团结在一个地球上的整个人类，只要其中的人都由社会关系结合起来，都是一个社区"[③]。费孝通先生对于"社区"概念的界定，揭开了中国本土化"社区"研究的大幕，"社区"研究迅速成为社会学、经济学、政治学、地理学等学科的重要研究领域。基于不同的研究视角，我国学者对于"社区"概念的界定也呈现出多样化。郑杭生教授认为，社区是进行一定的社会活动、具有某种互动关系和共同文化维系力的人类群体及其活动区域。[④] 袁方认为，社区是由聚集在某一地域中的社会群体、社会组织所形成的在

---

①　邹凯.社区服务公众满意度测评理论、方法及应用研究［D］.国防科技大学，2008：20.

②　卢爱国.使社区和谐起来：社区公共事务分类治理［D］.华中师范大学，2008：21.

③　费孝通.费孝通文集［M］.北京：群言出版社，1999.

④　郑杭生.社会学概论新修［M］.北京：中国人民大学出版社，2003.

生活上相互关联的社会实体。[①] 陈伟东认为，社区是居民表达半公共产品需求和实现社区福利最大化的机制。[②] 王思斌认为，社区是聚居在一定地域内的，相互关联的人群形成的共同体。[③] 不难看出，不同学科对与社区概念内涵的理解不同。社会学主要将"社区"界定为利益共同体，经济学则认为"社区"是公共产品的最小消费单元，政治学则认为，社区应是独立的地方行政区域或政治单元，而地理学则认为，社区是社群集中居民生活与活动的地域。通过对"社区"概念的界定和分析，可以发现，尽管人们对于社区概念的理解与表述有所差异，但上述定义分别从不同侧面反映了构成社区的四个基本要素：一是地域要素，这是社区存在的地域基础；二是人口要素，社区人口是社区生活和活动的主体；三是情感要素，这是社区存在的纽带；四是文化要素，主要是指基于社区公共利益形成的行为规范、生活方式以及规章制度等。结合构成社区的四个基本要素，《中国大百科全书·社会卷》将"社区"界定为"生活在同一地理区域内、具有共同意识和共同利益的社会群体"。

我国的社区发展最早可以追溯到 20 世纪 20 至 30 年代左右由梁漱溟和晏阳初倡导的乡村建设运动与平民教育，然而真正意义上的系统化、组织化的社区建设工作始于 1986 年。改革开放以后，计划经济体制逐渐被社会主义市场经济体制所取代，社会结构发生深刻变化。基于计划经济体制建立起来的"单位制"开始瓦解，"社区"作为人们日常生活和实现自身权益的基本功能单位越来越受到重视。在此背景下，为配合国家经济体制改革，民政部开始在城市基层开展社区服务活动，分别于 1987 年和 1989

① 袁方.中国社会结构转型——社会学家访谈丛书［M］.北京：中国社会出版社，1998.
② 陈伟东.社区自治——自组织网络与制度设置［M］.北京：中国社会科学出版社，2004.
③ 王思斌.社会学教程［M］.北京：中国人民大学出版社，2003.

年先后组织召开了社区服务工作座谈会。1991 年，民政部明确提出了在城市街道和居委会开展社区建设工作，并于 1999 年开展"全国城市社区建设实验区"试点工作，探索城市社区建设管理体制与运行机制。为了进一步促进社区建设与发展，2000 年颁布的《民政部关于在全国推进城市社区建设的意见》对社区概念进行了明确的界定："加强社区居民自治组织建设的前提是科学合理地划分社区。要以改革创新精神，按照便于服务管理、便于开发社区资源、便于社区居民自治的原则，并考虑地域性、认同感等社区构成要素，对原有街道办事处、居民委员会所辖区域作适当调整，以调整后的居民委员会辖区作为社区地域，并冠名社区。"① 本研究认为，将"城市社区"界定为"居民委员会辖区"符合我国城市社区建设发展的现状。究其原因，主要是由于三点：首先，在社会结构发生深刻变化、单位制逐渐解体和社区迅速发展的今天，以前由政府部门和单位承担的任务或社会职能开始悄然转移至社区居委会，社区居委会所管辖的区域日益成为居民日常生活、参与社会活动以及实现自身权益的核心场所。因此，将"城市社区"界定为"居民委员会辖区"符合我国社区发展的实况，有利于我们抓住社区发展的主要矛盾、厘清社区发展存在的问题，从而更好地推动城市社区建设的进程；其次，社区居委会所管辖的区域是参与社区建设的多元主体直接作用的基层单位，通过分析观测居委会辖区的景象，可以切实了解我国社区建设的现状；最后，社区居民委员会所管辖的区域已深入人心，广大社区居民所理解的社区就是自己所在居委会所辖的区域。总而言之，在政府的大力推动下，我国城市社区建设蓬勃发展，并取得了一定

---

① 民政部关于在全国推进城市社区建设的意见［EB/OL］.［2000-12-12］. http：//www.cctv.com/news/china/20001212/366/html.

的成绩。截至 2012 年底，全国共有街道办事处 7282 个，居委会 91153 个（比上年增长了 1.9%），居委会成员约 46.9 万人（比上年增长 3.3%）。[①]

2.2.2 公共体育服务系统

毋庸置疑，厘清公共服务、公共体育服务等核心概念，对于界定公共体育服务系统这一概念具有重要意义。对于何为公共服务的探讨，可谓仁者见仁、智者见智，1999 年，Ver Eecke 统计发现，在学术研究与现实应用中，与私人产品相对应的、独立使用并具有公共性的产品和服务的概念有 18 种之多，而且其具体内涵也各有所指。早在 20 世纪初，法国学者莱昂·狄骥便将"公共服务"界定为"任何因其与社会团结的实现与促进不可分割、而必须由政府来加以规范和控制的活动，就是一项公共服务，只要它具有除非通过政府干预，否则便不能得到保障的特征"。随着公共服务实践的推进，公共服务被引进入了经济学领域。20 世纪 20 年代末，在资本主义经济危机大爆发的背景下，凯恩斯在《就业、利息和货币通论》中，首次提出了"公共产品"的概念，用来意指国家提供的公共服务。1954 年，经济学家保罗·萨缪尔森（Paul A. Samuelson）在其学术论文《公共支出的纯理论》中首次界定了"公共产品"的概念，他认为公共产品的主要涵义是"每个人对这种物品的消费都不会导致其他人对该物品消费的减少"。在随后出版的《经济学》一书中，萨缪尔森明确指出，"公共产品是指能将效用扩展与他人的成本为零，并且无法排除他人参与共享的一种商品"，并指出判断公共产品的主要标准是"非竞争性与非排他性"。此后，以"公共物品的规定性来解释界定公共服务"逐渐成为主流逻辑思

---

① 2012 年社会服务发展统计公报［EB/OL］.［2013-06-19］. http：//www.mac.gov.cn/anticle/sj/tjgb/201306/201306154747469.shtml.

维路线，著名经济学家詹姆斯·布坎南（James Buchanan）、埃莉诺·奥斯特罗姆（Elinor Ostrom）、格里高利·曼昆（Gregory Mankiw）等均沿用这一逻辑路线。20 世纪 70 年代后期，西方国家普遍陷入经济滞胀的困境，公共财政支出的日益庞大使政府难以承受，国家福利政策难以为继，公共行政体制运行效率低下。在这一背景下，英美等西方发达国家在公共管理领域掀起了以提高"经济、效率和效益"为目标的"重塑政府""再造公共部门"的"新公共管理运动"。这场运动倡导"以市场为取向重塑政府与公众的关系"，"确立政府有限责任，由'划桨'转为'掌舵'"，"引入竞争机制提高工作效率"以及"改造公务员制度，创建新型政府"等。美国著名公共管理学家罗伯特·丹哈特（Robert Denhardt）和珍妮特·登哈特（Janet Denhardt）夫妇在对新公共管理运动进行理性反思的基础上，提出了"新公共服务理论"，使"公共服务"成为真正意义上的一门"显学"。新公共服务理论的产生促使公共管理领域研究范式发生了重要转折，强调"公民权利、公共对话和社会资本"的新公共服务理论研究范式，逐渐取代传统的官僚式的公共行政研究范式，成为主要的研究范式。"公共服务"这一概念愈发受到重视，成为公共管理领域备受关注的核心概念。

　　在新公共管理运动和新公共服务理论的影响下，公共服务在我国也受到了政府的高度重视。1998 年，在九届全国人大第一次会议《关于国务院机构改革方案的说明》的报告中，首次将"公共服务"定位为政府职能转变的目标，这一目标的提出标志着我国政府开始由管制型向公共服务型转变。此后，我国政府积极推进公共服务发展进程，强调健全公共服务体系，努力为广大居民提供优质的公共服务。2002 年，党的"十六大"明确提出"完善政府公共服务职能"，2004 年，温家宝总理在省部级重要领导干部"树立和落实科学发展观"专题研究班结业式上的讲话中指出，"公共服务就是提供公共产品与服务"，2005 年修订的《国务院工作规则》重点强调"要强化政府公共服务职能"，2007 年，党的"十七大"再次提出"完善公共服务体系、强化社会管理和公共服务"，2012 年，党的"十八大"报告提出了"基本公共服务均等化"的要求，并明确提出了"基本公共服务均等化总体实现"的目标。虽然政府部门十分重视公共服务的发展，但鉴于我国公共服务实践时间较短、公共服务研究尚处于起步阶段，无论是在理论研究或实践应用中，对于"公共服务"概念的认识尚未形成共识。

公共体育服务作为公共服务的重要组成部分，同样受到政府与社会的重视与关注。体育行政部门也相继出台若干政策文件，推进我国公共体育服务建设。国家体育总局颁布的《2001—2010 年体育改革与发展纲要》中将"构建起面向大众的多元的体育服务系统"[①]确定为体育改革与发展的主要目标之一，2006 年出台的《体育事业"十一五"规划》中提出"强化体育行政部门制定发展规划、加强宏观调控、完善规章制度、提供公共服务、维护行业秩序的职能"，2011 年颁布的《体育事业"十二五"规划》规划明确指出"十二五"时期群众体育的发展目标是"强化公共体育服务职能，建立完善以全民健身设施建设、组织建设、活动开展、健身指导、科学评估等为主要内容的全民健身公共服务体系"。[②]在体育部门的积极推动与相关政策的督促下，我国公共体育服务建设取得了一定的成绩，"人民群众的体育意识进一步增强，经常参加体育锻炼的人数显著增加。体育场地设施不断增加，各类体育场馆已超过 100 万个，社会体育指导员超过

---

① 关于印发《2001-2010 年体育改革与发展纲要》的通知 [EB/OL].[2000-12-15]. http://www.law-lib.com/law/law-view.asp?id：121888.

② 体育事业发展"十二五"规划 [EB/OL].[2011-04-01].http://www.sport.gov.cnn16/ n1077/n1467/n1843577/1843747.html.

65 万人"。但是由于公共体育服务建设实践起步较晚，公共体育服务研究相对滞后，再加上人们对"公共服务"这一概念的理解尚存差异等，导致在公共体育服务建设过程中与学术研究中，对公共体育服务概念的把握含糊不清、观点不一，甚至对于是用"公共体育服务"还是用"体育公共服务"来指称体育领域中的公共服务现象尚存分歧。这种状况在一定程度上影响了我国公共体育服务建设的实践推进。戴永冠等统计发现，截至 2012 年 2 月，对公共体育服务概念进行界定的文献共 69 篇之多。[①] 本研究采用"公共体育服务"这一语词予以指称，究其原因，主要有两点。第一，符合现代汉语构词原则。"公共体育服务是由'公共''体育''服务'三个词汇组成的偏正短语。现代汉语多重定语的排序规则是：领属关系（谁的）＞时间、处所（什么时候、什么地点）＞代词、量词（多少）＞动词性或主谓短语（怎么样的）＞形容词（什么样的）＞属性、质料、范围的动词、名词（什么）。很显然，'公共'是形容词，表明了公共体育服务的公共性。'体育'是名词，表明了公共体育服务的质料。'服务'是名词中心语。因此'公共体育服务'这一表述是符合语言学中关于多项定语的排序规定的"。[②] 第二，国家政策文件已从"体育公共服务"与"公共体育服务"的混合使用向规范使用"公共体育服务"一词转变，具有一定的指导性。在之前的政府文件中，时而使用"体育公共服务"，时而使用"公共体育服务"，甚至出现过在一份文件中两种概念同时使用的情况。随着建设实践与学术研究的发展，"公共体育服务"逐渐成为政府文件的

---

① 戴永冠，林伟红. 公共体育服务概念、结构及人本思想［J］. 武汉体育学院学报，2012，46（10）：5—10.

② 郇昌店，张琮. 我国公共体育服务概念的辨析——兼与范冬云先生商榷［J］. 西安体育学院学报，2011，28（3）：305—308.

规范用语。在国家体育总局 2011 年颁布的《体育事业发展"十二五"规划》中，"公共体育服务"已俨然成为文件中醒目的关键词。

目前，关于公共体育服务概念的界定可以归纳为四类。第一是产品说，主要是依据西方经济学中萨缪尔森的公共产品理论，从非竞争性与非排他性等特征进行界定。例如，刘艳丽等认为体育公共服务是指满足社会共同需求，具有非竞争性和非排他性的体育服务。① 第二类是职能说，主要是从政府职能的视角进行界定。例如，戴永冠等认为公共体育服务是指政府或非政府组织在供给人们共同消费或享用的体育产品或体育服务过程中所承担的职能。第三类是行为说，主要是从组织行为学的角度进行诠释。例如，樊炳有认为，体育公共服务就是提供体育公共产品和服务行为的总称。② 第四类是过程说，主要认为公共体育服务是一个动态的过程。范冬云认为，体育公共服务是政府、企业和第三部门等供给主体为满足社会成员体育需要而提供体育公共产品的过程。③

本研究认为，公共体育服务概念的界定应考虑两点，即应符合逻辑学原则和我国体育事业发展的现状。从逻辑学原则上讲，定义项是由被定义概念的邻近的属和种差所组成的定义，公式表达为：被定义项＝种差＋邻近的属。确定公共体育服务属概念时应注意不仅与公共体育服务之间存在属种关系，而且必须是邻近属概念。就"公共体育服务"词义而言，公共体育服务是一

---

① 刘艳丽，苗大培.社会资本与社区体育公共服务［J］.体育学刊，2005，12（3）：126—128.

② 樊炳有.体育公共服务的理论框架及系统结构［J］.体育学刊，2009，16（6）：14—19.

③ 范冬云.我国体育公共服务研究中几个问题的探讨［J］.成都体育学院学报，2010，36（2）：6—9.

项"服务"，"服务"与"公共体育服务"之间存在属种关系，但公共体育服务更是一项"公共服务"，"公共服务"才是"公共体育服务"的邻近属概念。确定能够反映公共体育服务概念本质属性的种差，则需要结合我国体育事业发展的实际状况。国家体育总局《体育事业发展"十二五"规划》指出，"应以满足人民群众不断增长的体育需求为宗旨，……以建立公共体育服务体系为重点"，坚持"以科学发展观为统领，……促进人的全面发展作为出发点和落脚点，……做到体育发展为了人民，体育发展依靠人民，体育发展成果由人民共享"的原则，采取"加强公共体育设施规划制定与实施管理""加强全民健身设施建设""进一步推动体育场馆向公众开放""加强社会体育指导员队伍建设"等措施，达到"强化公共体育服务职能，建立完善全民健身公共服务体系，保障居民参加体育活动的权利"等发展目标。根据上述分析，我们可以归纳出"公共体育需求""政府主导""多元主体""人民共享"等是公共体育服务应然具备的本质属性。公共体育服务以满足公共体育需求为目的，公共体育服务成果由人民共享，政府在公共体育服务中发挥主导作用，公共体育服务的供给主体是多元的。确定了公共体育服务的属概念和种差之后，依据"被定义项＝种差＋邻近的属"的公式，本研究认为，公共体育服务是指政府主导的多元供给主体提供的以满足公共体育需求为目的的公共服务。明确了公共体育服务概念的内涵之后，我们可以通过"把概念所反映的对象分成若干小类"[①] 的方法来厘清公共体育服务的外延，从而全面把握公共体育服务的概念。对于公共体育服务的分类，主要依据如下两种标准进行划分。根据公共体育需求的层次，可以分为基本公共体育服务和一般体育公共服务。基本公共体育服务是指满足社会公众基本体育需求的公

---

① 　冯契.哲学大辞典［M］.上海：上海辞书出版社，1992.

共服务，保障社会公众基本的体育参与权利，如健身所需的基础体育设施等。一般公共体育服务是指基本公共体育服务之外的公共体育服务，如休闲体育、体育赛事观赏等。根据经济学中公共物品"非竞争性"与"非排他性"的性质，可分为纯公共体育服务和准公共体育服务。纯公共体育服务主要是指如"公共体育政策法规、公共体育行政管理、公共体育场馆设施建设"等同时具备"非竞争性与非排他性"的公共体育服务。准公共体育服务是指如"一般体育场地设施建设、职业体育的运营"等不完全或不同时具有"非竞争性与非排他性"的公共体育服务。

系统一词源于希腊文，一般系统论创始人贝塔朗菲将其定义为"相互作用的多元素的复合体"。许国志认为，贝塔朗菲的定义可以表述为：如果一个对象集合中至少有两个可以区分的对象，所有对象按照可以辨认的特有方式相互联系在一起，就称该集合为一个系统。我国著名科学家钱学森院士进一步完善了系统的概念，他认为系统是由相互作用和相互依赖的若干组成部分结合而成的、具有特定功能的有机整体。[①] 基于上述分析，本研究认为，公共体育服务系统是指由以满足公共体育需求为目的的相互作用和相互联系的要素组成的、具备提供公共体育服务功能的有机整体。这一概念主要包括三个方面的涵义：第一，公共体育服务系统由若干组分构成；第二，公共体育服务系统各组分之间存在一定的相互联系与相互作用；第三，公共体育服务系统具有一定的整体功能，即能够提供公共体育服务。

2.2.3　平衡与非平衡

作为刻画客观世界存在方式的一对基本范畴，"平衡与非平衡"这对

---

① 吴彤.自组织方法论研究［M］.北京：清华大学出版社，2001.

概念备受关注。从认知历程上讲，人们起初关注的是"平衡"问题，随后发展到对"非平衡"问题的研究。较早对平衡与非平衡问题进行分析的是牛顿的经典力学，牛顿三大定律认为力的平衡与非平衡决定着物体的运动变化，当力平衡或相等时，物体状态不发生改变，处于稳定的状态。当力有差异、非平衡时，物体状态发生改变，处于不稳定的状态。这种理解是后来人们对于平衡一般概念界定的基础，平衡意味着事物稳定，而非平衡则意味着事物失稳，经典力学对于平衡与非平衡的这种理解随后被引入到各个学科领域。例如，在经济领域中的收支平衡，主要是指收入部分与支出部分相等，处于一种平衡稳定状态。追求平衡意味着维持稳定，若要追求社会稳定，势必要寻找使各种社会力量趋于平衡的途径，若要关注自然界的稳定，则要排除各种因素的干扰，保障自然生态平衡的稳定状态不被破坏。在这种情况下，"追求或维持平衡"俨然已成为人们处理问题的行为范式，平衡的内涵主要是指对立事物在质与量上相等或相抵的稳定状态，其实质是静态稳定，而非平衡则被视为系统不稳定的状态表征未受重视，甚至备受排斥。

1865 年，克劳修斯提出的"熵增原理"改变了人们对于平衡的传统认知。熵增原理认为，孤立系统（未受任何因素影响、保持着传统认知意义上的静态平衡的系统）将朝着简单、低级的方向演化，最终达到无序的平衡态。这里的"平衡"不再具有传统认知中积极的隐喻，而是意味着事物的毁灭。用熵增原理分析宇宙的演化，便得到了悲观的宇宙热寂说。由此可见，熵增原理的提出不仅改变了人们对于传统静态稳定的平衡的理解，而且也导致产生了事物不可避免地走向灭亡的悲观结论。正如赵凯荣博士所言："熵世界观给予我们的似乎仅仅是这样一幅图景：它告诉我们平衡的稳定不是真正的稳定，这种稳定是不能持续的；但同时它又告诉我们，一切又都将走向这种平衡的稳定，而一切却又无可奈何。"①

　　然而，事实并非如此，客观事物演化的实际过程正好相反，在生物界与人类系统中普遍存在着从简单到复杂、由低级到高级、从无序到有序的演化现象。如何从理论上解释这种与"熵增原理"相反的现实事物的演化现象呢？

　　非平衡系统自组织理论的提出成功地解决了这一疑问。普里戈金等人通过对开放系统非平衡现象的研究发现，非平衡并不是传统认知中事物不稳定的转瞬即逝的现象，而是系统演化最为根本的原因。只要系统保持开放，不断地与环境进行物质、能量以及信息的交换，系统内部要素间的相互作用可能被"激活"并自发地组织起来，促使系统摆脱"熵增原理"预示的无序平衡态，而朝着相反的方向发展，演化成一种低熵的有序结构。只要系统不断地从外界环境汲取养分，内部要素间保持开放、互动与交流（即非平衡），这种有序结构将会持续下去。系统在与外界环境之间形成的开放的、交流的、动态的非平衡状态下涌现出的稳定有序结构称为"耗散结构"。通过进一步研究，普里戈金等人发现，当系统未能远离平衡态、处于非平衡的线性区域时，系统演化的前景是达到熵最小的状态，若系统与外界环境的交流逐渐削减直到断绝交流时，系统将演变为无序的平衡态。这种情况与"熵增原理"预示的结果基本相同。当系统处于远离平衡态区域时，系统诸要素自组织起来产生非线性相互作用，致使系统原来维持的平衡态被打破，可能涌现出具有新质的动态稳定的结构状态。这种结构状态是一种"活"的结构状态，是在与外界环境的交流中以及在系统内部要素之间的互动、沟通与协同过程中呈现出来的一种动态变化的结构状态。

---

① 赵凯荣.论动态稳定［J］.现代哲学，2002（3）：36—40.

这种结构状态是一种非平衡的结构状态，其性质是一种动态的稳定。这种非平衡结构状态的维持主要依靠不断地与外界进行物质、能量与信息的交换，一旦与外界的交流终止，这种结构状态即会消失。通过上述分析，我们不难发现，系统在演化过程中呈现出的状态有两种：一种是在与外界环境之间缺乏交流的相对封闭的状况下，系统逐渐趋于无序的平衡态；另一种是在与外界环境充分的交流中，系统要素之间充分交流互动产生非线性作用，并自发地组织起来形成动态的稳定模式，使系统呈现出有序的非平衡结构状态。

非平衡系统自组织理论的提出赋予了"平衡与非平衡"新的内涵，从广义上讲，平衡是相对的，是非平衡的一种特例，正如"静止与运动"的关系一样。从狭义上讲，平衡与非平衡只是在外界环境影响、系统内部要素相互作用下，系统演化过程中的不同时刻呈现出的不同表征，两者之间可以相互转化。平衡是系统演进过程中的相对静止的状态表征，非平衡是指系统发展过程中动态变化的状态表征。实际上，对于客观的现实系统而言，都包括平衡与非平衡两方面的性质。在系统演化过程中，当处于缺乏与外界交流的相对封闭的环境中、系统结构状态未发生改变时，随着时间的推移，系统将逐渐退化并失去功能，趋于无序的平衡态。当系统主动开放并与环境进行充分的物质能量交换时，这种无序的平衡态即被打破，系统可能自发地走向有序的非平衡态，呈现出一种"活"的动态变化结构状态。

综上所述，平衡是认识系统的出发点，是分析系统的基础，而非平衡是系统演化的原因。在分析系统的演化时，仅仅关注平衡，对系统演化的认识只能是浅显的。应将平衡与非平衡结合起来，全面深入地对系统演化进行分析。另外，由于系统具有层次性，因此在不同层次上，系统的平衡与非平衡是不同的。在宏观层次上，系统表现为平衡，而在微观层次上，则可能是非平衡。在微观层次上是平衡，而宏观层次中则可能是非平衡。因此，在探讨系统演化的平衡与非平衡问题时，必须先确定要分析的层次。

基于上述分析，我们认为，平衡是系统在演化过程中呈现出相对静止或相对不变的结构状态，这种相对静止的结构状态如若不发生改变，系统将逐渐趋于无序的平衡态，系统功能将逐渐紊乱、最终消失。非平衡是系统在演化过程中呈现出动态交流的结构状态，这种开放交流的非平衡结构状态能够使系统获得演进发展所需的物质、能量与信息，系统组分之间可能会自发自主地组织起来，实现有序演进。对于城市社区公共体育服务系统而言，其平衡主要是指城市社区公共体育服务系统演化过程中呈现出相对静止的结构状态，而非平衡则是指城市社区公共体育系统演化过程中呈现出动态交流的结构状态。本研究对于城市社区公共体育服务系统发展的探讨，主要是从宏观层次上进行分析，即分析其演化过程中平衡与非平衡状态的宏观表征。

2.2.4 有序与无序

"序"在《辞海》中的解释为"按第次区分、排列"，在自然科学中，"序"主要是指对两个元素之间关系的确定。后来，进一步发展出"有序""无序"等概念，用来刻画客观事物或由多元素构成系统的状态。所谓"有序"，主要是指客观事物或系统内部诸要素或子系统之间有规则的联系、运动和转化。"无序"主要指客观事物或系统内部诸要素或子系统之间无规则的联系、运动和转化。

对于城市社区公共体育服务系统而言，其"有序状态"是指城市社区公共体育服务系统与环境之间、公共体育服务各子系统之间的规则性的联系、互动、交流与转换。例如，城市社区公共体育服务系统与市场环境之间的物质、资金、人才的通畅流动，城市社区公共体育服务主体之间的通力合作、协同运动，城市社区公共体育服务主体与城市社区公共体育服务对象之间就公共体育服务内容、服务质量、改进措施等问题对话与沟通等等。而"无序状态"则主要是指城市社区公共体育服务系统与环境、公共体育服务各子系统之间的无规则的联系、运动与转化，例如，社区体育组织管理机构不健全、公共体育服务内容配置欠规范、公共体育服务对象需求表达机制不通畅等。

2.3　对城市社区公共体育服务系统的分析

2.3.1　城市社区公共体育服务系统边界的界定

确定系统边界是指根据研究目标，明确研究对象，确定系统研究范围，将系统要素及主要影响因素纳入研究范围之内，目的是抓住问题的主要矛盾和矛盾的主要方面。作为复杂的巨系统，城市社区公共体育服务系统由众多要素构成，这些要素之间相互作用，形成三个主要的子系统，即城市社区公共体育服务主体子系统、城市社区公共体育服务内容子系统、城市社区公共体育服务对象子系统。城市社区公共体育服务系统生活在一定的外部环境之中，其演化发展需要不断地与外界进行物质、能量以及信息的交流，从而保证系统的有序运行。因此，城市社区公共体育服务系统生存的外部环境如政治、经济、文化以及环境资源等也应被纳入研究范围之内。综上所述，本研究所要探讨的城市社区公共体育服务系统的边界主要是以政治、经济、文化以及环境资源等为外部环境，以城市社区公共体育服务主体、城市社区公共体育服务内容、城市社区公共体育服务对象等为子系统，以提供优质的社区公共体育服务满足社区居民的公共体育需求为最终目标（如图 2-1 所示）。通过不断地与外界进行物质、能量以及信息的交流，城市社区公共体育服务系统内部各子系统之间的非线性作用被"激活"并自发地组织起来，促进社区公共体育服务系统不断地走向有序，达到满足城市社区居民公共体育需求的目的。

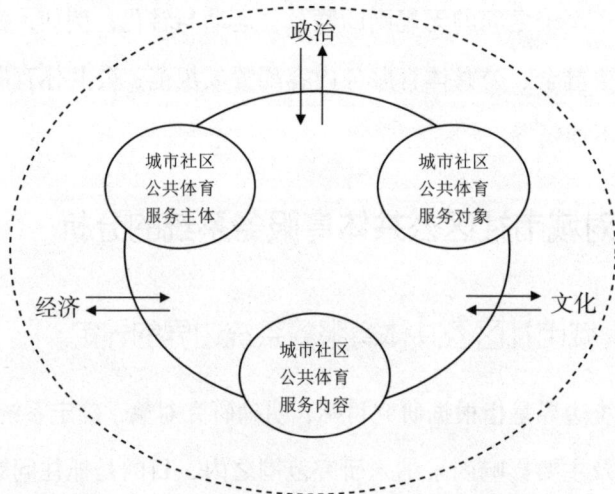

图 2-1　城市社区公共体育服务系统的边界

2.3.2　城市社区公共体育服务系统结构分析

系统科学认为，系统结构是系统组分及其之间的相互关联方式的总和。不难看出，系统结构主要包括两层含义，一是系统由哪些组分构成；二是系统组分之间特定的关联方式。对于城市社区公共体育服务系统而言，要认识其结构应从这两方面进行分析，首先，应分析这一系统由哪些组分构成；其次，应探讨城市社区公共体育服务系统各组分之间的关系。

2.3.2.1　城市社区公共体育服务系统组分分析

（1）城市社区公共体育服务的主体

对城市社区公共体育服务主体进行分析主要是探讨由"谁"来建设公共

体育服务系统并提供体育服务的问题。在城市社区居民公共体育需求日益多样化的背景下，传统的政府垄断式的供给体制面对具名多样化的体育需求显得力不从心、能力不足，出现了"政府失灵"现象，导致了公共体育服务供给匮乏、公平与效率难以保证等结果。改革传统的公共体育服务供给模式，探索多元化的建设主体已成为时下无二的应然选择。鉴于此，国家体育总局在《国家体育事业发展"十二五"规划》中明确指出："在强化政府公共体育服务职能的基础上，促进建立和完善政府统筹、社会协同、市场支持和群众广泛参与的体育发展格局。……鼓励社会组织参与体育社会管理和服务，实现公共体育服务提供主体和提供方式多元化，推进非基本公共体育服务市场化。"① 基于上述分析，本研究主要从政府组织、市场组织、社会组织以及社区居民四个方面探讨城市社区公共体育服务系统的建设主体。

① 政府主体：统筹规划

公共体育服务的公益性本质决定了政府在公共体育服务系统建设中应发挥主导作用。各国的实践证明，无论何种国家体制或社会制度，作为国家公共部门典型代表的政府向社会提供公共服务不仅是其基本职能，而且也是其不可让渡的基本责任。② 我国也一直强调各级政府是公共体育服务系统建设的重要主体，并要求各级政府加快职能转变，严格履行公共体育服务职能。2012 年，刘鹏局长在全国体育局会议上讲话中明确指出："随着社会的发展进步，政府提供公共体育服务的职能只能加强，不能削弱，这是体育作为公益事业的基本要求，也是履行政府职能的必

---

① 体育事业发展"十二五"规划［EB/OL］.［2011–04–01］. http：//www.sport.gov.cn/n16/n1077/n1467/n1843577/1843747.html.

② 田华，陈静波.论社区公共服务供给中的多元主体［J］.云南行政学院学报，2007（6）：103—106.

然要求。"① 虽然国家鼓励其他组织参与公共体育服务系统建设，并着力构建多元化的建设主体，但这并不意味着政府可以推卸自己本应当承担的公共体育服务责任，也不意味着可以削弱公共体育服务职能，只不过是自己在公共体育服务系统建设中扮演的角色与承担的任务发了转变。随着其他类型组织参与了公共体育服务系统的建设中来，政府开始从繁重的直接生产公共体育服务的角色中抽身出来，转为主要承担统筹规划、组织引导、评价监督等的职责。虽然在公共体育服务的某些领域，政府常常扮演直接生产者的角色，但与传统的作为公共体育服务系统唯一建设主体的角色相比，其直接生产的内容与范围均大幅度缩减。作为生产者的政府直接供给的公共体育服务仅局限于只有自己具备生产资质的领域（如纯公共体育服务领域中的公共体育政策的制定）或其他类型组织不愿承担或难以承担的领域（如基本公共服务领域中基础公共体育场馆设施的建设）。而公共体育服务的其他领域，政府无须自己生产，可以通过与生产者进行缔约来实现供给，即建立一种"委托—代理"关系。这种关系可以分为三类，第一类是签订协议、招标承包；第二类是授予经营权；第三类是经济资助，供给者给予生产者一种优惠等。② 只有这样，政府才能转变亲力亲为的"划桨者"的角色，才能从处理公共体育服务的各种具体事务中解脱出来，才能防止腐败、提升效率，才能将主要精力集中于统筹规划、组织引导、评价监督等方面，才能真正做到"以人为本，服务于民"。

---

① 刘鹏局长在全国体育局长会议上的讲话［EB/OL］.［2013—12—24］. http：//sports.people.com.cn/2013/1224/c22176-23935760.html.
② 刘艳丽，姚从容. 从经济学视角试论我国体育公共服务产业生产主体的多元化［J］.西安体育学院学报，2004，21（5）：16—18.

②市场组织：助力支持

市场组织是城市社区公共体育服务系统建设的重要参与力量，它在公共体育服务系统建设中发挥的助力支持作用日益受到重视。从城市社区公共体育服务现实状况看，需由政府直接生产的纯公共体育服务实为少数，绝大部分的城市社区公共体育服务属于准公共体育服务范畴，这种客观状况使得市场主体进入城市社区公共体育服务领域成为可能。"如果说政府的政策目标是促进社会公平的话，那么，市场的行动目标则是提高效率、促进竞争、阻断垄断。与政府相比，市场具有显在的优越性，它可以在很多方面补充政府行政的不足。"[①]市场主体积极参与到城市社区公共体育服务系统建设中来，可以有效地避免传统体制下政府作为公共体育服务唯一供给主体产生的效率低下的弊端，改变政府垄断式供给下易生腐败的局面，促进供给主体之间形成良性竞争的格局，提高公共体育服务的供给质量，为城市社区公共体育服务系统的建设注入活力。随着社会经济的不断发展，人们的生活水平逐渐提高，城市社区居民的公共体育需求犹如马斯洛需求层次理论阐述的那样不断提升，呈现出多元化与多样性的趋势。政府提供的"非竞争性与非排他性"的公共体育服务无法满足社区居民多样性的公共体育需求，部分居民宁愿通过多付费的方式，享受更为优质的公共体育服务，而这部分公共服务则可以由市场主体进行提供。随着市场主体参与城市社区公共体育服务系统建设的逐步深入，政府应"引入市场机制，通过招投标、合同承包、特许经营等市场运作方式向公众提供公共服务，通过市场机制来调节城市社区体育公共服务的供给和需求，从而达到降低

---

① 王海英."三权分立"与"多中心制衡"——试论学前教育公共服务多元供给主体间的关系[J].教育学术月刊，2013（1）：89—95.

成本、提高效率的目的"[1]。在市场机制的作用下,市场主体出于私益考虑,需要获得了一定利润,但它提供的优质的具有差异性的城市社区公共体育服务能够满足社区居民多样化的公共体育需求,具有一定的公益性。因此,政府应积极引导市场主体参与公共体育服务的动机,促使其在追求利润和提供优质公共体育服务之间实现"双赢"。此外,政府还应该积极创造优异条件,吸引更多市场组织参与到城市社区公共体育服务系统的建设中来,从而保证社区公共体育服务的供给规模。市场主体则要积极响应政府号召,充分利用政府给予的政策支持,以居民的公共体育需求为出发点,提供公共体育服务,努力扩大公共体育服务的覆盖范围,在取得合理收益的同时,践行社会责任。

③ 社会组织:协同供给

社会组织主要是指独立于政府主体和市场主体之外的、以公益性为目的体育组织的总和,主要包括各种体育活动组织、民间体育协会、公益性体育俱乐部、体育志愿团体等。在城市社区居民公共体育需求日益多样化的背景下,社会组织在城市社区公共体育服务系统建设中的作用愈发重要,成为社区公共体育服务系统建设不可或缺的主体之一。社会组织的积极参与使得社区公共体育服务系统建设主体日益多元化,改变了社区公共体育服务供给主体非"政府"即"市场"的格局,在一定程度上拓展了城市社区公共体育服务系统建设主体的选择空间。在政府主体力不从心和市场主体不屑一顾的某些社区公共体育服务领域,社会组织可以弥补因"政府失灵"和"市场失灵"导致的社区公共体育服务供给空白,协同政府主体与

---

① 孔祥.城市社区体育公共服务体系建设的供给主体及实现路径 [J].体育与科学,2011,32(4):66—71.

市场主体建设城市社区公共体育服务系统。从组织目标上讲，社会组织以致力于提供公益性体育服务为目标，与趋利性的市场主体相比，其性质与公共体育服务更加契合，适合提供城市社区公共体育服务。从组织结构上讲，与等级森严的政府主体相比，社会组织结构相对扁平，等级层次划分较少，这种组织结构具有机动灵活的特点，适合在政府主体与市场主体难以供给的社区公共服务的空白领域发挥作用；从组织层级上看，社会组织贴近社区基层，与城市社区居民交融，能够及时准确地了解公共体育需求，可以迅速直接地为城市社区居民提供公共体育服务。

　　近年来，在城市社区居民公共体育需求日渐多样化的背景下，社会组织也发展迅速，各种体育社团、民间体育协会、公益性体育俱乐部、体育志愿团体等纷纷涌现，在满足城市社区居民的公共体育需求中发挥了重要作用。但是，我国社会体育组织参与公共体育服务实践的时间较短，公益资金较少，服务对象与范围相对狭窄，公共体育服务专业技术人才欠缺，难免出现"志愿失灵"的现象，再加上在社区公共体育服务过程中，存在过度依赖政府、配置公共体育资源能力较差等问题，致使其在社区公共体育服务供给过程的作用未能完全发挥出来。因此，政府部门应制定相应的政策，使社区组织供给公共体育服务制度化、规范化，在资金、人才等方面给予一定的扶植，吸引更多的社区组织参与到社区公共体育服务系统建设中来，充分发挥其协同建设的作用。

　　④社区居民：广泛参与

　　一般而言，在城市社区公共体育服务建设中，社区居民仅仅被定位为公共体育服务的对象，而其角色则被简单地视为城市社区公共体育服务系统建设的受益者。传统研究常常忽视城市社区居民的主观能动性，将其视为社区公共体育服务的被动接受者。在建设公共体育服务系统时，时常把广大社区居民排除在外，忽视其在建设中的重要参与作用；而在提供公共体育服务时，则时常忽视或避开广大社区居民的公共体育需求，"他组织"地安排公共体育服务内容，导致供需双方之间矛盾重生、供给效率低下。然而，实际上，社区居民不仅仅是公共体育服务的受益者，而且还是城市社区公共体育服务系统建设的重要参与主体。《国家体育事业发展"十二五"规划》强调："在强化政府公共体育服务职能的基础上，促进建立和完善政府统筹、社会协同、市场支持和群众广泛参与的体育发展格局[①]。"由此可见，广大社区居民是建设公共体育服务系统的重要主体之一。因此，在城市社区公共体育服务系统的建设过程中，应鼓励广大社区居民积极参与公共体育服务系统的建设，充分发挥他们在建设中的主动性、积极性与创造性，改变其公共体育服务被动接受者的形象，使其真正成为城市社区公共体育服务系统建设的参与者、自理者和监督者，保障公共体育服务系统建设主体的多样性，从而实现公共体育服务的有效供给。

综上所述，纵观城市社区公共体育服务系统建设的多元主体，政府组织、社会组织、市场主体、社区居民在公共体育服务系统建设中均扮演不同的角色，发挥不同的功能与作用。政府作为城市社区公共体育服务系统建设的核心主体，在建设中居于主导地位，从整体上统筹规划城市社区公共体育服务系统建设，为其他主体参与公共体育服务系统建设提供制度保障。市场主体的参与为城市社区公共体育服务系统建设注入了活力，为社区居民提供具有差异性的体育服务。社会组织则在政府主体与市场主体难以企及的公共体育服务领域发挥作用，弥补因"政府失灵"和"市场失灵"

---

① 体育事业发展"十二五"规划［EB/OL］.［2011-04-01］. http：//www.sport.gov.cn/n16/n1077/n1467/n1843577/1843747.html.

导致的社区公共体育服务供给空白，发挥重要的协同作用；社区居民的广泛参与则能够提高公共体育服务供给的效率，实现公共体育服务的有效供给。因此，要实现城市社区公共体育服务系统的健康有序发展，应积极发挥多元建设主体各自独特的作用，使各个主体间的"功能互动，产生协同效应，形成资源配置最优化、管理工作最规范、服务效益最大化"[①]的多元建设主体联动系统，如图 2-2 所示。

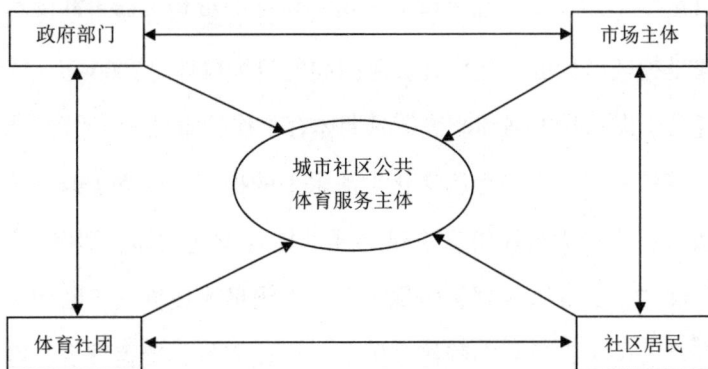

图 2-2　城市社区公共体育服务主体子系统

（2）城市社区公共体育服务内容

"内容"一词意指事物内在因素的总和。城市社区公共体育服务的内容是公共体育服务系统的重要组成部分，主要是指城市社区公共体育服务主体为满足公共体育需求而提供的具体的公共体育服务项目。有些研究往往将城市社区公共体育服务具体项目组成的内容体系称为公共体育服务体系。公共体育服务内容是为满足公共体育需求而提供的，因此，公共体育服务内容的具体项目主要取决于城市社区的公共体育需求。随着城市社区

---

① 孔祥.城市社区体育公共服务体系建设的供给主体及实现路径［J］.体育与科学，2011，32（4）：66—71.

居民公共体育需求的日趋多元化与多样化，公共体育服务内容也呈现出多样化的发展趋势。一般而言，公共体育服务内容主要包括体育场地设施服务、体育健身指导服务、体育活动的组织开展、居民体制监测服务、公共体育政策服务、体育信息服务等。城市社区公共体育服务内容并不是一成不变的，它将随着公共体育需求的变化而变化。

（3）城市社区公共体育服务对象

"对象"一词意指行动或思考时作为目标的事物。城市社区公共体育服务对象是指城市社区公共体育服务指向的目标群体。2003 年，《中共中央国务院关于进一步加强和改进新时期体育工作的意见》中明确规定，"随着国民经济的发展和人民物质文化生活水平的提高，要逐步改善群众性体育运动条件，为广大人民群众提供必要的体育设施和体育服务。"[1]《体育事业发展"十二五"规划》中规定："以满足人民群众不断增长的体育需求为宗旨，……，建立完善符合国情、比较完整、覆盖城乡、可持续的公共体育服务体系。"[2] 由此可见，我国公共体育服务的对象是人民群众及其体育需求。对于城市社区公共体育服务系统而言，其服务对象应该是城市社区居民及其公共体育需求。需要注意的是，这里的"公共体育需求"是作为个体的社区居民的体育需求的交集，是社会生活发展到一定历史阶段的必然产物，将随着人们生产生活方式的变化而不断变化。[3]

---

① 中共中央国务院关于进一步加强和改进新时期体育工作的意见［EB/OL］.［2003-09-17］. http://www.sport.gov.cn/n16/n1092/n16849/127397.html.

② 体育事业发展"十二五"规划［EB/OL］.［2011-04-01］. http://www.sport.gov.cn/n16/n1077/n1467/n1843577/1843747.html.

③ 黄恒学.中国事业管理体制改革研究［M］.北京：清华大学出版社，1998.

2.3.2.2　城市社区公共体育服务系统组分关系的分析

城市社区公共体育服务系统包括城市社区公共体育服务主体、城市社区公共体育服务内容、城市社区公共体育服务对象三个子系统，他们之间存在着相互依存、相互制约、相互影响的关系。城市社区公共体育服务主体与城市社区公共体育服务内容之间是供给与被供给的关系，城市社区公共体育服务对象与城市社区公共体育服务内容之间是决定与被决定的关系，城市社区公共体育服务主体与城市社区公共体育服务对象之间是服务与被服务的关系。城市社区公共体育服务对象决定公共体育服务主体供给的公共体育服务内容；反之，城市社区公共体育服务主体供给的公共体育服务内容影响公共体育服务对象。三者之间的关系如图 2-3 所示。

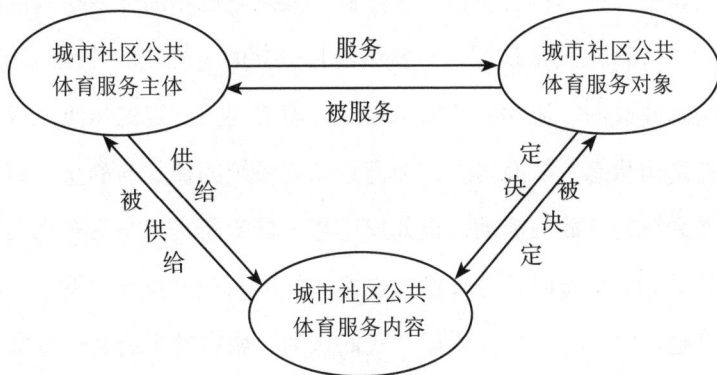

图 2-3　城市社区公共体育服务系统的组分关系

2.4　城市社区公共体育服务系统非平衡演进的理论分析

2.4.1　城市社区公共体育服务系统非平衡演进的内涵

"演进"一词在《现代汉语大辞典》中的解释为"演变发展"。系统论认为，演进主要是指系统的状态、结构、行为、特性、功能等随时间的推移而发生的变化。从广义上讲，系统演进主要是指系统从无到有的形成、从稚嫩到成熟的发育、从一种结构状态到另一种结构状态的改变、从有到无的解体等。狭义上讲，系统演进是指系统从一种结构形态向另一种结构形态的转变。非平衡则是指系统呈现出的动态变化的结构状态，其主要涵义强调系统的开放与交流。普里戈金曾说："平衡结构可以看作是大量微观粒子活动的统计抵偿的结果……它们一旦形成，就会被孤立起来并无限地保持下去，而不会与环境进一步发生相互作用。但是，当我们研究一个生物细胞或一个城市时，情况就十分不同了：这些系统不仅是开放的，而且实际上正是因为它们是开放的，它们才得以存在，它们是靠从外界来的物质和能量流来维持的，我们可以孤立一个晶体，但如果切断城市或细胞与环境的联系，它们就会死掉……它们不能从它们不断在变换着的流中分离出来。"① 普里戈金认为，平衡结构是孤立的、静止的"死结构"，非平衡结构是开放的、流动的"活结构"，需要耗散一定的物质能量维持这种鲜活的结构状态。简而言之，平衡意味着系统的孤立与静止，而非平衡则意味着系统的开放与流动，正如埃里克·詹奇所言："只有当系统的内部状态处于非平衡态时，与环境的交换才能由系统本身来维持，否则，交换过程将趋于停止。"综上所述，我们认为，城市社区公共体育服务系统的非平衡演进主要是指城市社区公共体育服务系统在"开放与交流"的非平衡状态下的演变发展，其内涵可以表述为"对外开放，对内搞活"。"对外开放"意味着城市社区公共体育服务系统与环境之间、各子系统之间可以进行相关资源的交换，"对内搞活"则意味着城市社区公共体育服务系

---

① 谭长贵.对非平衡是有序之源的几点思考 ［J］.系统辩证学学报，2005，13（2）：29—32.

统各子系统或各要素之间能够自由交流、良性互动。因此，要促进城市社区公共体育服务系统非平衡演进，应积极创造条件，营造系统"对外开放，对内搞活"的动态发展状态。

2.4.2　城市社区公共体育服务系统非平衡演进的实质

2.4.2.1　城市社区公共体育服务系统非平衡演进的联系存在

在"对外开放，对内搞活"的非平衡状态下，城市社区公共体育服务系统与环境之间、各子系统之间相互依存、相互制约，其实质是他们之间存在着某种联系。这些联系主要表现在以下两个方面：一是城市社区公共体育服务系统与外部环境或系统之间的联系，如城市社区公共体育服务系统与外界政治、经济与文化等环境之间的联系。二是城市社区公共体育服务系统的内部联系。从横向上讲，主要是同一层次子系统或要素之间的关系。如城市社区公共体育服务主体、公共体育服务对象、公共体育服务内容之间等子系统之间的联系。从纵向上讲，主要包括同质系统、子系统与要素之间联系，如城市社区公共体育服务系统—城市社区公共体育服务主体子系统—市场主体—盈利性体育俱乐部；异质系统、子系统与要素之间的联系，如城市社区公共体育服务系统—城市社区公共体育服务主体—城市社区公共体育服务内容—社区体育场馆设施服务。城市社区公共体育服务系统与外部环境之间的联系是维持系统正常运行与稳定发展的保障，城市社区公共体育服务系统内部子系统或要素之间的联系是其动态发展、协同运作的现实体现。由此可见，城市社区公共体育服务系统非平衡演进过程中不仅客观存在着某些联系，而且这些客观存在的联系正是其非平衡演进的实质所在。

2.4.2.2　城市社区公共体育服务系统非平衡演进的联系网络

如前文所述，城市社区公共体育服务系统非平衡演进的实质是系统与环境之间、系统内部子系统或要素之间存在着某些联系。这些客观存在的联系并不是简单的、相对的、单一的联系，而是一种复杂的联系网络。外部环境是这一联系网络得以存在的基础保障，城市社区公共体育服务系统内部子系统或要素则是这一联系网络上的节点。以城市社区公共体育服务主体子系统这一网络节点为例，从横向上讲，它与城市社区公共体育服务内容、城市社区公共体育服务对象之间存在着作用与反作用的双重关系。城市社区公共体育服务主体为城市社区，社区公共体育服务对象提供公共体育服务内容，而城市社区公共体育服务对象对于其提供的公共体育服务内容数量与质量的评价，又反过来影响城市社区公共体育服务主体。从纵向上讲，城市社区公共体育服务主体是城市社区公共体育服务系统的重要组成部分，同时又受系统整体的指导与制约。同样，城市社区公共体育服务主体由政府主体、市场主体、社会主体、社区居民组成，各组成要素也受其制约。由此可见，以城市社区公共体育服务主体为中心形成了纵横交织的联系网。同理，对于作为网络节点的城市社区公共体育服务系统内部子系统或要素而言，这种联系网络同样存在。这些网络节点相互联系，便构成了城市社区公共体育服务系统整体的联系网络。在与外界环境充分交流的基础上，这些网络节点协同运动、共同作用，使城市社区公共体育服务系统呈现出非平衡的状态表征。

2.4.3　城市社区公共体育服务系统非平衡演进的方向

在现代汉语中，"方向"的释义主要是指"前进的目标"，城市社区公共体育服务系统非平衡演进的方向主要是指城市社区公共体育服务系统非平衡演进所要达到的目标。自组织理论认为，"非平衡是有序之源"，这一重要论断不仅指出了"非平衡"是系统形成有序结构的前提，同时也强调了"有序"是非平衡发展所要达到的目标或追求的结果。因此，城市社区公共体育服务系统非平衡演进的方向是城市社区公共体育服务系统形成有序的状态，能够为社区居民提供优质的公共体育服务。

值得注意的是，客观世界中存在两种有序的现象，一种是系统在外部力量的主导强制下，形成的有序状态，另一种是系统有序状态的形成主要基于其内部要素或子系统之间的互动交流、竞争与协同。前一种称为他组织有序，而后一种称为自组织有序。对于城市社区公共体育服务系统而言，其非平衡演进是在城市社区公共体育服务系统充分与外界环境交流的基础上，城市社区公共体育服务主体、公共体育服务对象以及公共体育服务内容等各子系统之间加强联系、协同合作，自组织地形成有序状态的过程。这种有序状态的形成是城市社区公共体育服务系统各子系统充分交流、共同作用的结果，特别是城市社区公共体育服务对象的体育需求及其对公共体育服务内容的感受与建议等可以畅通表达，真正做到从公共体育需求的角度建设城市社区公共体育服务系统，能够切实地满足城市社区居民不断增长的体育需求。

2.4.4　城市社区公共体育服务系统非平衡演进的特征

2.4.4.1　整体性

作为系统科学的一对基本范畴，整体与部分作为相对概念共存于系统之中。认识整体与部分是进行系统分析的前提。部分构成整体，整体支配部分，整体与部分具有相对性，就某一系统而言，其是上层系统的部分，是下层系统的整体。系统科学致力于从整体的视角分析系统演进发展的规律，实现"整体大于部分之和"的系统功能。按照某种方式将若干部分整合成为一个系统，可以产生系统整体上具有而部分或部分之和不具备的某些东西，如整体的形态、整体的功能、整体的特征、整体的行为等。一旦系统解体或分解为若干部分，这种整体性便将消逝。从系统科学意义上，这种整体性意味着系统的质变。

纵观我国城市社区公共体育服务系统的发展历程，不难发现，传统的城市社区公共体育服务系统主要是各级政府主体单一供给公共体育服务的模式，城市社区公共体育服务系统的整体主要由政府主体及其提供的公共体育服务内容构成。这一系统整体构成要素较少，公共体育服务供给主体仅为各级政府主体，导致提供的公共体育服务内容也相对贫瘠，难以满足城市社区居民日益增长的多样化的公共体育需求。因此，为了满足城市社区居民不断增长的体育需求，势必要打破这种"政府单一供给公共体育服务"的平衡态，鼓励市场主体、社会主体、社区居民等积极参与到社区公共体育服务建设中来，并积极地与城市社区公共体育服务对象进行沟通交流，及时了解公共体育需求，走非平衡发展的道路。这时，城市社区公共体育服务系统的整体主要由城市社区公共体育服务主体、城市社区公共体育服务对象以及城市社区公共体育服务内容三个子系统构成。传统的"政府单一供给公共体育服务"的模式只是城市社区公共体育服务系统中的一部分。城市社区公共体育服务系统非平衡演进的整体性主要表现在两个方面。一是结构上的整体性。在非平衡演进过程中，组成城市社区公共体育服系统的各子系统协同运动、不可分割，共同维持城市社区公共体育服系统结构上的整体性。二是功能上的整体性。提供优质公共体育服务，满足城市社区居民多样性的体育需求，是城市社区公共体育服务系统整体功能的体现，单一子系统难以实现这一整体功能，犹如"政府主体单一供给公共体育服务"的模式。城市社区公共体育服务系统整体功能也并不是各子系统的单一功能之和,而是各子系统协同运动、通力合作的非线性作用的体现。

2.4.4.2　稳定性

城市社区公共体育服务系统非平衡演进的稳定性主要表现在两个方面:一是城市社区公共体育服务系统的可持续发展性,二是城市社区公共体育服务系统的环境适应性。城市社区公共体育服务系统非平衡演进的内涵决定了其具备可持续发展性与环境适应性。首先,城市社区公共体育服务系统主动"对外开放",维持系统发展的物质、能量、信息等能够自由流通,进入系统内部,为其提供发展所需的各种资源保障。例如,在某些公共体育服务领域,政府通过招投标、合同承包、特许经营等市场运作方式,积极引进市场主体提供公共体育服务。市场主体的引入不仅解决了城市社区公共体育服务发展所需的物质、资金、人才等问题,而且促使供给主体之间形成了竞争,提高了公共体育服务供给的效率与质量,在一定程度上促进了城市社区公共体育服务系统的发展。其次,在"对外开放"的过程中,城市社区公共体育服务系统也在积极地对外部环境进行了解与分析,并将相关信息输入系统内部,各子系统之间充分交流,达到"对内搞活"的效果,便于应对环境的变化。例如,随着社会经济的高速发展,健康问题已成为整体社会关注的焦点。在这种背景下,城市社区公共体育服务系统主体应积极适应这种时代背景的改变,适时调整公共体育服务的供给规模与数量,以便及时满足社会日益增长的公共体育需求。

2.4.4.3　层次性

城市社区公共体育服务系统在非平衡演进过程中呈现出一定的层次

性。这种层次性主要表现在，系统整体的非平衡状态下存在着子系统的非平衡态。同样，在子系统的非平衡态下，存在着系统要素的非平衡态。从系统要素的非平衡态，到子系统的非平衡态，再到系统整体的非平衡态，它们构成了城市社区公共体育服务非平衡态体系。而这一非平衡态体系，恰恰展现出了城市社区公共体育服务系统非平衡演进的层次性。就系统整体而言，城市社区公共体育服务系统不断地从外界环境汲取养分，城市社区公共体育服务主体、公共体育服务内容以及公共体育服务对象等子系统交流互动，在宏观上呈现出非平衡的系统表征；就部分而言，各子系统内部也在不停地流动沟通，维持自身的发展演变，也呈现出一定的非平衡态。例如，城市社区公共体育服务主体中的政府主体、市场主体、社会主体与社区居民的吐故纳新、交流合作等；就各系统要素而言，同样如此，他们也是在维持自身新陈代谢过程中呈现出非平衡态。各个层次呈现出的非平衡态相互联系、相互影响、相互制约，在它们的共同作用下，城市社区公共体育服务系统在整体上呈现出宏观的非平衡态。值得注意的是，各层次的非平衡态都有其物质载体，即城市社区公共体育服务系统及其各层次的组分。由此可见，城市社区公共体育服务系统的层次性决定了城市社区公共体育服务系统非平衡演进的层次性。

2.4.4.4 多样性

城市社区公共体育服务系统非平衡演进的多样性主要表现在非平衡状态表现形式的多样性和非平衡演进方式的多样性两个方面。首先，城市社区公共体育服务系统非平衡状态的表现形式多样多种。例如，在城市社区居民公共体育需求多样性的背景下，政府、市场、社会、社区城市社区公共体育服务主体时而合作，时而竞争，作用方式不断变化，努力提供多种多样的公共体育服务，致使城市社区公共体育服务系统的非平衡态的表现形式也呈现出多样性。其次，城市社区公共体育服务系统非平衡演进方式的多样性主要有渐进式和突变式两种。城市社区公共体育服务系统从低级形式向高级形成演进的过程是这一系统发生质变的过程。而这一质变过程既可通过渐进式质变完成，亦可通过突变式质变实现。渐进式质变主要强调在不打破城市社区公共体育服务系统原来的非平衡结构状态的基础上，通过系统自身的推陈出新，将城市社区公共体育服务系统非平衡态提升到前所未有的水平。突变式质变主要强调城市社区公共体育服务系统原来的非平衡态难以维持或者是遭到严重破坏，系统可以通过突变的方式形成新的非平衡态。总而言之，城市社区公共体育服务系统非平衡态表现形式和非平衡演进方式的多样性，致使城市社区公共体育服务系统在非平衡演进过程中呈现出多样性的特征。

2.4.4.5　相关性

城市社区公共体育系统在非平衡演进过程中呈现一定的关联性，这种相关性主要表现在城市社区公共体育服务系统与环境、城市社区公共体育服务系统与各子系统之间、城市社区公共体育服务系统各子系统之间以及城市社区公共体育服务系统子系统内部要素之间的相互影响、相互依存与相互制约的关系之中。这种相关性主要表现在以下三点：第一，城市社区公共体育服务系统与环境之间的相关性。城市社区公共体育服务系统在非平衡演进过程中，需要从环境中汲取维持系统自身稳定运行的养分，脱离了外部环境的支持，城市社区公共体育服务系统的非平衡演进就难以维系。第二，城市社区公共体育服务系统与各子系统之间的相关性。在非平衡演进过程中，城市社区公共体育服务系统的结构上的整体性需要在各子系统相互作用、相互影响下得以维系，而其整体功能的实现也得益于城市社区公共体育服务系统各子系统的协同配合与通力合作。第三，城市社区公共体育服务系统各子系统之间的相关性。城市社区公共体育服务主体供给城市社区公共体育服务内容，城市社区公共体育服务对象享受或消费城市社区公共体育服务内容并对供给内容提出更高的需求，而这种更高的需求则又反馈给城市社区公共体育供给主体，促进其改善公共体育服务内容、提高服务质量。第四，城市社区公共体育服务系统各子系统内部之间的相关性。以城市社区公共体育服务主体子系统为例，政府主体、市场主体、社会主体与社区居民之间交流互动、协调分工。其中，政府主体为其他参与主体提供政策支持与制度保障，市场主体、社会主体与社区居民积极响应政府的引导与号召，积极参与建设城市社区公共体育服务，形成供给主体的多元化，共同完成供给公共体育服务的任务。

2.4.4.6 趋前性

城市社区公共体育服务系统非平衡演进的趋前性是指城市社区公共体育服务主体、公共体育服务对象、公共体育服务内容等子系统相互影响、相互联系、共同作用，致使系统整体呈现出一定的发展趋势。这种发展趋势主要表现在城市社区公共体育服务系统在非平衡状态下从简单到复杂、从低级向高级演化的发展趋向。这种趋前性主要是城市社区公共体育服务系统各子系统互动交流、通力合作而呈现出的一种综合效应。这种综合效应既体现为一种发展状态，又体现为一种发展趋势，是城市社区公共体育服务系统非平衡演进过程中呈现出的各种有序状态的纵向递进，是城市社区公共体育服务系统非平衡演进的必然结果。城市社区公共体育服务系统之所以能够呈现出从简单到复杂、从低级向高级演化的趋前性，主要是由于在非平衡演进过程中，政府、市场、社会以及社区居民等城市社区公共体育服务主体能够自觉自发地就城市社区公共体育服务供给内容、服务质量、整改措施等问题，与城市社区公共体育服务对象进行交流协商，形成具有自我调节、自我组织的有序系统。城市社区公共体育服务系统的这种自组织能力使得系统结构更加完善系统运行方式更加合理，是其在非平衡演进过程中呈现出一定的趋前性的根本原因。

2.4.4.7 包容性

城市社区公共体育服务系统非平衡演进的包容性主要是指城市社区公共体育服务系统整体在宏观上处于非平衡的状态，而在系统内部局部领域存在着一定的平衡状态。简而言之，就是说在整体非平衡的同时仍然存在着某种程度或某些方面的平衡。城市社区公共体育服务系统的非平衡态是这种局部领域平衡态不断被打破、运动变化的结果，局部领域的平衡态则是城市社区公共体育服务系统非平衡演进中的特例，是其非平衡演进的中间过程。正是由于这种局部领域的平衡态的存在，系统才能在特定的时空状态下发挥相对稳定的功能。以城市社区公共体育服务主体子系统为例，政府通过招投标、合同承包、特许经营等市场运作方式，引进市场主体参与公共体育服务某些领域的供给，政府与市场之间这种合作供给公共体育服务的方式在一定的期限内不会发生变化，处于一种相对稳定的平衡态，形成稳定地供给公共体育服务的合作模式。而随着时代的发展，政府与市场之间这种相对稳定的合作方式，将会被更为高效地供给公共体育服务的合作方式所取代，呈现出非平衡的系统表征。值得注意是，城市社区公共体育服务系统的这种包容性是有限的，它具有一定的程度和范围限制，一旦超出了这个范围和程度，城市社区公共体育服务系统宏观上的非平衡状态将不复存在。

2.4.5 城市社区公共体育服务系统非平衡演进的功能

系统论认为，系统结构决定功能。城市社区公共体育服务系统非平衡演进过程中呈现出的功能主要取决于城市社区公共体育服务系统的非平衡结构状态。这种对外开放，对内搞活的非平衡结构决定了城市社区公共体育服务系统具有如下功能。

2.4.5.1 组织管理功能

在非平衡演进过程中，城市社区公共体育服务系统对于"如何提供公共体育服务"表现出一定的组织管理功能。这种组织管理功能主要表现在城市社区公共体育服务计划、组织、执行、控制四个方面。计划功能主要是指城市社区公共体育服务主体对于系统目标与相应的行为方案进行选择与安排的具体过程，主要包括分析城市社区公共体育服务对象的需求、确定公共体育服务的目标、制定实施细则与步骤等。组织功能主要是指根据城市社区公共体育服务系统目标，合理安排城市社区公共体育服务服务系统要素的过程，主要包括确定主体分工、明确责任、分配权力等。执行功能主要是指城市社区公共体育服务系统严格按照公共体育服务计划进行实施的过程。控制功能是指城市社区公共体育服务系统根据计划对执行过程与效果进行监督、纠偏的过程。

2.4.5.2 资源整合功能

资源整合功能主要是指城市社区公共体育服务各子系统在充分沟通交流的基础上，对城市社区公共体育服务资源进行优化配置，探寻资源配置与城市社区居民公共体育需求的最佳结合点，达到最大限度地满足城市社区居民的公共体育需求的目的。在城市社区公共体育服务主体与城市社区公共体育服务对象之间，在对公共体育服务的供给内容进行对话交流的基础上，以城市社区居民的公共体育需求为导向，优化配置、合理整合城市社区公共体育服务资源，使其成为符合城市社区居民体育需求的服务内容，不断提高城市社区公共体育资源的使用效率以及公共体育服务的水平。由此可见，城市社区公共体育服务系统的资源整合功能是在各子系统的交流与互动的基础涌现出来的，主要取决于城市社区公共体育服务系统对外开放，对内搞活的非平衡结构状态。

2.4.5.3　服务供给功能

城市社区公共体育服务系统是指由以满足城市社区居民公共体育需求为目的的相互作用和相互联系的要素组成的、具备提供公共体育服务功能的有机整体。不难看出，提供公共体育服务功能是城市社区公共体育服务系统理应具备的本质功能。而城市社区公共体育服务系统的非平衡演进则是为了更好地实现这一本质功能。在非平衡状态下，城市社区公共体育服务系统的供给功能主要是指城市社区公共体育服务主体协同运动、合作供给公共体育服务，主要关涉是否供给、供给什么、如何供给等问题。首先，对于是否供给某项公共体育服务的问题。城市社区公共体育服务主体应通过访谈、调查等方式，充分了解城市社区居民的现实体育需求之后，再做决策。其次是供给什么的问题。城市社区公共体育服务系统供给的内容应该是以城市社区居民的公共体育需求为导向的。只有这样，才能达到供需均衡的效果，避免产生不必要的资源浪费。最后是如何供给的问题。对于纳入城市社区公共体育服务范围的项目，应在充分听取城市社区居民的建议，并分析其为这一体育服务进行费用支付的意愿，在此基础上，城市社区公共体育服务主体再决定采用何种方式（政府直接供给、市场主体供给、社会组织供给等）进行供给。

2.4.5.4　保障监督功能

在非平衡条件下，市场主体、社会主体以及社区居民积极地参与到城市社区公共体育服务系统建设中来，为城市社区公共体育服务的稳定供给提供了坚实的物质保障。政府主体则抽身出来，将主要精力集中于城市社区公共体育服务系统的发展规划，为城市社区公共体育服务系统的稳定发展提供制度保障，并对城市社区公共体育服务主体的供给行为及供给效果进行监督，督促政府主体制定的各种法律法规、政策文件以及发展规划的贯彻落实。

2.4.5.5　评价反馈功能

城市社区公共体育服务系统非平衡演进的评价反馈功能主要是指城市社区公共体育服务对象对城市社区公共体育服务内容的评价信息，能够畅通及时地反馈给城市社区公共体育服务主体。在非平衡演进过程中，城市社区公共体育服务对象与城市社区公共体育服务主体之间能够畅通交流。这种通畅的交流渠道，一方面为城市社区公共体育服务主体及时了解城市社区居民的公共体育需求奠定了基础，另一方面也促进了城市社区居民对公共体育服务内容的质量、效果等评价信息的及时反馈。城市社区公共体育服务评价信息的及时反馈，取决于城市社区公共体育服务系统开放与流动的非平衡态。反之，这种评价信息的畅通反馈也在一定程度上促进了城市社区公共体育服务系统的非平衡演进。

2.5　小结

城市社区公共体育服务系统非平衡演进研究的理论基础主要是系统科学理论、自组织理论与新公共服务理论。系统科学理论为我们深刻认识城市社区公共体育服务系统状态、结构、行为、特征、功能等提供理论支撑；自组织理论为分析城市社区公共体育服务系统非平衡演进提供理论指导；新公共服务理论倡导重视公民权利、公民参与以及公共利益的价值观，其核心观点以及建设公共服务的具体原则、方法等，对我国公共体育服务的建设实践具有一定的借鉴意义与指导作用。

社区主要是指居民委员会辖区；公共体育服务是指政府主导的多元供给主体提供的以满足公共体育需求为目的的公共服务；城市社区公共体育服务系统是指由以满足社区居民公共体育需求为目的的、相互作用和相互联系的要素组成的、具备提供公共体育服务功能的有机整体。对于城市社区公共体育服务系统而言，"平衡"是指城市社区公共体育服务系统演化过程中呈现出相对静止的结构状态，而"非平衡"则是指城市社区公共体育系统演化过程中呈现出动态交流的结构状态。"有序"主要是指城市社区公共体育服务系统与环境之间、公共体育服务各子系统之间的规则性的联系、互动、交流与转换，"无序"是指城市社区公共体育服务系统与环境、公共体育服务各子系统之间的无规则的联系、运动与转化。

城市社区公共体育服务系统主要由城市社区公共体育服务主体、公共体育服务内容、公共体育服务对象三个子系统组成，他们之间相互依存、相互影响。城市社区公共体育服务主体与城市社区公共体育服务内容之间是供给与被供给的关系，城市社区公共体育服务对象与城市社区公共体育服务内容之间是决定与被决定的关系、城市社区公共体育服务主体与城市社区公共体育服务对象之间是服务与被服务的关系。城市社区公共体育服务对象决定公共体育服务主体供给的公共体育服务内容；反之，城市社区公共体育服务主体供给的公共体育服务内容影响公共体育服务对象。

城市社区公共体育服务系统非平衡演进的内涵是"对外开放，对内搞活"，"对外开放"意味着城市社区公共体育服务系统与环境之间、各子系统之间可以进行相关资源的交换，"对内搞活"则意味着城市社区公共体育服务系统各子系统或各要素之间能够自由交流、良性互动。城市社区公共体育服务系统非平衡演进的实质是系统组分之间存在网络化的联系，非平衡演进的方向是形成有序的结构状态，非平衡演进的特征主要有整体性、稳定性、层次性、多样性、相关性、包容性等，非平衡演进的功能主要有组织管理、资源整合、服务供给、保障监督、评价反馈等。

第3章 城市社区公共体育服务系统非平衡演进的运行机制

　　自组织理论中"非平衡是有序之源"的经典论断启示我们，城市社区公共体育服务系统在非平衡的状态下，能够生成有序结构，实现有序演进。那么，这种有序结构是如何形成的？需要什么样的条件？动力源自何处？这些问题的解答实际上涉及城市社区公共体育服务系统非平衡演进的运行机制。"机制"一词源于希腊文，意指"机器的构造与工作原理"，其内涵主要包括两个方面，一是机器主要由哪些组分构成，二是机器如何工作、怎样运行。随后，机制一词逐渐传播，并被引申到其他领域。例如，在生物学和医学领域，机制主要用于表示有机体内发生生理或病理变化时，各器官之间的相互联系、作用以及调节方式。在经济学领域，机制意指经济实体构成要素之间的相互关系、相互作用。"机制"一词逐渐被广泛使用，成为我国社会改革中各项议题的关键词，例如我们耳熟能详的"管理机制""市场机制""创新机制"等。在系统科学语境下，机制主要是指系统组分或子系统之间相互联系、相互作用，使系统整体良性运转、有序发展的程序与规则的总和。不难看出，系统科学中的"机制"主要强调"各组分之间的相互联系"。"运行"主要是指"周而复始地运转"。因此，"运行机制"可以理解为"使系统周而复始地良性运转的各组分之间的相互联系"。对于城市社区公共体育服务系统而言，其非平衡演进的运行机制则主要是指为实现城市社区公共体育服务系统的非平衡演进，各组分或子系统之间形成的相互联系的机理与规制。具体而言，为实现城市社区公共体育服务系统的发展目标，城市社区公共体育服务系统内部组分之间自主地加强联系、互动交流，并产生协同作用，维持系统良性运行、有序发展。一方面，城市社区公共体育服务系统各组分或子系统之间主动交流、自发联系，呈现出一定的自组织性。另一方面，城市社区公共体育服务系统各组分或子系统在充分交流互动后，产生能够刻画系统有序程度并主宰系统演化方向的序参量，这一序参量能够约束各组分的行为，使其协同而动，呈现出一定的役使作用。总体而言，城市社区公共体育服务系统的非平衡演进主要取决于系统各组分或子系统之间的这种自组织行为与序参量的役使作用，在两者的共同作用下，城市社区公共体育服务系统获得了有序演进的内源式驱动力。

3.1 城市社区公共体育服务系统非平衡演进的自组织机制

系统科学认为，事物的演进方式可以分为两种，一种是自组织方式，另一种是他组织方式。自组织方式主要是指事物自发地组织起来，实现从低级到高级、从简单到复杂的有序演进，这种演进方式强调系统的自主性。他组织方式主要是指事物在外界力量的作用下，实现从简单到复杂、从低级向高级的有序演进，这种演进方式强调外部力量的作用。起初，在研究事物的演进和发展时，人们的注意力主要集中在他组织方式上，认为外部力量能够完全掌控事物的演进发展。但是，随着研究的深入，特别是在处理非平衡、非线性的复杂巨系统时，强调"他组织"的研究方式遭遇到了困境，难以处理巨系统的复杂性问题。至此，人们开始关注系统的自组织演进方式。20 世纪 60 年代，自组织理论开始建立，并逐渐被应用到各个研究领域，这一诠释系统如何自主地形成由低级走向高级、从无序走向有序的演进理论受到了社会各界的广泛关注。自组织演进机制主要强调系统在非平衡条件下，通过系统组分或子系统之间的相关联系、相互作用，自发地形成有序结构的过程。事实上，自然界演进的实践证明，自组织演进方式符合事物的发展要求，与他组织方式相比，体现了系统演化的本质属性与演化规律。例如，自由恋爱比包办婚姻强，市场经济优于计划经济。对于多数人造系统而言，其演化机制既包含他组织方式，也存在自组织行为，两者共存于系统的演进历程之中，只是两者发挥主导作用的阶段、范围以及条件不尽相同。对于公共体育服务系统而言，在计划经济时期，政府是公共体育服务的唯一建设主体，集生产、供给、决策、执行、监督等多种角色于一身，完全掌握着公共体育服务系统的各项工作，具有明显的"他组织"特征。随着改革开放的不断深入，市场经济体制逐渐建立，公共体育服务系统建设主体开始由单一走向多元化，公共体育需求逐渐多样化，公共体育服务对象日趋复杂化，"万能型"政府的他组织机制开始力不从心。重视公共体育服务系统内部要素相互作用的自组织机制开始发挥主导作用，推动公共体育服务系统在市场经济体制下实现从低级向高级、由简单到复杂的有序演进。

3.1.1　城市社区公共体育服务系统非平衡演进自组织机制的内涵

协同学创始人哈肯认为："如果一个体系在获得空间的、时间的或功能的结构过程中，没有外界的特定干涉，我们便说该体系是自组织的。"
我国著名系统科学家许国志院士对自组织概念作了进一步补充，他认为：
"这种空间的、时间的或功能的有序结构，仅是依靠系统内部的相互作用
达到的。"正是由于系统内部要素间这种相互联系、相互作用的存在，系
统才能自发演进、自我发展，实现从低级向高级、从简单向复杂、从无序
向有序的跃迁。

　　城市社区公共体育服务系统非平衡演进的自组织机制主要是指在没有
外界力量的特定干涉下，系统通过内部要素或子系统之间自发自主地相互
联系、相互作用，实现从简单到复杂、从低级到高级、从无序到有序的演进，
进而实现城市社区公共体育服务系统的良性运转。具体而言，城市社区公
共体育服务系统要素或子系统之间形成一种非线性的相互关系，这种非线
性的相互关系使系统要素或子系统的行为互为因果，某一要素的发展变化
势必引起其他部分的响应，并致使他们产生相应的变化，而其他部分的变
化又反过来影响到该要素，形成一种相互呼应的关系网，在这种交相呼应
的网络化关系的作用下，城市社区公共体育服务系统不仅在宏观状态上呈
现出动态的非平衡表征，而且开始自组织地进行演进。这种网络化的关系
的主要表现可以归纳为以下四个方面。

　　一是关联互动。在城市社区公共体育服务系统组分之间相互作用、相
互影响形成的非线性的关系网中，处于网络节点上的各组分之间虽然参与
城市社区公共体育服务系统建设的目的与任务、动机与行为各不相同，但
是在"促进城市社区公共体育服务有序发展、提供优质公共体育服务"的
总体目标的作用下，城市社区公共体育服务系统各组分之间主动沟通并发
生关联，形成一种互应互动的联系机制，推动系统组分对自身行为进行调
整，从而实现自发演进、自主发展。

二是利益共享。虽然城市社区公共体育服务系统组分之间存在着一种互动互应的联系网，但是处于联系网络节点上的各个组分都具有各自的利益诉求，正所谓"天下熙熙皆为利来，天下攘攘皆为利往"。例如，政府主体存在一定的工作绩效诉求，而市场主体冀望获得一定的经济收益等。因此，城市社区公共体育服务系统各组分在不断地交流与沟通过程中，就权利的分配与维护、责任的履行与监督、资源的配置与利用、信息的传递与反馈等关乎各自切身利益的相关问题进行充分的论证分析，形成不仅有利于实现城市社区公共体育服务系统整体目标而且有利于维护系统内部组分各自权益的行为规则，以期达到多赢的效果。在系统组分充分的联系交往过程中形成的行为规则，在维护系统组分各自利益的同时，也提高了它们的积极性，从而有利于城市社区公共体育服务系统建设各项工作的开展。

三是独立自主。从自组织的定义可知，自组织系统的运行不需要外部力量的干扰或推动。对于城市社区公共体育服务系统而言，实现其自组织发展也不必对其施加各种压力。在系统组分之间相互关系的作用下，城市社区公共体育服务系统会根据外界环境的变化自发调节系统的运行，以适应时代发展、社会变革的需求。对于城市社区公共体育服务系统组分而言，虽然他们之间存在着相互影响、相互作用的各种联系，但是各个组分仍具有相对的独立性，并能够自主地进行运动，其行为效果可能影响到城市社区公共体育服务系统整体的决策，为系统的自主发展、自我演进提供路径选择。

四是迭代趋优。城市社区公共体育服务系统组分之间的网络联系并不是一成不变的。在系统演进的过程中，城市社区公共体育服务系统组分要历经多次渐变与突变的过程，各组分或在竞争中胜出，成为主导系统演进的中坚力量，或惨遭淘汰，被代谢出系统之外，而在此过程中，城市社区公共服务系统组分之间的网络关系不断进行变化重组、迭代趋优，使系统结构状态呈现出动态变化的"活"结构，促进系统整体新功能的涌现与产生，自组织地推动系统不断从简单到复杂、从低级到高级、从无序到有序的发展演进。

3.1.2 城市社区公共体育服务系统非平衡演进自组织机制的条件

比利时科学家伊利亚·普里戈金（Ilya Prigogine）教授通过长期对非平衡系统自组织演进行为的研究发现，非平衡系统要实现自组织演化需满足四个条件：一是系统具有开放性；二是系统应当处于远离平衡态的非平衡、非线性区域。三是系统内部要素之间存在非线性作用。四是系统必须存在涨落。对于城市社区公共体育服务系统而言，要实现自组织演进，同样需具备上述条件。

3.1.2.1 城市社区公共体育服务系统的开放性

普里戈金教授在耗散结构论中指出，开放性是系统自组织有序演进的必要条件，缺乏与外界环境进行交换的相对孤立封闭的系统，不可能出现自组织行为。系统开放能够可以与环境进行资源交换，并依靠这种交换产生负熵流，抵消系统内部熵流的增加，为其自发地形成有序结构奠定基础。因此，要想系统自组织的演进方式，主动开放是首要条件。城市社区公共体育服务系统能否与环境进行资源交换是其是否具备开放性的重要判据。

城市社区公共体育服务系统主要包括城市社区公共体育服务主体子系统、城市社区公共体育服务内容子系统、城市社区公共体育服务对象子系统三部分，他们之间相互联系、相互作用，共同维系着系统的演进发展。城市社区公共体育服务系统的发展实况表明其具备开放性，政府主体、市场主体、社会组织等城市社区公共体育服务主体，不断地从外部环境中汲取发展所需的物质、能量与信息，通过建造体育场馆、安置建设器材、提供健身指导、组织体育活动等，满足社区居民的公共体育需求，并根据社区居民的反馈信息，不断完善公共体育服务的供给。在以场地实施建设为例，相关统计显示，体育场馆数量不断增加，各类体育场馆已多达100万个，并提出到2015年全国各类体育场馆增加到120万以上、人均体育场地面积1.5平方米以上的建设目标。[①] 在资金方面，相关资料显示，2012通过体育彩票募集的体育事业发展公益金多达201048万元，其中，79.13%的公益金用于开展群众体育工作。[②] 由此可见，城市社区公共体育服务系统可以在外界环境中汲取养分，可能够进行相关资源的交换，城市社区公共体育服务系统具有一定的开放性。

3.1.2.2 城市社区公共体育服务系统的远离平衡态

只具备开放性并不能使系统产生自组织行为，系统还应当处于远离平衡态的非平衡、非线性区域。开放性重在阐述系统与外环境之间的关系，而远离平衡态则重点强调对系统内环境的度量。系统自组织演进的实践证明，只有当外界环境驱使开放系统走出平衡的线性区域，到达非线性、非平衡的区域时，系统才能够产生自组织行为，自发地从无序走向有序。在平衡态或近平衡态下，系统朝着无序、均匀、低级和复杂性降低的方向演化。只有在远离平衡态时，系统才有可能涌现出新的有序结构。远离平衡态主要是指系统组分之间不断交流、形成联系并产生相互作用，并且这种相互

---

① 体育事业发展"十二五"规划［EB/OL］.［2011-04-01］. http：//www.sport.gov.cn/n16/n1077/n1467/n1843577/1843747.html.

② 体育总局2012年度本级体彩公益金情况公告［EB/OL］.［2013-07-09］. http：//www.sports.people.com/n/2013/0709/c22176—22134332.html.

联系与作用适时变化，使系统结构状态呈现出动态变化的表征。判定系统是否满足这一条件的方法是分析系统组分之间是否存在相互联系与相互作用以及这种联系与作用是否发生变化。

城市社区公共体育服务系统主要包括城市社区公共体育服务主体、公共体育服务内容以及服务对象三个子系统组成。城市社区公共体育服务主体供给公共体育的各项内容，城市社区公共体育服务对象则享受或消费公共体育服务，而城市社区公共体育服务的各项内容是由城市社区公共体育对象的公共体育需求决定的，三者之间存在着相互联系与相互作用。随着城市社区居民的公共体育需求日趋多样化，以及新的公共体育需求的不断涌现，这种变化势必会引起城市社区公共体育服务主体的关注，并参照新的公共体育服务需求提供相应的服务。由此可见，城市社区居民新的体育需求的出现，引起了城市社区公共体育服务主体与服务内容的互动响应，使三个子系统之间的相互关系发生了变化，推动系统不断地远离平衡态。而这种远离平衡态不只存在于三个子系统之间，在三个子系统的构成要素之间也存在这种相互联系及联系变化。

3.1.2.3　城市社区公共体育服务系统的非线性作用

系统内部存在非线性作用是自组织演进的另一条件。非线性相互作用是指系统要素作用的总合不等于每一要素作用相加的代数和，可能产生远远大于各要素单一作用代数和的整体效果。例如，"蝴蝶效应"的产生就是非线性作用的生动写照，即看似简单的原因经由非线性作用，可能产生不可思议的效果。在线性作用下，系统要素之间很少能够产生关联作用，各要素的作用相对独立，很难产生 1+1>2 的效果。而在非线性相互作用下，要素间的作用相互影响、相互关联，促使系统要素产生协同行为，共同推动系统发展。判断系统是否存在非线性作用的主要依据就是分析系统的各子系统间的相互作用是一种加和关系，还是会涌现新质。①

计划经济时期，公共体育服务主要采用"自上而下"的组织机制进行供给，提供什么公共体育服务由政府部门决定，怎样供给由政府执行，供给过程与效果的监督评价还是由政府来实施。总之，政府部门集决策、供给、执行、监督、评价等多种角色于一身，供给效率不高，对于供给过程与服务效果的管理与监督也很不到位，社区居民的体育需求难以表达。由此可见，在公共体育服务的供给过程中，公共体育服务主体与服务对象之间难以产生联系互动的效果，两者之间的作用相对独立，体现为一种线性关系。随着改革开放的逐步深入，政治经济体制改革不断深化，市场机制开始在资源配置中发挥重要作用，政府职能逐渐由"管制型"向"服务型"转变。在公共体育服务供给过程中，公共体育服务主体也开始由单一的政府主体向"政府主导、市场支持、社会协同、广大居民广泛参与"的多元化方向发展，公共体育服务内容的提供更加重视社区居民的多样化体育需求，公共体育服务系统涌现出前所未有的新质，各子系统之间的联系日趋复杂、相互作用也日益增强，表征为一种非线性的关系。虽然城市社区公共体育服务系统建设还存在不少问题，有待于进一步建设与完善，但是非线性作用已经在系统各要素之间产生并开始发挥功效。

3.1.2.4　城市社区公共体育服务系统的涨落

涨落有时也被称为干扰或起伏，传统思维认为，涨落会导致系统失稳。普里戈金突破世俗观念，赋予了"涨落"积极的具有建设性意义的内涵，

---

① 孙庆祝，李国.奥运会系统自组织发展的环境和条件因素研究[J].体育与科学，2008（1）：3—7.

提出了"通过涨落达到有序"的著名论断，认为涨落是系统实现从无序向有序演进的触发器和诱因。从系统存在状态上讲，涨落是对系统平均状态的偏离或扰动。从系统演化过程上看，涨落是系统同一发展过程之中存在的差异或起伏。从作用要素上讲，涨落可分为内涨落与外涨落，内涨落主要是由内部要素引起，而外涨落则主要由外部环境所致。从作用强度上将，涨落可分为微涨落与巨涨落。在临界状态下，系统状态不稳定，演化面临多种选择，某种随机的涨落可能通过相干协同效应而迅速放大，形成宏观上的"巨涨落"，使系统跃迁到一种新的稳定状态。系统通过"涨落机制"得以实现从无序到有序的转变，从低级向高级的进化。[①]

在城市社区公共体育服务系统演进过程中，涨落不仅普遍存在，而且促使系统不断地由混沌无序的平衡态走向有序的非平衡态。就外涨落而言，主要是外部环境对于城市社区公共体育服务系统的影响。例如，在中华人民共和国成立之初，为改变羸弱的国民体质，政府部门强调应大力开展群众性的体育活动，增强民族体质，并修建一定的体育场地设施，积极为人民群众创造强身健体的环境与条件，公共体育服务呈现出"上涨"之势。随之而来的"文化大革命"致使社会环境发展突变，体育活动开展受阻，体育设施惨遭破坏，良好的体育环境不复存在，公共体育服务呈现出"下落"之势。改革开放之后，政治经济体制改革稳步推进，公共体育服务系统建设不断完善，又呈现出"上涨"之势。同样，在城市社区公共体育服务系统内部，同样存在着涨落，例如，公共体育经费投入的增加与减少、公共体育场地设施的安置与拆除、健身指导水平的高与低、体育活动开展

---

① 李国，孙庆祝.奥林匹克运动文化系统自组织发展研究［J］.天津体育学院学报，2009，24（3）：249—252.

的多与少等，都在一定程度上对城市社区公共体育服务系统的发展造成干扰，使其状态出现波动。由此可见，城市社区公共体育服务系统存在涨落，其中的某些涨落可能在一定条件下发展为巨涨落，在系统演进过程中占据主导支配地位，推动城社区公共体育服务系统自组织机制的形成。

3.1.3　城市社区公共体育服务系统非平衡演进自组织机制的动力

城市社区公共体育服务系统在具备自组织演进的前提与条件下，是什么力量推动它走向有序的呢？或者说系统自组织运动的动力来自何处呢？西德科学家海尔曼·哈肯（Hermann Haken）创立的协同学从动力学的角度回答了这一问题。哈肯认为，复杂系统自组织的走向有序状况的动力主要来源于系统内部组分之间的竞争与协同作用。

3.1.3.1　城市社区公共体育服务系统组分的竞争

哈肯认为，竞争是系统演化的最活跃的动力，为系统组分之间产生协同效应创造前提条件。无论是自然系统还是社会系统，系统之间或内部要素之间均在不同程度的竞争，竞争体现了系统要素或子系统之间的一种基本关系，反映了要素或子系统之间具有个性并竭力保持这一个性。各组分之间的竞争也是它们之间存在相互联系、产生相互作用的重要体现。系统组分为了保持自身个性，势必对维持自身发展的相关资源展开竞争，只要系统组分存在个体差异，这种竞争必定存在。从协同学上讲，系统组分之间的这种竞争促使系统内部的联系不断变化，驱使系统更加远离平衡态，不仅为系统的自组织演化创造了条件，而且为系统演化提供动力。

城市社区公共体育服务系统是由众多要素构成的复杂的统一体，各组分之间既相互联系，又相对独立，具有个体性。从一定意义上讲，城市社区公共体育服务系统内部的各要素、各部分、各子系统都可以视为一个个体。为了保持自身的个体性，维持自身利益，系统内的每个个体都会努力地争取自身发展所需的物质、能量与信息，致使个体之间形成一种相互排斥的竞争关系。在这种相互竞争关系的作用下，个体的能动性与创造性被激发出来，努力提高自身竞争力，从而维持自身发展。例如，城市社区公共体育服务主体由单一逐渐发展到多元化，就是要建立一定的竞争机制，达到"激发主体积极性与创造性、提高供给效率与服务水平"的效果。城市社区公共体育服务系统组分之间的相互竞争还能够产生"物竞天择、适者生存"的结果，促使系统结构不断地趋于优化，推动系统朝着更加有序的方向演进。

3.1.3.2　城市社区公共体育服务系统组分的协同

虽然竞争能够推动系统演进发展，但是如若一味地追求竞争，势必会导致系统的瓦解。因此，他指出，在强调竞争作用的同时，应重视系统组分之间的协同。协同主要是指系统要素或子系统的相互协调、合作或同步的联合作用。系统是相关要素或子系统的统一体，缺乏合作，各要素或子系统都是绝对的个体，系统将失去统一性。与竞争一样，在自然系统与社会系统中，也普遍存在协同作用，只要系统组分在演进过程中存在协调与配合等行为，就一定存在着协同。特别是对于基于内部动力自我发展的自组织系统而言，在非平衡条件下，系统要素或子系统之间的协同效应使要素或子系统中的某些运动趋势走向一致，并逐步将各要素或子系统的运动同化到这一运动趋势之中，这种运动趋势在协同效应的作用下，以指数形式加以放大，终将系统内部要素或子系统全部纳入其中，使系统在宏观上呈现出有序的结构状态。

对于城市社区公共体育服务系统而言，各组分之间的竞争在促进系统整体结构优化的同时，也促使它们认识到自己的不足。例如，在公共体育服务供给过程中，政府主体存在着"政府失灵"现象，而市场组织也同样存在着"市场失灵"现象。因此，为促进公共体育系统的发展，需要发展多元化的供给主体，其主要目的就是要充分发挥各个主体的优势，共同完成提供优质公共体育服务的任务。这样就要求各主体之间要加强联系、协作配合，产生协同效应，共同实现系统的整体发展目标，不断满足社区居民的公共体育需求。此外，从城市社区公共体育服务各主体自身视角来看，与其他主体的联和、协作，不仅提升了自身抵御风险的能力，而且当这种协同效应扩大到整个系统时，可以主宰整个系统的演进。

综上所述，城市社区公共体育服务系统非平衡演进自组织机制的运行动力来自系统组分之间的竞争与协同。两者相互依存、相互影响，竞争为协同创造条件，协同为竞争提供前提，在两者的共同作用下，城市社区公共体育服务系统自组织地运行发展、有序演进。

3.2　城市社区公共体育服务系统非平衡演进的役使机制

3.2.1　城市社区公共体育服务系统非平衡演进役使机制的内涵

"役使"一词，意指"差遣使用"。自组织理论认为，系统在自组织演进过程中，各要素或子系统之间紧密联系、相互影响，既竞争又协同，产生能够主宰、支配、役使系统各组分的统一力量——序参量。这一序参量不仅可以刻画系统宏观状态的有序程度，而且可以对系统各要素或子系统的行为进行约束，使其协同而动，推动系统有序运行。那么何为序参量呢？哈肯认为，不论什么系统，如果某个参量在系统演化过程中，从无到有地变化，并且能够指示出新结构的形成，反映出新结构的有序程度，它就是序参量。首先，在序参量的形成问题上，哈肯重点强调，序参量的形成是系统要素或子系统之间竞争与协同的结果，主要源于他们之间的相互作用。哈肯曾这样形象地描述："我们将遇到一种为所有自组织现象共有的对自然规律的非常惊人的一致性。我们将认识到，单个组元好像由一只无形之手促成的那样自行安排起来，但相反，正是这些单个组元通过它的协作才转而创造出这只无形之手。我们称这只使一切事物有条不紊地组织起来的无形之手为序参量。"其次，序参量具有役使支配系统各组分的作用。序参量一旦形成，便能发挥"命令"役使各要素或子系统协同运动。对于序参量的役使作用，哈肯比喻说，"序参量好似一个木偶戏的牵线人，他让木偶舞起来"。因此，系统非平衡演进的过程是系统组分之间相互竞争与协同形成序参量，序参量又反过来支配役使系统各要素或子系统的过程的统一。

在城市社区公共体育服务系统的非平衡演进过程中，既需要鼓励系统组分之间加强联系、自由竞争、自主运动，又需要对其相关行为进行必要的约束，使其协同而动，推动系统有序演进。而这种约束力则来自系统组分在相互竞争、相互交流、相互作用过程中形成的序参量。因此，确定城市社区公共体育服务系统的序参量，是发挥其役使作用的前提。那么，应该如何确定、识别城市社区公共体服务系统的序参量呢？协同学认为，序参量具有各个特征：一是众多变量中的慢变量，二是生产可变的，三是能带来系统新结构的形成，支配着竞争与协同的方向。①考察城市社区公共体育服务系统发展实际，可以推断，公共体育服务制度是城市社区公共体育服务系统的序参量。首先，公共体育服务制度是指以保障公共体育服务

---

① 赵一平.竞技体育人才培养链理论与实证研究［D］.南京师范大学，2010.

系统建设、维护公共体育服务系统运行秩序、提供优质公共体育服务与满足居民公共体育需求为目标，而制订的具有法规性、指导性与约束力的各种公共体育方针、政策、规则、公约的总称。其次，城市社区公共体育服务制度是在系统各组分或利益相关者相互交流、协商、讨论的基础上形成的，是系统各组分或利益相关者在利益表达、利益博弈后达成的既能维护自身利益又能实现组织或系统发展目标的共识，对于系统各组分或利益相关者均具有一定的约束力。最后，城市社区公共体育服务制度的完善与否，能够刻画公共体育服务系统建设的有序程度。因此，在城市社区公共体育服务系统演进过程中，应加强城市社区公共体育服务制度建设，发挥其支配役使作用，推动系统不断地演进发展。

3.2.2　城市社区公共体育服务系统非平衡演进役使机制的条件

3.2.2.1　城市社区公共体育服务制度规范

"规范"一词，从动词上讲，主要是指对某一工程作业或者行为进行信息规定。城市社区公共体育服务制度规范主要是指对城市社区公共体育服务系统组分或相关利益者的行为、任务、权利、责任与义务等进行明确的信息规定，使系统组分或相关利益者依制而行。从应然的视角讲，城市社区公共体育服务制度是城市社区公共体育服务系统组分或利益相关者在利益表达、利益博弈后达成的共识。规范的城市社区公共体育服务制度不仅能够使城市社区公共体育系统组分或利益相关者明晰自己享有的某些权益，而且可以使它们认识到自己应该承担的责任与义务。因此，对城市社区公共体育服务制度进行规范是城市社区公共体育服务制度发挥役使作用、支配系统各组分或利益相关者协同运动的前提条件。城市社区公共体育服务制度规范可以从以下几个方面着手进行：一是尊重城市社区公共体育服务系统组分或利益相关者的权益。只有城市社区公共体育服务系统组分或利益相关者的权益在城市社区公共体育服务制度中得到了体现与尊重，这一制度对城市社区公共体育服务系统组分或利益相关者才具有约束力。二是建立激励机制。一定的激励机制不仅可以调动城社区公共体育服务系统组分的积极性与创造力，而且可以激发它们的潜能、规范和引导它们的行为。三是建立监督机制。严格的监督机制可以对城市社区公共体育服务系统组分的行为方式与任务实况进行必要的监管与督促，防止其行为失范、任务偏离，从而以利于城市社区公共体育服务系统建设目标的实现。

3.2.2.2 城市社区公共体育服务制度的执行

"执行"一词，意指贯彻实施、实际履行。执行是制度的生命力所在，从某种意义上可以说，不能严格执行比制度缺失更糟。城市社区公共体育服务制度执行，是城市社区公共体育服务系统序参量发挥役使作用的重要前提。只有对城市社区公共体育服务制度进行执行，才能使城市社区公共体育服务制度序参量发挥其役使作用。城市社区公共体育服务制度的执行实践不仅可以使制度意义得以体现，而且可以使制度本身得以优化，从而有利于其役使作用的进一步发挥。城市社区公共体育服务制度的执行可以从以下几个方面着手进行：一是提高城市社区公共体育服务制度的可操作性。简洁适用、可操作性强的城市社区公共体育服务制度不仅可以使城市社区公共体育服务系统组分或利益相关者易于接受，而且可以提高制度执行的效果。二是建立制度执行的长效机制。城市社区公共体育服务制度的执行既要立足当前，又要着眼未来，既要保证当下各项制度真正落到实处，又要创造性地制定一些预见性高的制度，从而保证制度的延续性与长效性。三是加大惩治力度。对于城市社区公共体育服务制度执行过程出现的变相执行、不执行等问题，应及时处理，做到制度面前人人平等，提高制度执行的公平性。加大对违反城市社区公共体育服务制度行为的惩治力度，维护制度的权威性，确保各项制度的执行与落实。

3.2.3　城市社区公共体育服务系统非平衡演进役使机制的动力

3.2.3.1　城市社区公共体育服务系统组分的利益诉求

"人的奋斗所争取的一切，都与他的利益相关"[①]，马克思的这一经典名言告诉我们，利益是主体相关行为的动力。在城市社区公共体育服务系统内部，各要素或子系统作为个体而言，都是一个相对独立的利益主体，均有其自身的利益诉求。然而，城市社区公共体育服务系统并不是仅仅由单个系统组分或者单个利益主体构成的，而是由多个系统要素、子系统构成的相关利益的复合体，呈现出多种利益同时存在的特征。如若城市社区公共体育服务系统内部各利益主体为实现自身利益最大化而与其他利益主体产生恶性竞争，则可能导致矛盾重生、引发冲突，不仅有可能损害自身利益，而且可能影响整个系统的发展。这种"损人害己"的行为遭到世人的强烈批判。只有正确处理"利人"与"利己"的关系，形成"利人与利己"共赢的利益格局，才能实现自身的健康持续发展。城市社区公共体育服务制度的产生便是在系统要素或各利益主体之间充分的利益表达、利益博弈后，形成的能够维护各方利益的行为规则的总称。它的有效实施与执行，可以对城市社区公共体育服务系统内部各利益主体的相关行为进行约束，使其在行动中做到既"利人"又"利己"，产生"利人与利己"相结合的

---

① 中共中央马克思恩格斯列宁斯大林著作编译局.马克思恩科斯全集（第一卷）［M］.北京：人民出版社，1956.

共赢效果。因此，城市社区公共体育服务系统内部各组分或各利益主体为实现自身的利益诉求，势必会积极地推动这一基于各自利益而建立的城市社区公共体育服务制度的实施与执行，促进其役使作用的发挥，从而推动城市社区公共体育服务系统的有序演进。

3.2.3.2　城市社区公共体育服务系统组分的责任驱动

"责任"一词，在现代汉语中有两种解释，一是指应尽的义务或分内应做的事，二是指应承担的过失。马克思这样定义责任，他认为："世界上有许多事情必须做，但你不一定喜欢做，这就是责任的涵义。"在社会生活中，我们常常将责任与权力作对应，拥有多大的权力，就应当承担多大的责任。若无权力，责任则无法落实，若无责任，权力就失去价值。人们为维护自身利益，应享受一定的权力，也就应当承担一定的责任。不愿承担一定责任的人，是没有权力维护自身的一定利益的，只有勇于承担责任的人，才有权力维护自身利益。城市社区公共体育服务制度是城市社区公共体育服务系统组分或利益相关者在利益表达、利益博弈后达成的共识，在其形成的过程中，系统各组分或各利益主体享受一定的表达权、参与权与决策权，能够充分地就自身利益维护问题与其他主体进行沟通、交流，使自身利益在城市社区公共体育服务制度中得以体现并受到维护，这意味着城市社区公共体育服务系统各组分或各利益主体在制度形成的过程中享用并行使了一定的权力。因此，也就由责任与义务去维护城市社区公共体育服务制度的实施与执行。只有承担推动城市社区公共体育服务制度实施与执行的责任，促进其役使作用的发挥，城市社区公共体育服务系统内部各组分或各利益主体的权力才能真正得以体现，自身利益才能真正得以维护。

3.3　小结

城市社区公共体育服务系统非平衡演进主要取决于系统组分之间的自组织机制与役使机制，在两者的共同作用下，城市社区公共体育服务系统获得了有序演进的内源式动力，自组织地有序演进。首先，自组织机制主要是指在没有外界力量特定干涉下，系统通过内部要素或子系统之间自发自主地相互联系、相互作用，实现从简单到复杂、从低级到高级、从无序到有序的演进，进而实现城市社区公共体育服务系统的良性运行。自组织机制的条件主要有城市社区公共体育服务系统的开放性、远离平衡态、非线性作用与涨落。自组织机制的动力主要源于城市社区公共体育服务系统内部组分之间的竞争与协同作用。其次，役使机制是指公共体育服务制度这一序参量对城市社区公共体育服务系统组分的约束役使作用，役使机制的条件是城市社区公共体育服务制度规范与执行，役使机制的动力是城市社区公共体育服务系统组分的利益诉求与责任驱动。

第 4 章　城市社区公共体育服务系统
非平衡演进的实证分析

　　城市社区公共体育服务系统非平衡演进强调"对外开放，对内搞活"，促使系统呈现出开放与交流的"活"的结构状态。"对外开放"有利于汲取系统发展所需的资源能量，而"对内搞活"则有利于系统组分之间充分交流、加强联系。实际上，在国家出台的体育事业发展政策方针中蕴含着丰富的"非平衡演进"的思想。例如，国家体育总局发布《2001—2010 年体育改革与发展纲要》中要求"调动社会力量办体育，鼓励和支持社会团体、民间组织和公民个人依法兴办体育"[1]，体现了"对外开放"、汲取资源的发展理念；中共中央、国务院于 2002 年 7 月 22 日发布《关于进一步加强和改进新时期体育工作的意见》中强调，"各地区、各有关部门应各司其职，采取切实有效的措施，充分发挥学校、社区、乡镇和连队的聚集效应、辐射功能和带动作用，增加体育锻炼的吸引力和凝聚力，推动全

---

　　① 2001–2010 年体育改革与发展纲要［EB/OL］.［2003–08–08］. http://www.sports.gov.cn/n16/n1152/n2463/127323.html.

民健身活动的普遍开展"①，蕴含着"对内搞活"、加强联系的发展思想；2011 年颁布的《体育事业"十二五"规划》中提出的"在强化政府公共体育服务职能的基础上，促进建立和完善政府统筹、社会协同、市场支持和群众广泛参与的体育发展格局"，② 则集中体现了强调开放与交流的"非平衡演进发展观"。

在城市社区建设稳步推进与社会生活水平不断提高的背景下，城市社区公共体育服务系统建设能否满足社区居民日益增长的公共体育需求？是否形成了"对外开放、对内搞活"的非平衡演进状态？影响城市社区公共体育服务系统非平衡演进的因素有哪些？发展过程中存在哪些问题呢？这些问题的解答则有待于我们对城市社区公共体育服务系统非平衡演进实然表征的考察与分析。

4.1　城市社区公共体育服务系统非平衡演进的实然表征

毋庸赘言，非平衡演进是城市社区公共体育服务系统发展的应然选择，也是国家体育发展方针政策所蕴含的发展观的集中体现。城市社区公共体育服务系统的发展状态到底是不是处于这种应然的"非平衡"演进状态呢？我们有必要进行实地调研，分析城市社区公共体育服务系统状态的实然表征。笔者选取江苏省、山东省部分城市社区作为调查对象，对其城市社区公共体育服务系统的实然状况进行调查分析。以江苏省与山东省作为调查对象，主要是由于两省地处东部发达地区，GDP 居于全国前列，经济发展良好，社区居民生活水平较高，具有一定的代表性与示范性。运用问卷调

---

① 中共中央国务院关于进一步加强和改进新时期体育工作的意见［EB/OL］．［2010-10-13］．http：//www.sport.gov.cn/n16/n1092/n16849/127397.html.

② 体育事业发展"十二五"规划［EB/OL］．［2011-04-01］．http：//www.sport.gov.cn/n16/n1077/n1467/n1843577/1843747.html.

查法对两省部分城市社区进行调研，样本选取主要采用分层抽样与随机抽样相结合的方法。先将江苏省分为苏北、苏中、苏南，山东省分为鲁东、鲁中、鲁南，然后从每个地区抽出一个地市，再从各地市中抽出若干社区。抽样结果为江苏省徐州（苏北）、泰州（苏中）、南京（苏南），山东省青岛（鲁东）、济南（鲁中）、济宁（鲁南），共 60 个社区。调查内容主要围绕城市社区公共体育服务主体、城市社区公共体育服务内容、城市社区公共体育服务对象、影响因素、存在的问题与对策等方面展开。经专家评定，调查问卷具有良好的效度，采取重测法对 70 名调查者进行间隔15 天的重复测试，重测一致数为 61，相关系数 R=0.874（$p<0.01$），呈显著相关，具有良好的信度（如表 4–1 所示）。

表 4–1　问卷信度检验

重测人数	间隔时间	一直人数	相关系数	p 值
70	15	61	R=0.874	P<0.01

在此基础上，共发放问卷 800 份，回收的有效问卷为 720 份，有效率为 90%。发放对象主要为社区体育管理人员、体育社团组织人员、社会体育指导员、社区居民等。对回收问卷进行归纳整理，运用 SPSS19.0 进行数据整理，分析城市社区公共体育服务系统的实然表征（如表 4–2 所示）。

表 4–2　调查对象基本信息一览表

职业	比例（%）	年龄	比例（%）	教育程度	比例(%)
行政事业人员	21	30 岁以下	24	高中以下	26
企业单位职工	27	31 岁 –40 岁	29	大专	38
服务业人员	31	41 岁 –50 岁	26	本科	29
其他人员	21	50 岁以上	21	研究生以上	7

4.1.1　城市社区公共体育服务主体实然表征

城市社区公共体育服务主体是公共体育服务系统建设的承担者，实现服务主体多元化是城市社区公共体育服务系统非平衡演进的应然选择。多元主体的参与、交流、沟通与协同，不仅能够为公共体育服务系统提供多样化的体育服务，而且可以为城市社区公共体育服务系统注入发展所需的物质流、人才流与信息流，促进城市社区公共体育服务系统形成动态交流的"活"的非平衡结构状态。那么，城市社区公共体育服务主体的发展状态究竟怎样？是否形成了多元主体共同参与、交流互动的发展格局？与过去相比，城市社区公共体育服务主体发展状态是否发生了根本改变？是否打破了从前的发展平衡态势、实现了质的飞跃呢？这些问题的回答有待于我们对城市社区公共体育服务主体的实然表征进行调研分析。

对苏鲁两省部分城市社区的调查显示，在"社区公共体育管理人员设置"方面，35.1% 的社区设有"专职的公共体育管理人员"，43.6% 的社区设有"兼职公共体育管理人员"，"没有公共体育管理人员"的比例为21.3%（如表 4-3 所示），三者之间的差异具有统计学意义（$X^2=55.058$，$p<0.01$）。由排序可知，在"社区公共体育管理人员设置"方面，以"设有兼职管理人员"为主，"设有专职公共体育管理人员"的情况其次，"没有管理人员"的情况排在末位。由此可见，城市社区公共体育管理人员的设置情况虽然有所改善，但仍以"兼职人员"为主，配置"专职社区公共体育管理人员"的情况有待于进一步提高。

表 4-3　城市社区公共体育管理人员设置情况

管理人员	频数	比例 %	排序
专职	253	35.1	2
兼职	314	43.6	1
没有	153	21.3	3

注：$X^2=55.058$，$P<0.01$。

在"城市社区体育组织发展状况"方面（如表 4-4 所示），51.2% 的社区拥有"社区文体中心或健身站点"，31.9% 的社区拥有"体育协会等公益性体育组织"，34.0% 的社区拥有"经营性体育组织"，拥有"居民自发体育组织"的社区比例为36.3%。在社区体育组织中，"社区文体中心或健身站点"位居第一，其次是"居民自发体育组织"，"经营性体育组织"与"公益性体育组织"排在后两位。

表4-4 城市社区体育组织状况一览表（多选）

体育组织	频数	比例（%）	排序
社区文体中心或健身站点	491	51.2	1
体育协会等公益性组织	230	31.9	4
经营性体育组织	245	34.0	3
居民自发体育组织	261	36.3	2

在与过去相比，城市社区公共体育服务主体的发展变化方面（如图4-1所示），认为"参与城市社区体育服务的部门或组织增加幅度较大"的比例为25.1%，认为"有所增加但不大"的比例为47.5%，认为"有所减少"的比例为18.2%，"其他情况"的比例为9.2%，各个比例之间的差异具有统计学意义（$X^2=231.344$，$p<0.01$）。不难看出，与过去相比，城市社区公共体育服务主体的变化情况以"有所增加但不大"为主，说明虽然城市社区公共体育服务主体的发展情况有所改善，但是还尚未发生根本性的改变，没有实现质的飞跃。

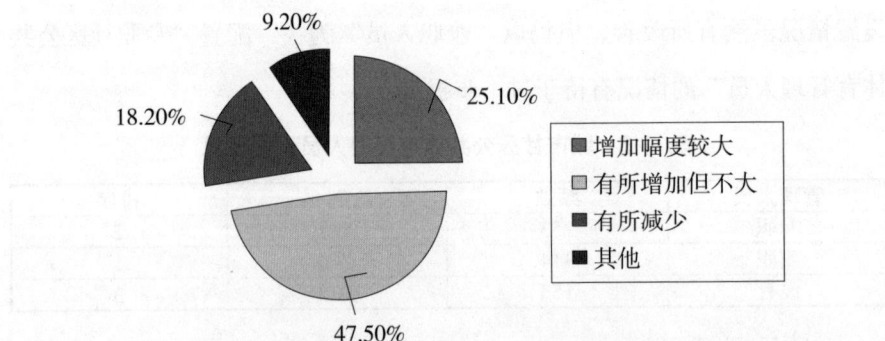

图4-1 城市社区公共体育服务主体的发展变化情况

鉴于上述情况，城市社区公共体育服务主管部门是否积极地发展其他供给主体，从而实现城市社区公共体育服务供给主体的多元化呢？调查结果显示（如表4–5所示），在"发展市场组织的积极程度"方面，12.9%的调查对象认为主管部门的态度是"很积极的"，15%的人认为是"积极的"，42.2%的人认为"一般"，而认为"不积极"和"很不积极"的比例分别为19.2%和10.7%，各个比例之间的差异具有统计学意义（X^2=236.264，p<0.01）；在"培育体育社团"方面，"很积极"的比例为9.2%，"积极"的比例为16.9%，"一般"的比例为38.1%，"不积极"和"很不积极"分别为28.9%和6.9%，各个比例之间的差异具有统计学意义（X^2=252.778，p<0.01）；在"征求居民建议"方面，"很积极"的比例为11.1%，"积极"的比例为20.0%，"一般"的比例为45.1%，"不积极"与"很不积极"的比例分别为14.9%和8.9%，各个比例之间的差异具有统计学意义（X^2=309.903，p<0.01）。不难看出，城市公共体育服务部门在发展其他供给主体的积极程度方面，态度"一般"所占的比例最高，并与其他情况有非常显著的差异。

表4–5　城市社区发展公共体育服务多元供给主体的态度一览表

服务主体	很积极		积极		一般		不积极		很不积极	
	频数	比例（%）	频数	比例（%）	频数	比例（%）	频数	比例（%）	频数	比例（%）
发展市场组织	93	12.9	108	15.0	304	42.2	138	19.2	77	10.7
培育体育社团	66	9.2	122	16.9	274	38.1	208	28.9	50	6.9
征求居民建议	80	11.1	144	20.0	325	45.1	107	14.9	64	8.9

　　总体而言，城市社区公共体育管理人员设置情况虽然有所改善，但以"兼职人员"为主，城市社区体育组织发展状况主要以上级政府部门或街道办兴建的"社区文体中心或健身站点"为主。与过去相比，城市社区公共体育服务主体变化情况虽"有所增加但幅度不大"，没有发生根本变化，未能打破原来的发展态势，仍表征为"供给主体相对单一"的平衡态。究其原因，主要是由于城市公共体育服务主管部门发展其他供给主体的"积

极性"不高。

4.1.2 城市社区公共体育服务内容实然表征

从应然的视角讲，城市社区公共体育服务内容是城市社区公共体育服务主体与公共体育服务对象交流沟通、良性互动的结果，而这种"交流沟通、良性互动"的过程恰恰是城市社区公共体育服务系统非平衡演进的内涵所指。因此，分析城市社区公共体育服务内容的实然表征，不仅可以了解城市社区公共体育服务内容的发展状态，而且可以反映城市社区公共体育服务主体与公共体育服务对象的沟通与交流情况，进而反映城市社区公共体育服务系统是否形成了动态交流的"非平衡"结构状态。

4.1.2.1 城市社区公共体育场地设施情况

公共体育场地设施是城市社区居民参与体育运动的物质基础，提供优质的公共体育场地设施是城市社区公共体育服务的重要内容。《第五次全国体育场地普查数据公报》显示，我国平均每万人拥有体育场地 6.58 个，人均体育场地面积为 1.03 平方米。[1] 而欧美发达国家，如芬兰、德国、瑞士以及意大利等国，每万人拥有体育场地的数量分别为 45.7 个、24.8 个、22 个、21.2 个，[2] 美国人均体育场地面积为 14 平方米。[3] 不难看出，我国的平均每万人拥有体育场地与人均体育场地面积远远低于欧美发达国家。国家体育总局于 1996 年、2001 年以及 2007 年开展的三次群众体育调查显

① 第五次全国体育场地普查数据公报 [EB/OL].[2005-02-18]. http://www.sport.gov.cn/n16/n1167/n2768/n32454/134749.html.

② 杨晓生，杨昧生.对我国群众体育场地设施投资现状的探讨 [J].广州体育学院学报，2001，21（2）：22—24.

③ 魏晓宁.试论高校体育场馆建设与管理 [J].人民论坛，2011，333（7）：244—245.

示，"缺乏场地设施"一直是影响我国城乡居民进行体育锻炼的主要原因，"建立配套的体育场所"也一直是今后城乡居民体育锻炼亟需解决的主要问题。① 因此，积极建设供给优质的公共体育场地设施，是提高城市社区公共体育服务、保障社区居民参与体育锻炼的关键所在。

调查结果显示：在"城市社区简易体育器材设施普及程度"方面（如表4-6所示），城市社区简易体育器材设施普及程度"很高"的比例为8.2%，普及程度"高"的比例为10.8%，普及程度"一般"的比例为46.4%，普及程度"低"的比例为28.1%，普及程度"很低"的比例为6.5%，各个比例之间的差异具有统计学意义（X^2=419.819，$p<0.01$），城市社区简易体育器材设施的普及程度以"一般"情况为主。

表4-6　社区简易体育器材设施的普及程度

普及程度	频数	比例 (%)	排序
很高	59	8.2	4
高	78	10.8	3
一般	334	46.4	1
低	202	28.1	2
很低	47	6.5	5

注：X^2=419.819，$p<0.01$。

在"城市社区简易体育器材设施损耗"方面（如图4-2所示），"完好无损"的比例为27.6%，"个别损坏"的比例为44.9%，"多数损坏"的比例为15.4%，"其他情况"的比例为12.1%，各个比例之间的差异具有统计学意义（X^2=190.111，$p<0.01$），城市社区简易体育器材设施的"个别损坏"情况较为严重。

---

① 李国，孙庆祝，刘超. 我国三次群众体育服务现状调查比较研究［J］. 沈阳体育学院学报2013，32（2）：27—31.

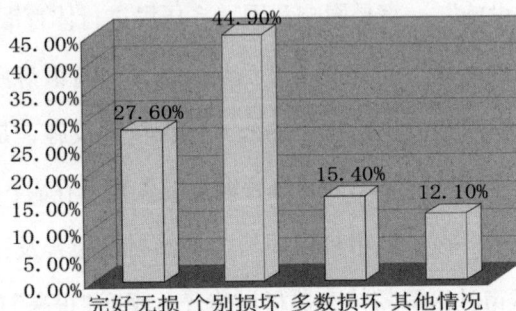

图 4-2　城市社区简易体育器材设施损耗情况

在"简易体育器材设施的维护"方面（如图 4-3 所示），"经常维护"的比例为 24.8%，"偶尔维护"的比例为 38.2%，"从不维护"的比例为 26.7%，"其他情况"的比例为 10.3%。各个比例之间的差异具有统计学意义（$X^2=113.367$，$p<0.01$），简易体育器材设施的维护情况以"偶尔维护"为主。

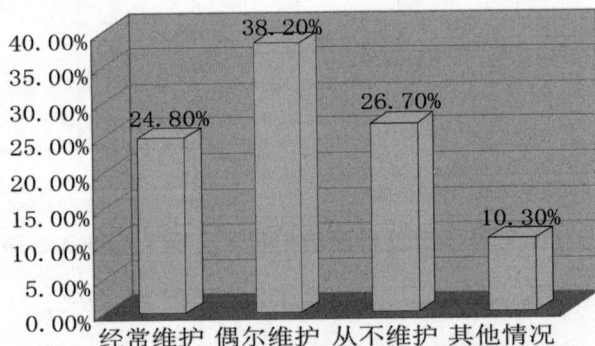

图 4-3　城市社区简易体育器材设施的维护情况

在"城市社区公共体育场馆的开放和收费"方面（如图 4-4 所示），"免费开放"的比例为 17.5%，"收费开放"的比例为 33.8%，"不开放"的比例为 36.4%，"其他情况"的比例为 12.3%，各个比例之间的差异具有统计学意义（$X^2=121.611$，$p<0.01$），城市社区公共体育场馆以"不开放"为主。

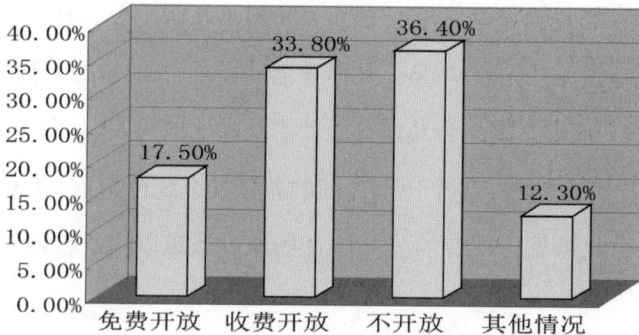

图 4-4　城市社区公共体育场馆的开放和收费情况

在"城市社区公共体育场地设施完善程度"方面（如表 4-7 所示），37.6% 的人认为社区的体育场地设施"不完善"，34.9% 的人认为社区体育场馆设施"一般"，认为"很完善"与"完善"的比例分别为 7.2% 和 13.5%，"很不完善"的比例为 6.8%。各个比例之间的差异具有统计学意义（X^2=328.306，$p<0.01$）。

表 4-7　城市社区公共体育场地设施的完善程度一览表

完善程度	频数	比例 (%)	排序
很完善	52	7.2	4
完善	97	13.5	3
一般	251	34.9	2
不完善	271	37.6	1
很不完善	49	6.8	5

注：X^2=328.306，$p<0.01$。

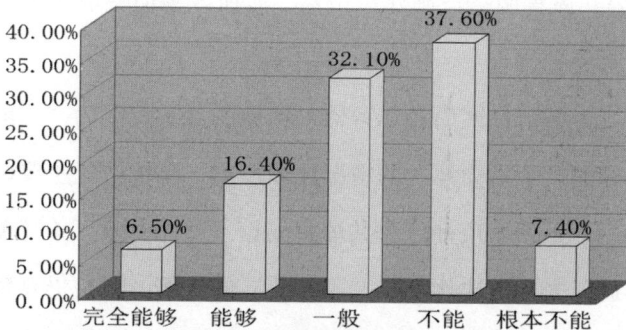

图 4-5　城市社区公共体育场馆满意度情况

在"体育场地设施满意度"方面（如图 4-5 所示），有 37.6% 的人认为现有的场地设施"不能"满足公共体育活动需求，32.1% 的人认为"一般"，"完全能"和"能够"满足公共体育活动需求的比例为 6.5% 和 16.4%，"完全不能"的比例为 7.4%，各个比例之间的差异具有统计学意义（$X^2=292.111$，$p<0.01$）。由此可见，现有的公共体育场地设施难以满足社区居民的体育需求。

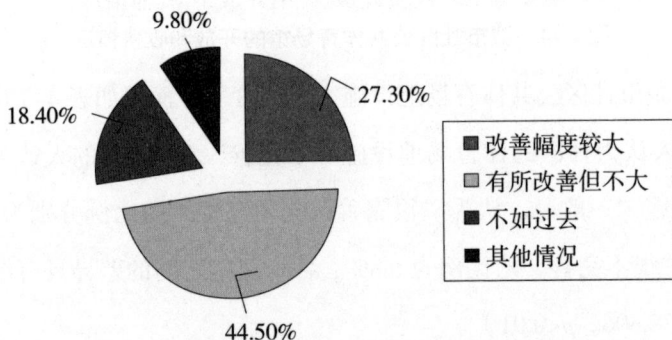

图 4-6　城市社区公共体育场地设施改善情况

在"与过去相比，城市社区公共体育场地设施的改善情况"方面（如图 4-6 所示），27.3% 的人认为体育场地设施"改善幅度较大"，44.6% 的人认为"有所改善但不大"，18.3% 的人认为体育场地设施"没有改善"，"其他情况"的比例为 9.8%。各个比例之间的差异具有统计学意义（$X^2=192.078$，$p<0.01$），公共体育服务设施建设虽然"有所改善但幅度不大"，没有发生根本改变。

总体而言，城市社区简易体育器材实施的普及程度为"一般"，简易体育器材设施的"个别损坏"的情况比较严重，维护情况主要以"偶尔进行维护"为主。虽然城市社区公共体育场馆"整体开放"（"免费开放"与"收费开放"之和）比例高于"不开放"的比例，但是仍有较高比例的公共体育场馆处于不开放的闲置状态，居民对于社区体育场地设施的"满意度"不高。与过去相比，城市社区公共体育场地设施的改善情况虽然"有所改善"，但"幅度不大"。从系统论上讲，公共体育场地设施的发展状态没有发生根本改变，未能突破原来的发展态势，仍表征为"公共体育服务场地设施的数量不足与质量不高"的平衡态，难以满足社区居民的体育需求。

4.1.2.2　城市社区体育活动开展情况

作为城市社区公共体育服务内容的重要组成部分，城市社区体育是指在人们共同生活的一定区域内（相当于基层社区辖区范围），以辖区的自然环境和体育设施为物质基础，以全体社区成员为主体，以满足社区成员的体育需求、增进社区成员的身心健康、巩固和发展社区感情为主要目的、就地就近开展的区域性群众体育。[①] 城市社区体育具有"整合功能、凝聚功能、健身功能、服务功能、娱乐功能、稳定功能和促进社区发展的功能"。[②] 社区体育活动的组织开展有利于促进社区居民强身健体，增强体力，发展技能，提高学习、工作效率，改善生活质量，而且有利于愉悦身心，促进社区居民互相沟通交流、增进友谊，在提高社区居民体育文化素质、建立科学健身的生活方式、丰富社区文化生活、促进社区精神文明建设以及构建和谐社区等方面具有重要的作用。

在"城市社区体育活动组织形式"方面（如表4-8所示），城市社区举办"综合性运动竞赛"的比例为34.8%，组织"单项体育竞赛"的比例

---

① 王凯珍，任海，王渡，等.我国城市社区体育的现状及发展趋势［J］.体育科学，1997，17（5）：6—10.

② 王凯珍.社会转型与中国城市社区体育发展［D］.北京体育大学，2004：14.

为 27.3%，举办"体育科普类活动"的比例为 21.1%，"趣味性体育活动"的比例为 23.8%，"传统体育项目"的比例为 20.9%。各类体育活动的排序依次为"综合性运动赛事""单项体育竞赛""体育科普活动""趣味性体育活动""传统体育项目"。由此可见，多数社区会组织一些公共体育活动，"综合性运动赛事"和"单项体育竞赛"是公共体育活动的主要形式。

表 4-8　城市社区公共体育活动开展形式情况一览表（多选）

体育活动类型	频数	比例（%）	排序
综合性运动赛事	272	34.8	1
单项体育竞赛	247	27.3	2
体育科普活动	152	21.1	4
趣味性体育活动	171	23.8	3
传统体育项目	151	20.9	5

在"城市社区居民希望参与的体育活动"方面（如表 4-9 所示），"综合性运动赛事"的选择比例为 34.2%，"单项体育竞赛"的比例为 37.6%，"体育科普类活动"的选择比例为 81.9%，"趣味性体育活动"的比例为 67.1%，"传统体育项目"的比例为 59.2%。社区居民希望参与的体育活动的排序是"体育科普类活动""趣味性体育活动""传统体育项目""单项体育竞赛"和"综合性运动赛事"。"体育科普类活动"和"趣味性体育活动"的选择率较高，反映了城市社区居民在参与体育活动时更加注重运动的科学性和趣味性。"传统体育项目"的选择率位于第三位，反映了城市社区居民希望选择具有本地特色的项目进行锻炼。比较而言，城市社区在组织体育活动时，仍以强调竞技性的"综合性运动赛事"与"单项体育竞赛"为主，而城市社区居民则更希望参与一些具有"科学性""娱乐性""地方特色"的体育活动，两者之间呈现出一定的差异性。

表 4-9　城市社区居民希望参与的体育活动情况一览表（多选）

体育活动类型	频数	比例（%）	排序
综合性运动赛事	246	34.2	5
单项体育竞赛	271	37.6	4
体育科普活动	590	81.9	1
趣味性体育活动	483	67.1	2
传统体育项目	426	59.2	3

在"与过去相比，城市社区体育活动开展的改善情况"方面（如图 4-7 所示），24.3% 的人认为城市社区体育活动开展情况与过去相比"改善幅度较大"，41.5% 的人认为"有所改善但幅度不大"，22.8% 的人认为"不如过去"，"其他情况"的比例为 11.4%，各个比例之间的差异具有统计学意义（X^2=133.589，$p<0.01$）。城市社区公共体育活动的开展情况虽"有所改善但幅度不大"，没有发生根本变化，仍不能满足城市社区居民的体育参与需求。

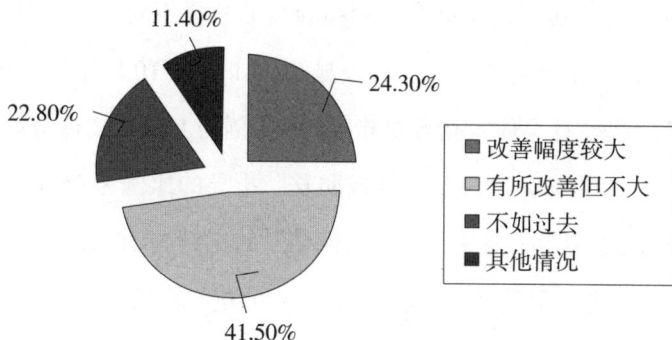

图 4-7　城市社区公共体育活动开展改善情况

总体而言，城市社区公共体育活动以强调竞技性的"综合性运动赛事"与"单项体育竞赛"为主，而城市社区居民则更希望参与一些具有科学性、娱乐性、地方特色的体育活动，两者之间呈现出一定的差异性。与过去相比，城市社区公共体育活动的开展情况虽"有所改善但幅度不大"，发展状态没有发生根本变化，仍表征为"难以满足社区居民公共体育活动需求"的平衡态。

4.1.2.3　城市社区公共体育指导情况

城市社区公共体育指导是社区公共体育服务内容的重要组成部分。对城市社区居民的体育运动进行一定的指导，不仅可以使社区居民掌握科学的健身方法，获得良好的体育锻炼效果，而且能提高城市社区公共体育服务水平与社区居民的满意度。我国政府十分重视公共体育指导工作，早在1993年，原国家体委就颁布了《社会体育指导员技术等级制度》，着力发展社会公共体育指导力量。为了适应社会体育发展的需要，国家体育总局于2001年和2011年分别颁布了《社会体育指导员国家职业标准》和《社会体育指导员管理办法》。在国家政策的推动保障下，我国公共体育指导工作发展迅速，公共体育指导队伍逐渐壮大。刘鹏局长在2013年全国群众体育工作会议上的讲话中指出，要培训和审批社会体育指导员达100万人。①虽然我国社会体育指导员的总量不断增加，但是人均社会体育指导员的比例仍然偏低。调查显示（如表4–10所示），城市社区居民接受过专业"社会体育指导员指导"的比例为14.2%，"体育特长人员"的指导比例为30.0%，"健身同伴或朋友"指导的比例为25.4%，"其他人员"指导的比例为11.8%，"无人指导"的比例为18.6%。各个比例之间的差异具有统计学意义（X^2=83.681，$p<0.01$）。不同指导人员的排序为"体育特长人员""健身同伴或朋友""无人指导""社会体育指导员""其他人员"。城市社区居民接受"社会体育指导员指导"的比例仅为14.2%，说明大多数的城市社区居民未接受过"专业社会体育指导员"的指导。

---

① 刘鹏局长在2013年全国群众体育工作会议上的讲话［EB/OL］.［2013–04–07］. http：//www.sport.gov.cn/n16/n1077/n1467/n3986231/3990114.html.

表 4-10　城市社区居民接受指导情况一览表

人员类别	频数	比例（%）	排序
社会体育指导员	102	14.2	4
体育特长人员	216	30.0	1
健身同伴或朋友	183	25.4	2
其他人员	85	11.8	5
无人指导	134	18.6	3

注：$X^2=83.681$，$p<0.01$.

在"城市社区公共体育健身指导满意度"方面（如表 4-11 所示），社区居民认为"很满意"的比例为 8.9%，认为"满意"的比例为 13.5%，认为"一般"的比例是 38.3%，认为"不满意"的比例为 32.1%，认为"很不满意"的比例为 7.2%。各个比例之间的差异具有统计学意义（$X^2=292.125$，$p<0.01$）。由排序可知，认为城市社区公共体育健身指导满意度"一般"和"不满意"的位于前两位，说明在公共体育健身指导服务难以满足社区居民的需求，仍有待于进一步提高。

表 4-11　城市社区公共体育健身指导满意度一览表

满意度	频数	比例（%）	排序
很满意	64	8.9	4
满意	97	13.5	3
一般	276	38.3	1
不满意	231	32.1	2
很不满意	52	7.2	3

注：$X^2=292.125$，$p<0.01$.

在"与过去相比，城市社区公共体育健身指导的改善情况"方面（如图 4-8 所示），32.2% 的人认为城市社区公共体育健身指导情况"改善幅度较大"，47.9% 的人认为"有所改善但幅度不大"，7.8% 的人认为"不如过去"，"其他情况"的比例为 12.1%。各个比例之间的差异具有统计学意义（$X^2=299.744$，$p<0.01$）。由此可见，与过去相比，城市社区公共体育健身指导情况"虽然有所改善，但是改善幅度不大"，仍不能满足社区居民的健身指导需求。

总体而言，多数城市社区居民没有接受过"专业社会体育指导员"的指导，对于公共健身指导服务的"满意度"不高。与过去相比，城市社区公共体育健身指导情况"虽然有所改善"，但是"改善幅度不大"，没有发生根本变化，发展状态主要表征为"公共体育建设指导服务数量与质量较低"的平衡态，难以满足社区居民的体育指导服务需求。

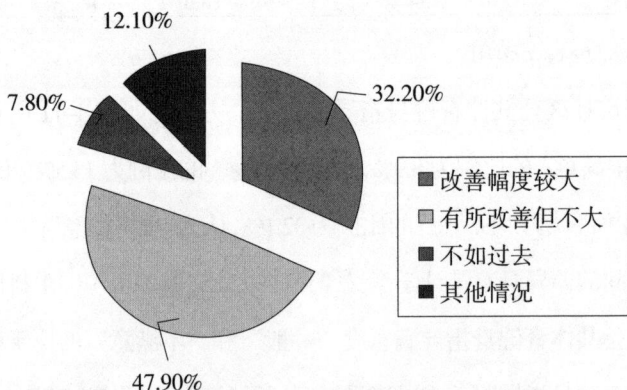

图 4-8　城市社区公共体育健身指导改善情况

4.1.2.4　城市社区居民体质监测情况

体质监测是城市社区公共体育服务的重要内容之一。国家体育总局于 2001 年制定了《国民体质监测工作规定》，旨在规范国民体质监测工作，推动社区居民健身活动的开展。规定要求"国家建立由国家国民体质监测中心、省（区、市）国民体质监测中心、地（市）国民体质监测中心和监测点构成的国民体质监测网络，实行分级管理；各级国民体质监测中心由同级体育行政部门负责组建。监测点由地（市）国民体质监测中心确定。各级国民体质监测中心、监测点的组建方案须逐级上报体育行政部门审核、备案"[1]。在相关政策法规的保障下，各地国民体质监测中心、站点等逐

---

[1]　国民体质监测工作规定［EB/OL］．［2003-09-18］．http://www.sport.gov.cn/n16/n41308/n41323/n41345/n41426/n4252.

渐建立，并先后开展了三次全国范围的国民体质监测工作，了解国民体质的发展状况。

表 4-12　城市社区居民体质监测情况一览表

监测情况	频数	比例（％）	排序
定期监测	57	7.9	3
偶尔监测	394	54.7	1
不监测	269	37.4	2

注：X^2=241.858，p<0.01.

通过对城市社区居民进行体质测定，可以评价其体质状况与体育锻炼的效果。然后根据体质监测情况，合理编排健身处方，增强体育锻炼的科学性，促进城市社区居民体质不断提高。调查结果显示（如表 4-12 所示），在"城市社区居民体质监测"方面，"定期监测"的比例为 7.9%，"偶尔监测"的比例为 54.7%，"不监测"的比例为 37.2%，各个比例之间的差异具有统计学意义（X^2=241.858，p<0.01）。由此可见，城市社区居民体质监测工作情况以"偶尔监测"为主，监测工作尚未规范化、系统化，主要表征为"监测无序"的平衡态。

4.1.2.5　城市社区公共体育政策情况

公共体育政策主要是指国家政府机关、政党以及其他团体为满足广大居民的公共体育需求，而采取的行为或规定的行为准则，是一系列方针、法令、条例、方法、办法、措施的总称。改革开放之前，我国的体育政策主要由中央部门制定，然后自上而下地传达给地方政府，逐级执行。改革开放之后，国家开始把一些权利下放，各地方政府可以结合上级政策文件精神，并结合本地的现实状况，制定一些地方性的体育法规条例。例如，国家体育总局出台《体育事业发展"十二五"规划》后，各地方政府也相继出台了各自的体育事业发展"十二五"规划，如《山东省体育事业发展

"十二五"规划》《淄博市体育事业发展"十二五"规划》、《薛城区体育事业发展"十二五"规划》等。由此可见，我国的公共体育政策主要由两部分构成，一是中央主管部门的相关政策，二是地方性的行政法规。随着我国公共体育政策日益增多、逐渐健全，体育法制化进程不断推进，公共体育相关政策的执行情况也颇受重视。"政策方案对于政策目标的贡献率只占10%，其余90%则取决于政策的有效执行。"美国学者艾利森如是说。因此，为了满足广大居民的公共体育需求，一方面，要制定相关政策法规，为公共体育的发展提供政策支持。另一方面，应监督考核公共体育政策的执行情况，保障公共体育政策法规的落实。

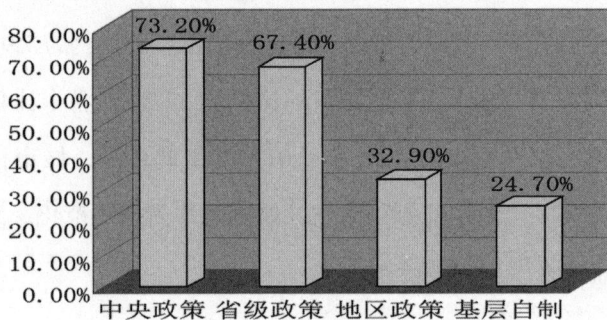

图4-9 社区公共体育政策法规制定情况

调查显示，在"社区公共体育政策法规制定"方面（如图4-9所示），"中央部门政策"的比例为73.2%，"省级政策"的比例为67.4%，"地区市与本地自己制定"的比例分别为32.9%和24.7%。由此可见，社区的公共体育政策主要来自"中央和省级政府"，而"地区市"和"基层部门"结合当地实际情况制定的公共体育法规条例的比例仍比较低，在一定程度上反映了社区公共体育的开展缺乏基层部门具有可操作性的法规条例的保障。

在"公共体育政策执行"方面（如表4-13所示），调查对象认为"社区公共体育政策执行效果很好"的比例为11.3%，认为"执行效果好"的比例为 17.6%，认为"执行效果一般"的比例为 36.5%，而认为"执行效果差"和"很差"的比例分别为 22.1% 和 12.5%。各个比例之间的差异具有统计学意义（X^2=149.722，$p<0.01$）。社区公共体育政策执行情况的排序为"一般""差""好""很差""很好"。总体看来，社区公共体育政策的执行效果差强人意，仍有待于进一步改善。

表 4-13　城市社区公共体育政策执行情况一览表

执行效果	频数	比例 (%)	排序
很好	81	11.3	5
好	127	17.6	3
一般	263	36.5	1
差	159	22.1	2
很差	90	12.5	4

注：X^2=149.722，$p<0.01$.

在"社区公共体育政策执行影响因素"方面（如图 4-10 所示），相关因素的排序依次为"物质经费因素（76.4%）""政治体制因素（63.5%）""社会文化因素（47.1%）""其他因素（22.4%）"。从调查实际情况看，"物质经费因素"是当前社区公共体育政策执行的主要影响因素。以《全民健身条例》的执行情况为例，虽然《全民健身条例》规定"县级以上地方人民政府应当将全民健身事业纳入本级国民经济和社会发展规划，有计划地建设公共体育设施，加大对农村地区和城市社区等基层公共体育设施建设的投入，……应当将全民健身工作所需经费列入本级财政预算，并随着国民经济的发展逐步增加对全民健身的投入。"[①] 但是，在 2011 年落实《全民健身条例》情况汇报会上，七省、市体育局部分负责人表示，"三纳入"没有落到实处，尤其是政府财政预算不到位，仍然是贯彻落实《全民健身

---

① 全民健身条例 [EB/OL]. [2009-08-30]. http://baike.baidu.com/item/%E5%85/fr=aladdin.

条例》的一大难点。^①

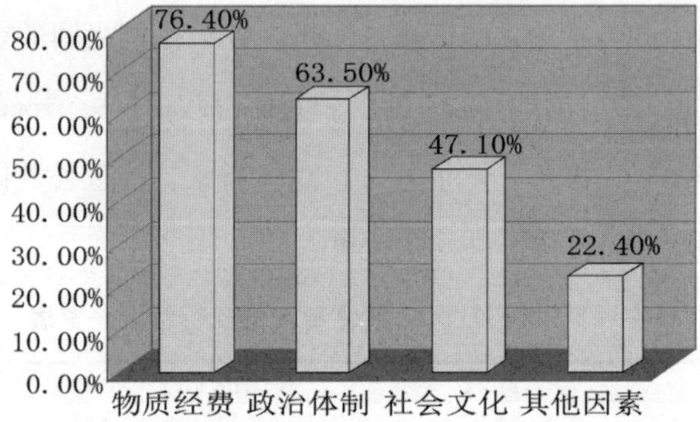

图4-10 城市社区公共体育政策执行影响因素

此外，在社区公共体育政策执行监督机制方面（如表4-14所示），51.7%的人认为本地"没有"社区公共体育服务监督机制，34.2%的人认为本地"有"公共体育服务监督机制，"不清楚"情况的比例为14.1%，各个比例之间的差异具有统计学意义（X^2=152.100, $p<0.01$）。由排序可知，"没有"社区公共体育政策执行监督机制排在首位。而《全民健身条例》则明确规定"全民健身计划由县级以上人民政府体育主管部门会同有关部门组织实施。……县级以上人民政府体育主管部门应当在本级人民政府任期届满时会同有关部门对全民健身计划实施情况进行评估，并将评估结果向本级人民政府报告。"^② 但是，现实中体育主管部门却是有法可依、无力执行。正如北京市体育局长孙康林所言："体育主管部门并没有专门的执法队伍，面对城市里这么多的居民小区和相关建设单位，根本不可能去一一调查和处罚。看到很多小区没有按照相关法规建设体育设施和场地，我们对改变

① 部分体育局负责人：财政预算不到位是落实全民健身难点 [EB/OL]．[2011-08-30]．http：//sports.sina.com.cn/0/2011-08-30/16245725427.shtml.

② 全民健身条例 [EB/OL]．[2009-08-30]．http：//baike.baidu.com/item/%E5%85/fr=aladdin.

这一状况却是心有余而力不足。"① 由此可见，公共体育政策监督机制的不健全或缺失也在一定程度上影响了公共体育政策的执行效果。

表 4-14　城市社区公共体育政策执行监督机制情况

监督机制	频数	比例 (%)	排序
有	372	34.2	2
没有	246	51.7	1
不清楚	102	14.1	3

注：$X^2=152.100$，$p<0.01$.

在"与过去相比，城市社区公共体育政策制定与执行改善情况"方面（如图 4-11 所示），22.4% 的人认为与过去相比城市社区公共体育政策"改善幅度较大"，51.6% 的认为"有所改善但幅度不大"，9.7% 的人"认为不如过去"，"其他情况"的比例为 16.3%，各个比例之间的差异具有统计学意义（$X^2=296.078$，$p<0.01$）。不难看出，与过去相比，城市社区公共体育政策的制定与执行情况虽然"有所改善但是幅度不大"，尚未发生根本变化。

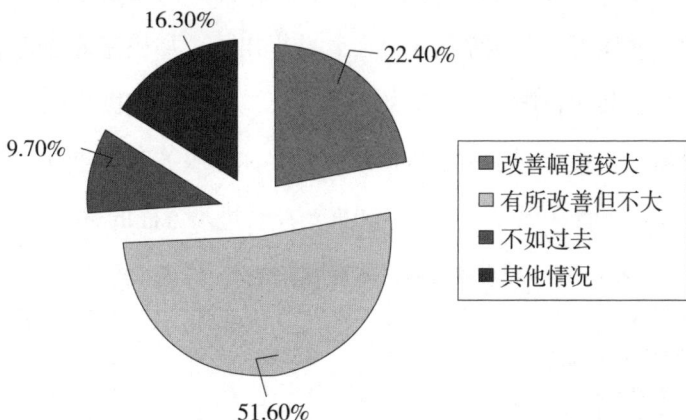

图 4-11　城市社区公共体育政策制定与执行改善情况

---

① 全民健身因地方财政不拨款搁浅［N］.中国青年报，2009-12-13（05）.

总体而言，社区公共体育政策主要以"中央和省级政府政策"为主，而"地区市和基层部门制定的政策"比例较低；社区公共体育政策执行情况仅为"一般"，社区公共体育政策执行影响因素主要有"物质经费因素""政治体制因素""社会文化因素"和"其他因素"；社区公共体育政策执行监督机制不健全或缺失；与过去相比，城市社区公共体育政策的制定与执行情况"虽然有所改善但是幅度不大"，没有发生根本变化，发展状态主要表征为"公共体育政策服务数量与质量不高"的平衡态，难以满足社区居民的公共体育政策服务需求。

4.1.3　城市社区公共体育服务对象实然表征

作为城市社区公共体育服务的对象，城市社区居民及其公共体育需求既是城市社区公共体育服务系统建设的出发点，又是其归宿点。国家体育总局出台的《体育事业发展"十二五"规划》强调应"以满足人民群众不断增长的体育需求为宗旨，……以建立完善符合国情、比较完整、覆盖城乡、可持续的公共体育服务体系为重点"，并提出了"加快完善公共体育服务体系，提高公共体育服务水平"的总体目标。因此，积极分析社区居民的公共体育需求不仅有利于推动城市社区公共体育服务系统建设，而且有利于"充分发挥体育在保障改善民生和推动社会进步方面的重要作用"。[①]

表4-15　城市社区居民体育需求情况一览表（多选）

需求情况	频数	比例（%）	排序
体育场地设施类需求	572	79.4	1
运动参与类需求	534	74.2	3
健身指导类需求	457	63.5	4
体质监测类需求	346	48.1	6

---

① 体育事业发展"十二五"规划［EB/OL］.［2011-04-01］. http://www.sport.gov.cn/n16/n1077/n1467/n1843577/1843747.html.

续表

需求情况	频数	比例（％）	排序
体育休闲娱乐类需求	561	77.9	2
体育政策法规类需求	328	45.6	7
体育信息咨询类需求	351	48.8	5
其他体育需求	253	35.1	8

调查显示，在"城市社区居民体育需求"方面（如表 4-15 所示），"体育场地设施类需求"的比例为 79.4%，"运动参与类需求"的比例为 74.2%，"健身指导类需求"的比例为 63.5%，"体质监测类需求"的比例为 48.1%，"体育休闲娱乐类需求"的比例为 77.9%，"体育政策法规类需求"的比例为 45.6%，"体育信息咨询类需求"的比例为 48.8%，"其他类需求"的比例为 35.1%。各类体育需求排名前四的分别是"体育场地设施类需求""体育休闲娱乐类需求""运动参与类需求""健身指导类需求"。"体育信息咨询类需求""体质监测类需求""体育政策法规类需求"等的选择比例也接近 50%。不难看出，城市社区居民的体育需求呈现出多样性的特征。此外，其他相关研究也印证了这一结论。例如，戴健对长三角都市圈大众体育需求进行了实证调研，结果显示，"人们参加体育活动的原因是多种多样的，人们对体育的需求是非常广泛的"。[①]

表 4-16　城市社区居民体育需求表达情况一览表

表达情况	频数	比例（％）	排序
完全能够	31	4.3	5
能够	54	7.5	4
一般	172	23.9	2
不能	318	44.2	1
根本不能	145	20.1	3

注：$X^2 = 360.625$，$p < 0.01$.

在"城市社区居民体育需求表达"方面（如表 4-16 所示），认为"完

_____

① 戴健.长三角都市圈大众体育需求的实证研究［J］.上海体育学院学报，2011，35（6）：32—36.

全能够有效地将自己的体育需求表达给相关部门"的比例为4.3%，认为"能够有效表达自己体育需求"的比例为7.5%，认为"表达情况一般"的比例为23.9%，而认为"不能有效表达"的比例则高达44.2%，且"根本不能有效表达"的比例（20.1%）也较高。各个比例之间的差异具有统计学意义（X^2=360.625，$p<0.01$）。由此可见，城市社区居民在体育需求的有效表达方面存在一定的问题，健全与完善城市社区居民体育需求表达机制与途径的工作仍有待于进一步加强。

在"与过去相比，城市社区居民公共体育需求表达的改善情况"方面（如图4-12所示），24.5%的人认为城市社区居民公共体育需求表达与过去相比的"改善幅度较大"，42.6%的人认为"有所改变但幅度不大"，17.3%的人认为"不如过去"，"其他情况"的比例为15.6%。各个比例之间的差异具有统计学意义（X^2=132.189，$p<0.01$）。由此可见，与过去相比，城市社区居民公共体育需求表达情况"虽然有所改善"，"但幅度不大"，没有发生根本改变。

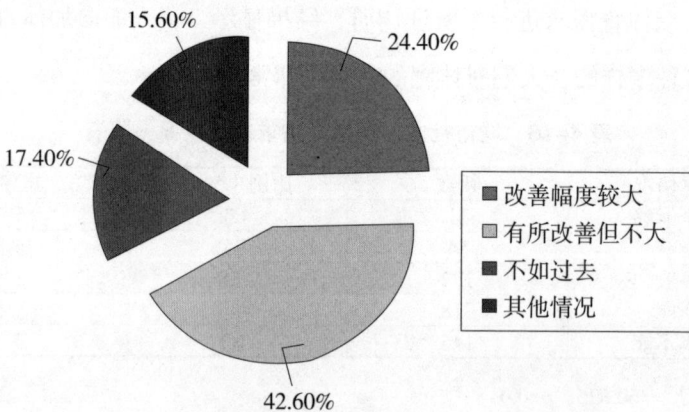

图4-12　城市社区居民体育需求表达改善情况

总体而言，城市社区居民的体育需求呈现出多样性的特征，但在体育需求的有效表达方面存在一定的问题，表达渠道不通畅。与过去相比，城市社区居民公共体育需求表达情况虽然有所改善但幅度不大，尚未发生根本变化。从系统论的视角讲，公共体育需求表达发展状态的实然表征是"表达不畅"的平衡态，城市社区居民仍难以有效地表达公共体育需求。

4.2　城市社区公共体育服务系统非平衡演进的影响因素

城市社区公共体育服务系统建设的根本宗旨是满足居民多样化的体育需求，然而城市社区公共体育服务系统的实然表征却是"公共体育服务主体相对单一、公共体育服务内容相对短缺以及公共体育服务对象需求表达不畅"的平衡态。这一长期存在的实然表征致使社会体育资源与社区居民多样化的体育需求之间的矛盾仍然没有得到根本改善，"政府统筹、社会协同、市场支持和群众广泛参与"的非平衡的体育发展格局仍然尚未形成。究竟是哪些重要因素影响了城市社区公共体育服务系统的非平衡有序演进？哪些因素导致了城市社区公共体育服务系统难以打破长期存在的"主体单一、内容短缺与居民需求表达不畅"的平衡态呢？这些问题的解答有待于我们对相关影响因素进行分析。

关于公共体育服务系统影响因素的研究，有的学者认为，影响因素主要包括"体育公共服务的政策、法规可操作性不强，服务机制不健全，经费保障不完善；体育公共服务的供给不足，服务的质量还不高，且发展不平衡；体育社团的作用没有充分发挥，缺乏具有针对性的健身指导和信息服务；体育活动的组织形式和内容不够丰富，缺乏吸引力，不能满足各阶层市民的需要"等。[①] 有的学者则认为，"公共休闲体育服务场地设施与

---

① 郑家鲲，张怀波.影响上海市体育公共服务发展的因素及对策［J］.广州体育学院学报，2010，30（3）：16—21.

培训指导不足，公共休闲体育服务供给制度不完善，社区公共体育服务场地设施资源亟待开发，体育活动组织与指导服务的数量和质量亟待提高"[1]等是制约城市社区公共体育服务的因素。还有的学者认为，公共体育服务的支持因素主要是"政府机制主导是建设基础，市场因素融入是关键环节，社会资源参与是动力源泉，体育事业支持是有力保障，文化服务引导是精神支柱"，而制约因素则主要有"体育事业发展缓慢，体育经费筹集能力不强，经济社会发展不均衡，群众体育指导力量缺乏，城市化老龄化现象突显"等。[2]不难看出，在城市社区公共体育服务系统的发展过程中，存在着多种多样的影响因素，并且这些相关影响因素的共同作用决定了城市社区公共体育服务系统的状态表征。马克思主义哲学认为，分析问题时应抓住问题的主要矛盾和矛盾的主要方面。因此，如何在众多影响因素中归纳分析出对城市社区公共体育服务系统非平衡演进起主要作用的因素，并深入分析其作用机理，便成为了我们关注的焦点。本研究以文献分析为基础，结合相关专家建议，采用因子分析的方法，对相关因素进行因子提取，并对结果进行验证分析，从而确定主要影响因素。

4.2.1　城市社区公共体育服务系统非平衡演进的探索性因子分析

4.2.1.1　影响因素观测变量初选

首先，笔者查阅了城市社区公共体育服务系统的影响因素，对各影响

---

① 芦军志. 广州城市社区公共体育服务供给影响因素与对策 [J]. 广州体育学院学报，2011，31（4）：55—59.

② 林敏，刘欣然，洪晓彬. 群众性多元化体育服务体系相关因素的分析 [J]. 武汉体育学院学报，2009，43（2）：43—47.

因素进行综述、分析、提炼。其次，对城市社区体育管理者、体育社团负责人、城市社区居民进行访谈，并结合文献分析，初步选取城市社区公共体育服务系统非平衡演进的影响因素。最后，在相关文献分析与实地访谈的基础上，将城市社区公共体育服务系统非平衡演进影响因素的观测变量进行汇总，征求相关专家建议，根据专家建议对相关变量进行修改，初步确定城市社区公共体育服务系统非平衡演进影响因素的观测变量（如表 4-17 所示），共 23 个。

表 4-17　影响因素观测变量初选一览表

编号	观测变量内涵
x_1	政府部门公共体育服务的责任意识
x_2	市场组织、社会团体、社区居民的参与情况
x_3	社会体育指导员、体育管理者等人力资源开发
x_4	公共体育服务制度的执行情况
x_5	社区公共体育服务内容的结构或种类
x_6	公共体育服务相关物质资源投入情况
x_7	社区公共体育服务内容的数量
x_8	社区公共体育经费的投入情况
x_9	公共体育服务制度的制订情况
x_{10}	社区公共体育服务内容的质量
x_{11}	公共体育服务评价考核情况
x_{12}	社会体育组织的发展情况
x_{13}	社区居民的体育需求结构或种类
x_{14}	政府部门自身的利益诉求
x_{15}	政府、市场、社会团体与居民之间联系沟通
x_{16}	社会经济发展水平
x_{17}	大型体育场馆的开放情况
x_{18}	社区居民的体育需求表达情况
x_{19}	体育政策发挥的完善程度
x_{20}	城市社区居民的体育健身意识
x_{21}	社会文化环境的影响
x_{22}	社区居民的体育消费情况
x_{23}	社区健身环境的影响

4.2.1.2　量表设计与观测变量的确定

将 23 个观测变量随机进行排列，制成城市社区公共体育服务系统非平衡演进影响因素量表，采用李克特量表（Likert Scale）5 级评分法，将影响因素各观测变量的重要程度分为"很重要（5）""重要（4）""一般（3）""不重要（2）""很不重要（1）"。对城市社区体育管理者、体育社团负责人、城市社区居民发放问卷 240 份对量表进行预测试，回收有效问卷 230 份。对预测的样本数据进行因子分析，根据鉴别力指数、因素负荷值、共同度等对观测变量进行筛选，删除 6 个观测变量，最终确定17 各观测变量（如表 4-18 所示），形成正式量表。

表 4-18　城市社区公共体育服务系统非平衡演进影响因素观测变量一览表

编号	观测变量内涵
x_1	社区居民的体育需求表达情况
x_2	社会经济发展水平
x_3	公共体育服务制度的制订情况
x_4	社会文化环境的影响
x_5	社区公共体育经费的投入情况
x_6	社区居民的体育健身意识
x_7	公共体育服务相关物质资源投入情况
x_8	社区公共体育服务内容的质量
x_9	公共体育服务评价考核情况
x_{10}	公共体育服务制度的执行情况
x_{11}	社会体育指导员、体育管理者等人力资源开发
x_{12}	政府部门公共体育服务的责任意识
x_{13}	城市社区居民的体育需求结构或种类
x_{14}	社区公共体育服务内容的数量
x_{15}	政府、市场、社会团体与居民之间联系沟通
x_{16}	市场主体、社会团体、社区居民的参与情况
x_{17}	社区公共体育服务内容的结构或种类

4.2.1.3　探索性因子分析

将回收的 720 份有效问卷按奇偶数分半法进行均分，两部分均为 360 份，用奇数样本组成的数据进行探索性因子分析，用偶数样本数据进行验证性因素分析。首先对观测变量进行取样足够度的 Kaiser-Meyer-Olkin 度量、Bartlett 球形检验，用于检测观测变量是否适合做因子分析。判定标准为，KMO 值越接近 1，越适合作因子分析，一般 KMO 值在 0.5 以下非常不适合进行因子分析，0.5 以上不适合进行因子分析，0.6 以上勉强可以进行，0.7 以上尚可进行，0.8 以上适合进行因子分析，0.9 以上极适合进行因子分析。[1]Bartlett 球形检验的值大且其对应的相伴概率小于显著水平，则表明观测变量适合进行因子分析。[2]运用 SPSS19.0 对 360 份样本数据进行处理，结果显示（如表 4-19 所示），KMO=0.756，X^2=1270.064（$p<0.01$），说明观测变量适合进行因子分析。

表 4-19　样本适当性度量的 KMO 值和 Bartlett 球形检验

取样足够度的 Kaiser–Meyer–Olkin 度量		0.756
Bartlett 的球形度检验	近似卡方	1270.064
	Df	136
	Sig.	0.000

采用主成分分析法进行因子提取，共同度均在 0.693 以上，说明所提取的共同因子可以较好地反映各观测变量的原始信息。根据初始特征值大于 1 的标准，并结合碎石图检验（如图 4-13 所示），确定了 6 个共同因子，累积方差贡献率达到 79.738%（如表 4-20 所示），说明因子提取效果是比较理想的。为了进一步明确各共同因子的构成，采用方差极大法进行正交旋转，获取旋转后因子载荷矩阵（如表 4-21 所示）。

表 4-20　观测变量的特征值、贡献率及累积贡献率

成份	初始特征值			提取平方和载入			旋转平方和载入		
	合计	方差（%）	累积（%）	合计	方差（%）	累积（%）	合计	方差（%）	累积（%）
1	3.865	22.735	22.735	3.865	22.735	22.735	3.013	17.725	17.725
2	2.782	16.363	39.098	2.782	16.363	39.098	2.454	14.438	32.163
3	2.609	15.348	54.446	2.609	15.348	54.446	2.425	14.263	46.426

① 房蕊.青少年自主健身行为概念模型建构与量表研制［D］.曲阜师范大学，2012.

② 尹博.运用跨理论模型对大学生体育锻炼行为改变的实证研究［D］.华东师范大学，2007.

续表

成份	初始特征值			提取平方和载入			旋转平方和载入		
	合计	方差（%）	累积（%）	合计	方差（%）	累积（%）	合计	方差（%）	累积（%）
5	1.387	8.157	73.134	1.387	8.157	73.134	1.863	10.959	69.225
6	1.123	6.604	79.738	1.123	6.604	79.738	1.787	10.513	79.738
7	0.741	4.360	84.098						
8	0.676	3.974	88.071						
9	0.562	3.304	91.376						
10	0.449	2.640	94.015						
11	0.261	1.535	95.550						
12	0.220	1.292	96.843						
13	0.168	0.989	97.831						
14	0.124	0.729	98.560						
15	0.101	0.597	99.157						
16	0.075	0.439	99.596						
17	0.069	0.404	100.00						

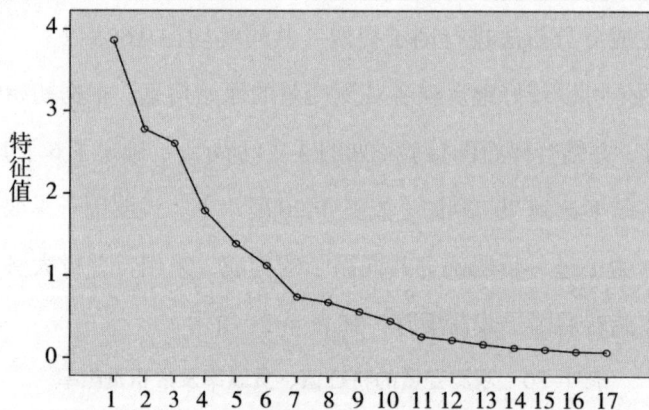

图 4-13　观测变量提取共同因子的碎石检验图

由表 4-21 可知，X_{14} 社区公共体育服务内容的数量，X_8 社区公共体育服务内容的质量，X_{17} 社区公共体育服务内容的结构或种类，构成第 1 共同因子 F_1；X_{12} 政府部门公共体育服务的责任意识，X_{16} 市场主体、社会组织、社区居民的参与情况，X_{15} 政府、市场、社会组织与居民之间联系沟通，构成第 2 共同因子 F_2；X_6 社区居民的体育健身意识，X_{13} 社区居民的体育需求结构或种类，X_1 社区居民的体育需求表达情况，构成第 3 共同因子 F_3，X_7 公共体育服务相关物质资源投入情况，X_{11} 社会体育指导员、体育管理者等人力资源开发，X_5 社区公共体育经费的投入情况，构成第 4 共同因子 F_4；X_3 公共体育服务制度的制订情况，X_{10} 公共体育服务制度的执行情况，X_9 公共体育服务评价考核情况，构成第 5 共同因子 F_5，X_2 社会经济发展水平，X_4 社会文化环境的影响，构成第 6 共同因子 F_5。F_1 主要反映了城市社区公共体育服务内容的数量、质量与结构等信息，可以命名为"城市社区公共体育服务内容因子"；F_2 主要反映了政府部门公共体育服务的责任、其他主体的参与及联系沟通情况，可以命名为"城市社区公共体育服务主体因子"；F_3 主要反映了城市社区居民的体育健身意识、需求结构以及需求表达情况，可以命名为"城市社区公共体育服务对象因子"，F_4 主要反映了物质资源、人力资源及公共体育经费投入情况，可以命名为"公共体育资源经费因子"；F_5 主要反映了公共体育服务制度的制订情况、公共体育服务制度的执行情况以及公共体育服务考核评价机制等情况，可以命名为"公共体育服务制度建设因子"；F_6 主要反映了社会经济发展水平及社会文化环境情况，可以命名为"社会经济文化环境因子"。

表 4-21　城市社区公共体育服务系统影响因素观测变量正交旋转因子载荷矩阵

变量	F_1	F_2	F_3	F_4	F_5	F_6	共同度
x_{14}	0.867						0.827
x_8	0.754						0.676
x_{17}	0.729						0.835
x_{12}		0.825					0.796
x_{16}		0.752					0.725
x_{15}		0.739					0.815
x_6			0.817				0.829
x_{13}			0.749				0.694
x_1			0.736				0.903

续表

变量	F_1	F_2	F_3	F_4	F_5	F_6	共同度
x_7				0.833			0.846
x_{11}				0.721			0.861
x_5				0.695			0.850
x_3					0.764		0.693
x_{10}					0.718		0.900
x_9					0.637	0.805	0.874
x_2						0.723	0.735
x_4							0.797

4.2.2 城市社区公共体育服务系统非平衡演进的验证性因子分析

按照探索因子分析得出的观测变量与共同因子之间的关系构建理论模型，运用 LISREL 8.7 进行验证性因子分析，将偶数样本数据相关矩阵的下三角部分，设置观测变量与因子之间的归属关系矩阵，进行模型拟合。结果如表 4-22 所示，x^2/df、GFI、NFI、CFI、$RMSFA$ 等拟合指标基本上在接受范围之内，说明探索性因子分析推导出的 6 个共同因子模型较为合理。

表 4-22 验证性因子分析主要拟合指标一览表

x^2/df	NFI	CFI	TLI	GFI	$AGFI$	$RMSFA$
3.851	0.924	0.957	0.932	0.965	0.943	0.057

4.2.3 城市社区公共体育服务系统非平衡演进影响因素作用释析

4.2.3.1 城市社区公共体育服务内容因子

城市社区公共体育服务内容因子的初始方差贡献率达到 22.735%，是影响城市社区公共体育服务系统非平衡发展的首要因素，主要包括社区公共体育服务内容的数量、质量、结构或种类等变量。如前文所述，城市社区公共体育服务内容是指为满足公共体育需求而提供的具体的服务项目。实际上，城市社区公共体育服务系统建设的根本目的就是提供充足的、优质的、多元化、多样性的公共体育服务项目，并且城市社区居民的公共体育需求满足情况也主要取决于公共体育服务内容具体项目的供给情况。城市社区公共体育服务内容的情况直接影响公共体育服务系统的演进发展状态。由此可见，城市社区公共体育服务内容的数量、质量与结构或种类构成的公共体育服务内容因子是影响其非平衡演进的首要因素。

4.2.3.2 城市社区公共体育服务主体因子

城市社区公共体育服务主体因子的初始方差贡献率为 16.363%，主要包括政府部门公共体育服务的责任意识，市场主体、社会组织、社区居民的参与情况，政府、市场、社会组织与居民之间的联系沟通。政府部门公共体育服务的责任意识是其履行公共体育服务职能、推进公共体育服务建设的思想保证，政府公共体育服务意识提高，一方面可以促进公共体育服务工作的开展，另一方面可以加快职能转变、建构服务型政府。市场主体、社会组织、社区居民的积极参与能够丰富城市社区公共体育服务建设主体，改善政府部门单一供给的困境。政府部门、市场主体、社会团体与社区居民的联系沟通能够增进理解、互通信息、共享资源、取长补短，提高协同意识，共同推动城市社区公共体育服务系统的非平衡演进。

4.2.3.3 城市社区公共体育服务对象因子

城市社区公共体育服务对象因子的初始方差贡献率为 15.348%，也是影响城市社区公共体育服务系统非平衡演进的重要因素之一，主要包括城市社区居民的体育健身意识、体育需求结构或种类、体育需求表达情况。

城市社区居民体育健身意识的提高与体育需求种类的增多对城市社区公共体育服务系统提出了更高的要求，督促城市社区公共体育服务系统不断提高，达到满足社区居民多元化与多样性体育需求的目的。社区居民体育需求的畅通表达能够使城市社区公共体育服务主体及时掌握居民的需求信息，提高公共体育服务供给的针对性与合理性。

4.2.3.4　城市社区公共体育资源经费因子

城市社区公共体育资源经费因子主要包括公共体育服务相关物质资源的投入情况、社会体育指导员与体育管理者等人力资源的开发、社区公共体育经费的投入情况。城市社区公共体育资源经费能够为城市社区公共体育服务系统的演进提供充足的养分，公共体育服务相关物质资源的投入能够改善公共体育服务场地设施、健身器材等物质条件，社会体育指导员与体育管理者等人力资源的开发能够提高体育健身指导与公共体育活动开展情况，一定的经费投入能够为公共体育服务供给提供必要的资金保障。

4.2.3.5　城市社区公共体育服务制度建设因子

城市社区公共体育服务制度建设因子主要包括公共体育服务制度的制定与执行情况、公共体育服务评价考核情况。公共体育服务制度的制定能够为城市社区公共体育服务系统建设提供政策支持与法律保障，公共体育服务制度的执行与落实能够推动城市社区公共体育服务系统建设的有序开展，公共体育服务评价考核情况能够反馈公共体育服务系统存在的问题与不足，为进一步整改与发展提供参考。

4.2.3.6　社会经济文化环境因子

社会经济文化环境因子也是影响城市社区公共体育服务系统非平衡演进的重要因素之一。首先，社会经济发展状况与城市社区公共体育发展情况呈现一定的相关关系。环顾世界各国公共体育服务状况，不难发现，社会经济发展实力较强的国家的公共体育服务建设情况也相对较好，例如欧美等发达国家公共体育服务发展所取得的成绩得到了学术界的认可。其次，社会文化环境也对城市社区公共体育服务系统发展具有一定的影响。例如，社会价值观念、传统文化习俗等能够影响人们对于公共体育服务系统建设的观点与看法。

4.3　城市社区公共体育服务系统非平衡演进的问题解析

4.3.1　城市社区公共体育服务系统开放不足

自组织理论认为，开放是系统发生自组织行为、实现非平衡演进的重要条件之一。只有处于开放条件下，系统才能够不断地与外界环境进行物质、能量以及信息的交换，实现从混沌无序的平衡态跃迁为时空或功能上的一种新的有序结构。如若系统开放性不足，则近似于孤立系统，系统与外界环境之间的熵交换极其微弱，将逐渐趋于混沌无序的平衡态。根据熵增原理，这种熵交换产生的负熵流难以抵消系统内部产生的熵，系统总熵不断增加，系统的结构状态日趋无序、功能逐渐丧失。对于城市社区公共体育服务系统而言，同样如此。在计划经济时期，政府部门承担着群众体育的发展，并集生产、供给、监督等于一身。随着国家政治经济体制改革的逐步推进，社会环境发生重大变化，市场经济体制开始逐步确立，社区居民生活水平不断提高，公共体育需求逐渐多样化。在这种背景下，政府的单一供给模式难以满足广大社区居民体育增长的公共体育需求。因此，政府部门应当适度调整城市社区公共体育服务系统的开放程度，不断从外部环境中汲取发展所需的体育场地设施、活动经费、体育专业人才等，并应积极吸引市场主体、社会主体以及社区居民参与到公共体育服务系统的建设中来，构建多元化的供给主体体系，从而实现从"划桨者"向"掌舵者"的转变，进而更好地为城市社区居民提供优质的公共体育服务。但是，事实并非如此，城市社区公共体育服务系统的开放性不足，致使系统表征为"公共体育服务资源相对短缺、供给主体较为单一"的平衡态，城市社区公共体育服务系统动态交流的"活"的非平衡结构状态尚未形成，难以自组织地有序演进。

4.3.1.1 城市社区公共体育服务资源相对短缺

由于城市社区公共体育服务系统开放不足，公共体育服务所需的相关资源难以有效地流通，致使公共体育服务资源相对短缺。这种相对短缺的现象和城市社区公共体育服务系统开放不足的情况长期存在，并未得到根本改变，致使公共体育服务资源的发展状况难以打破原来的发展态势，一直处于"相对短缺"的平衡态。以大型体育场馆为例，因各大赛事而修建的大型体育场馆在比赛结束之后，用于社区居民体育锻炼的比例相对较低，多数场馆处于闲置荒废状态。究其原因，主要由于大型体育场馆的运营成本较高，地方政府财政支出压力较大，但是政府部门又牢牢掌控着大型场馆的管理权，不愿在保障公益性的前提下争取社会资本参与运营，导致了大型体育场馆的闲置与荒废，在一定程度上加剧了城市社区公共体育服务资源的短缺程度。案例一就是一个例子。

案例一：多地体育场馆闲置惹人忧　数亿投资灰飞烟灭痛心扉 ①

安徽省巢湖市体育中心是一个定位为能承接省内各种田径赛事的主体育场。但如今，一万多平方米的场地里已经长满了各种杂草，种满了各式各样的蔬菜和农作物，只有一条红色的环形跑道还在提醒人们，这里原本应该是一个体育场。住在附近的居民张鸿鑫说，这座体育场 2009 年开始建成一个跑道，之后就一直废弃着，大家看着地荒着实在可惜，于是就纷纷种起了菜。有意思的是，当地的体育局局长在面对记者的提问时却表示对此并不知情，并表示规划部门正在重新做规划，他们将派人处理菜地。

重庆大田湾体育场是新中国第一个甲级体育场，1951 年，在贺龙的主持下修建，占地面积 12 万平方米，是建国初期重庆十大建筑之一，曾是中国足球俱乐部前卫寰岛、重庆隆鑫与重庆力帆。现在，由于缺乏必要的维护管理，一直处于荒废状态，场地看台与跑道等严重损坏。

此外，还有沈阳绿岛体育中心仅使用 9 年即被拆除，此前一直荒废，甚至沦为仓库。南京投资 5 个亿的国家赛马场除了承办过十运会赛事外，基本再未使用，荒废至今。

4.3.1.2　城市社区公共体育服务主体相对单一

城市社区公共体育服务系统开放不足，致使公共体育服务主体长期呈现出"相对单一"的平衡态。对江苏省、山东省部分城市社区的调查显示，在供给主体方面，51.2% 的社区拥有"社区文体中心或健身站点"，31.9% 的社区拥有"体育协会等公益性体育组织"，34.0% 的社区拥有"经营性体育组织"，拥有"居民自发体育组织"的社区比例为 36.3%。社区居委

---

① 多地体育场馆闲置惹人忧 ［EB/OL］.［2020-11-05］. http://sports.huanqiu.com/special/tycx2.

会及上级单位兴办的"文体中心或健身站点"仍是城市社区公共体育服务的主要供给主体，"公益性体育社团""经营性体育俱乐部或企业"以及"居民自发体育组织"的参与比例偏低，公共体育服务供给主体仍较为单一。此外，调查还显示，政府部门在"发展市场组织""培育体育社团""征求居民建议"等方面的积极程度仅为"一般"，说明政府并未积极地发展其他供给主体，并未将某些方面或部分领域的公共体育服务交由其他供给主体提供，其"划桨者"的角色并未完全转变，也在一定程度上反映了城市社区公共体育服务系统的开放性不足，"政府统筹、社会协同、市场支持和群众广泛参与"的非平衡结构状态尚未形成，难以实现有序演进。正如下文的案例二，社区体育社团受制于政府的"法律合法化"，存在着身份认同困境，难以有效地进入公共体育服务领域，参与公共体育服务系统建设。

案例二：社区草根组织的困境[①]

草根体育组织虽然能在社区体育服务中发挥重要作用，得到社区居民的认可，具备一定的社会合法性，但是却难以获得法律上的合法性。它的发展状态总是游离在体制边缘，难以享受体制内相关经费、人才等资源。究其原因，主要是现行的民间组织管理的"双重管理体制"使其登记许可面临双重门槛，很难通过注册获取法律合法性，因此导致草根体育组织获制度化资源的渠道不畅，往往将注意力集中在维系自身的生存上，严重制约了它们在公共体育服务系统建设中的"资源动员能力、组织协调能力与服务供给能力"。

---

① 汪流，李捷. 社区草根体育组织：生存境遇及未来发展 [J]. 武汉体育学院学报，2011，45（2）：17—21.

4.3.2　城市社区公共体育服务系统联系断裂

从应然的视角讲，城市社区公共体育服务系统非平衡演进的实质是各子系统或要素之间存在着相互依存、相互制约的某种联系，这种联系不是简单的、相对的、单一的联系，而是一种复杂的联系网络。在这种客观存在的复杂的联系网络作用下，城市社区公共体育服务各子系统协同运动、共同作用，使城市社区公共体育服务系统宏观上形成动态交流的非平衡结构状态的同时，推动系统有序演进。然而，城市社区公共体育服务系统发展的实然状况并非如此，各子系统或要素之间存在着沟通困难、联系不畅等现象，致使城市社区公共体育服务系统联系网络发生断裂，动态交流的非平衡结构状态难以形成，严重影响城市社区公共体育服务系统的有序演进。

4.3.2.1　城市社区公共体育服务主体之间沟通不畅

从应然的视角讲，城市社区公共体育服务的主体理应呈现出多元化特征，不仅包括各级政府、体育主管部门，而且在城市社区公共体育服务供给的具体实践中，还涉及诸如财政局、教育局、规划局等其他行政部门，以及参与公共体育服务系统建设的市场组织、企业单位、体育社团、社区居民等相关主体。因此，城市社区公共体育服务主体是一个多元化、多层次、复杂的联动系统，不仅包括纵向上不同层次之间的主体，诸如上下级关系的政府部门，而且还有横向上的同一层次上主体，诸如同级的财政局、教育局、规划局等。城市社区公共体育服务各主体之间的有效沟通不仅可以使主体子系统形成动态交流的非平衡结构，而且可以使他们明晰责任、合理定位、有效整合资源，达到"资源配置最优化、管理工作最规范、服务效益最大化"的效果，推动城市社区公共体育服务系统有序演进。然而，城市社区公共体育服务主体之间长期存在着交流沟通障碍，致使其状态表征呈现出"沟通不畅"的平衡态。这种沟通困难则主要表现在纵向上的上下级之间、横向上的同级部门之间。

（1）城市社区公共体育服务主体纵向沟通之困

在城市社区公共体育服务建设过程中，国家主要采取自上而下的组织机制，这种组织机制主要表现为中央政府部门制定的规则制度、发展方针等，逐级传达执行，形成城市社区公共体育服务主体的纵向联系链条。城市社区公共体育服务主体的纵向沟通互动不仅可以提高下级体育管理部门对城市社区公共体育服务建设相关政策法规与发展方针的认识，而且可以对下级体育行政部门起到一种督促作用，促进其积极开展城市社区公共体育服务建设工作。一般而言，国家提出大力推进公共体育服务之后，各级政府都会以召开各种会议的形式，对相关政策方针、具体要求等进行宣讲培训，并与下级体育部门交换意见。例如，国家体育总局在《体育事业发展"十二五"规划》中提出，"十二五"时期群众体育的发展目标是"强化公共体育服务职能，建立完善全民健身公共服务体系，切实保障广大人民群众参加体育活动的权利"。① 随后，在 2011 年底召开的全国体育局长会议上，国家体育总局局长刘鹏作了大会主题报告，他指出该次会议的主题是"努力构建公共体育服务体系，以改革创新精神推动体育强国建设"，并要求"要以构建公共体育服务体系为目标，为广大群众提供更多更好的体育基础设施和服务。……使体育成为强身健体、愉悦精神、提升生活质量、实现全面发展的重要手段，成为小康生活的重要内容"。② 参加该次会议

---

① 体育事业发展"十二五"规划［EB/OL］.［2011-04-01］. http：//www.sport.gov.cn/n16/n1077/n1467/n1843577/1843747.html.

② 刘鹏局长在全国体育局长会议上的讲话［EB/OL］.［2013-01-04］. http：//www.sport.gov.cn/n16/n1077/n1467/n3670964/n3671192/3708811.html.

的单位主要包括国家体育总局各司局、各中心，各省区市体育系统，新疆建设兵团、总参、总政体育部门，中组部、全国总工会、团中央、国家发改委、教育部等中央机关以及各行业体协和体育运动学校的代表。① 地方政府也多采用会议的形式与下级单位之间进行沟通。例如，江苏省于 2013 年 7 月召开"全省基本公共体育服务体系建设推进会"。曹卫星副省长出席并在讲话中要求："各地各有关部门要切实担负起发展基本公共体育服务的责任，加快构建惠及全民、公平公正、水平适度、可持续发展的基本公共体育服务体系。"② 除了采用会议形式外，上级部门还经常深入到下级体育行政单位，实地调研、考察，并进行沟通交流，了解在公共体育服务建设中存在的问题与困难等。

虽然，在国家层面、省级体育行政单位以及地区级体育行政单位之间，纵向沟通较为通畅。但是，在城市社区公共体育服务建设的基层单位，如街道办、社区居委会等，上级单位与他们的沟通与交流则显得较为困难，长期存在沟通不畅的现象。究其原因，主要是由于街道办、社区居委会等基层单位行政事务繁杂，对于公共体育服务建设无暇以顾，再加上历来社区体育工作得不到重视，造成公共体育服务建设工作常被忽视。相关研究表明，"街道办事处是与城市居民生活直接发生联系的最基层的管理机构，政府各职能部门任务范围之内的工作都可以交给街道办事处去做，城市管理工作最后都由街道办事处具体执行。繁杂的日常工作已使其不堪重负。因此，在社区体育方面难以有所作为。……在现实中，居委会集自治管理、

---

① 　2012 年全国体育局长会议在北京隆重召开［EB/OL］.［2011-12-27］.http：//www.sport.gov.cn/n316/n341/n11003/c246912/content.html.

② 　江苏省推进基本公共体育服务体系建设［EB/OL］.［2013-07-13］. http：//www.sport.gov.cn/n14471/n14481/n14518/c697166/content.html.

行政管理、社会服务、经营管理于一身，成为职能繁多、功能混杂的全能型组织，是附属于街道办事处的'政府的腿'。许多不应由社区居委会担负的任务都要落到居委会的头上，使其更加不堪重负。社区居委会真正成为了'上面千条线，下面一根针'的针眼，大大小小的事情都要通过这个'针眼'去具体组织落实。社区居委会变成了事实上的'准政府'，甚至是全能的'超级政府'"。[①] 由此可见，街道办与社区居委会等基层单位受制于繁重的行政事务，对于公共体育服务建设力不从心，在一定程度上造成了公共体育服务主体纵向沟通的困境，影响了城市社区公共体育服务系统建设工作的有序推进。

（2）城市社区公共体育服务主体横向交流之难

城市社区公共体育服务主体的横向交流主要是指处于同一层次或同一级别的相关主体之间的交流与互动。如前文所述，城市社区公共体育服务主体是一个多元化、多层次、复杂的联动系统，既需要纵向上的不同层次主体之间的配合，又需要横向上同一层次主体之间的协作。城市社区公共体育服务主体的这种复杂性是由公共服务系统本身的复杂性决定的。众所周知，城市社区公共体育服务系统是一个复杂的巨系统，这一系统的建设不仅仅是提供健身指导、组织体育活动、开展健身咨询等，而且还涉及到相关财政预算、体育场地的规划设计与审批、相关政策法规的制定与执行等，其复杂程度可见一斑。因此，科学推进城市社区公共体育服务系统建设工作，不仅需要纵向上上下级部门的通力合作，还需要横向上不同部门之间协调配合。2009 年颁布的《全民健身条例》明确规定："全民健身计

---

① 任大方.对我国城市社区体育基层组织发展停滞现象的研究——以社区居民日常参与的体育活动组织为例［J］.中国体育科技，2007，43（3）：41—46.

划由县级以上人民政府体育主管部门会同有关部门组织实施。县级以上地方人民政府应当加强组织和协调，对本行政区域全民健身计划实施情况负责。"[1] 国家体育总局刘鹏局长也多次强调在推进公共体育服务建设过程中横向主体协作配合的重要性，他认为，"全民健身事业是一项保障百姓生活的重要民生工程，它影响着百姓生活的幸福感，同时又涉及城市建设、国土资源、教育等多个政府部门，仅依靠体育主管部门一家单位是难以完成的。"在 2013 年 12 月 26 日举行的《中华全国体育总会八届六次常委会会议》上，刘鹏局长再次强调："全民健身是一项社会事业，是一项系统工程，仅靠体育部门一家是不能做好的，仅依赖政府部门也难以满足社会各方面的健身需求。纵观世界各国大众体育体制的发展进程，多部门配合、全社会协作、充分利用民间力量的'大群体'管理体制已经取得成效并成为一种改革创新的选择。"[2] 因此，在城市社区公共体育服务系统建设过程中，不仅应重视纵向上不同层次主体之间的交流配合，同时还应强调横向上同一层次主体之间的沟通协作。

　　然而，城市社区公共体育服务主体横向交流的实然表征与应然状态存在着一定的差距，同一层次主体之间的交流协作存在着一定的困难，并且这种交流困难长期存在，表征为"交流困难"的平衡态。以体育活动经费为例，《全民健身条例》规定，"县级以上地方人民政府应当将全民健身事业纳入本级国民经济和社会发展规划，有计划地建设公共体育设施，加大对农村地区和城市社区等基层公共体育设施建设的投入，促进全民健

---

[1]　全民健身条例 [EB/OL].[2009-08-30]. http://www.baike.baidu.com/item/%E5%85%A8%/fr=aladdin.

[2]　刘鹏部署 2014 年工作：凝聚力量 建设体育强国 [EB/OL].[2013-12-31]. http://sports.people.com.cn/n/2013/1231/c22155-23984619.html.

身事业均衡协调发展。……，县级以上人民政府应当将全民健身工作所需经费列入本级财政预算，并随着国民经济的发展逐步增加对全民健身的投入。"① 然而，现实中的全民健身体育活动经费纳入政府预算不到位，这一状况的产生与体育主管部门和地方政府财政部门之间缺乏有效的交流沟通不无关系。

案例三：全民健身因地方财政不拨款搁浅 ②

西部某省体育局负责人在落实《全民健身条例》情况汇报会上表示，该省下一年度的体育经费预计是零增长。而依照《全民健身条例》，地方政府应当为全民健身计划的落实提供经费预算。这名负责人表示，作为一个经济欠发达的西部省份，当地政府对体育工作不重视的传统由来已久。该省为明年即将举行的省运会仅拨款 60 万元办赛经费，这让体育局一筹莫展。当地政府对竞技体育尚且如此，在推进全民健身事业上，体育主管部门更不敢奢望能得到更多支持。

在这次座谈会上，不少地方体育局负责人提出了这样一个想法，就是体育主管部门需要花更多的精力去打动地方政府主要领导，以博得地方政府对全民健身事业的重视。某省体育局负责人表示："现在，地方上需要落实的各项法律、法规很多，地方政府需要考虑的各种民生工程也很多。在这么多的工作当中，地方政府也很难做到'十个指头一般齐'。"言下之意，在《全民健身条例》的落实上，地方体育主管部门感到有难度、有压力。

虽然《全民健身条例》以立法形式确定了我国公民的健身权利，为公民提供体育健身的条件是政府实践社会服务功能的一个重要体现。但现在，一些地方

---

① 全民健身条例［EB/OL］.［2009-08-30］. http://baike.baidu.com/item/%E5%85/fr=aladdin.

② 全民健身因地方财政不拨款搁浅［N］.中国青年报，2009-12-13（05）.

政府领导还是认为，推进全民健身事业的发展只是体育主管部门一家单位的事。

刘鹏局长表示，依照《全民健身条例》，公民的健身权利是和公民接受教育、享受医疗等社会服务一样的基本权利。体育主管部门负有落实公民健身权利的职责，但最关键的还是需要各级政府部门的重视和支持做保障。全民健身事业是一项保障百姓生活的重要民生工程，它影响着百姓生活的幸福感，同时又涉及城市建设、国土资源、教育等多个政府部门，仅依靠体育主管部门一家单位是难以完成的。

同样，在学校体育场馆开放问题上，也存在着城市社区公共体育服务主体横向上的交流困难，并且这种困难长期存在，尚未得到根本解决。虽然《全民健身条例》中明确规定："公办学校应当积极创造条件，向公众开放体育设施；国家鼓励民办学校向公众开放体育设施。县级人民政府对向公众开放体育设施的学校给予支持，为向公众开放体育设施的学校办理有关责任保险。"[1] 但是，目前学校体育场馆的开放率相对较低，这种状况在一定程度上与体育主管部门和教育部门的沟通不畅有直接关系。体育主管部门要求学校按照国家规定适时开放，而教育部门则以学生安全问题、场地维修费用等问题拒绝开放，双方就此难以达成共识，不仅造成了学校体育场馆的闲置与浪费，而且影响了城市社区居民体育活动的开展。

案例四：学校体育场市民难进入 [2]

住在漳州师院附近的张女士平时想去师院的田径场跑跑步，但是在师院大门口常常就被拦住不让进，田径场的管理人员表示，该场地不对外人开放，拒绝她进入。漳州师院田径场四周用铁网进行了隔离，入口处还贴

---

[1]　全民健身条例 [EB/OL]．[2009-08-30]．http://baike.baidu.com/item/%E5%85/fr=aladdin.

[2]　学校体育场市民难进入 市体育局称决定权在校方 [EB/OL]．[2011-06-23]．http://www.news.sohu.com/20110623/n311415462.shtml.

着一份《田径场管理规定》，规定场地只对学校师生员工开放，校内师生员工需凭证出入，以备管理人员核查，外来人员不得入内。学校办公室的工作人员表示，师院校内体育场所除了一些露天的篮球场对外开放外，其他均不对外开放。

学校运动场是否该对市民开放？漳州市体育局群众体育科的李科长表示，学校的运动场地是国家投资建设，属于公共运动场地，有开放的义务，但在实际操作上，开不开放最终还是由学校决定。李科长说："学校比较特殊，涉及到学生的安全以及学校的财产问题，不可能对社会开放。"

李科长透露，2009 年福建省出台过一个学校体育设施对市民开放的试点学校的规定，但是试行不久还是以失败告终。"没办法，学生安全为重。市体育局也多次与教育局、学校等教育部门协商，呼吁多开放运动场所。但教育部门主要担心学生安全、公物爱护、卫生管理等问题。而且出现过一些市民在进行体育锻炼时和学生发生冲突的事情。所以这个议题就一直搁浅。"李科长说，只有政府加强建设和管理、教育部门支持配合开放工作，同时市民也要做好自我约束，多方面配合，才能够有效促进漳州市运动场地建设和使用。

4.3.2.2 城市社区公共体育服务主体与服务对象联系不足

城市社区公共体育服务系统建设状况如何，不应是城市社区公共体育服务主体自建自评，而应该以是否符合或满足城市社区公共体育服务对象的要求为主要标准。城市社区居民及其公共体育需求是城市社区公共体育服务的对象，应该以是否满足城市社区居民的公共体育需求为衡量城市社区公共体育服务系统建设效果的主要标准。如前所述，城市社区公共体育服务对象的需求不仅是城市社区公共体育服务系统建设的出发点而且也是其归宿点。正如国家体育总局《体育事业发展"十二五"规划》所强调的"以满足人民群众不断增长的体育需求为宗旨，……强化公共体育服务职能，建立完善以全民健身设施建设、组织建设、活动开展、健身指导、科学评估等为主要内容的全民健身公共服务体系。"① 因此，城市社区公共体育服务系统建设若要取得良好的效果，城市社区公共体育服务主体应加强与城市社区公共体育服务对象之间的沟通联系，切实了解其公共体育需求。在此基础上，建设基于公共体育需求的城市社区公共体育服务系统。唯有这样，才能真正做到"以满足人民群众不断增长的体育需求为宗旨"，才能"切实保障广大人民群众参加体育活动的权利"，才能形成动态交流的"非平衡结构"，推动系统自组织地有序演进。

　　然而，在城市社区公共体育服务系统的建设实践中，城市社区公共体育服务主体与服务对象之间的联系沟通并不理想，社区居民的公共体育需求难以有效表达的现象长期存在，呈现出"沟通不畅"的平衡态。究其原因，主要是由于城市社区公共体育服务主体存在"自利性"，"这种自利性往往凌驾于公共利益之上。具体表现在提供公共体育服务的过程中，会从突出自身政绩出发，脱离市民的现实需求，集聚公共体育资源搞'形象工程'，而不是基于市民公共体育需求来提供公共体育服务"② 此外，城市社区公共体育服务主体"在提供公共体育服务时，还没有建立起全方位收集市民体育需求和建议的渠道，缺少公共体育服务决策与市民体育诉求互通的平台，出现公共体育服务供给与市民需求在信息上的不对称，即市民的体育需求以及不同人群、不同时期有哪些体育需求，决策者们并不十分清晰，

---

　　① 体育事业发展"十二五"规划［EB/OL］.［2011-04-01］. http：//www.sport.gov.cn/n16/n1077/n1467/n1843577/1843747.html.

　　② 曹可强.论政府公共体育服务供给的需求导向——以上海市为例［J］.成都体育学院学报，2011，37（11）：1—4.

仅是按照自己的偏好和现实的体育资源优势确定公共体育服务的内容。所以，公共体育服务并没有也不能体现市民的体育需求。"① 例如，笔者对江苏、山东两省部分城市社区公共体育活动组织情况的调查显示，在"城市社区体育活动组织形式"方面，城市社区举办"综合性运动赛事"的比例为34.8%，组织"单项体育竞赛"的比例为27.3%，举办"体育科普类活动"的比例为21.1%，"趣味性体育活动"的比例为23.8%，"传统体育项目"的比例为20.9%。举办体育活动的排序依次为"综合性运动赛事""单项体育竞赛""体育科普活动""趣味性体育活动""传统体育项目"。而在"城市社区居民希望参与的体育活动"方面，"综合性运动赛事"的选择比例为34.2%，"单项体育竞赛"的比例为37.6%，"体育科普类活动"的选择比例为81.9%，"趣味性体育活动"的比例为67.1%，"传统体育项目"的比例为59.2%。社区居民希望参与的体育活动的排序是"体育科普类活动""趣味性体育活动""传统体育项目""单项体育竞赛"和"综合性运动赛事"。两者之间呈现出一定的差异性，在一定程度上说明在公共体育活动组织方面，城市社区公共体育服务主体与服务对象交流不足，出现"联系断裂"问题。

4.3.3 城市社区公共体育服务系统供需失衡

改革开放以来，国家日益重视公共体育事业，公共体育事业经费投入不断增加。相关研究表明，自1998年起，体育事业经费支出以年均20.1%的速度保持增长。1998年，体育事业共支出经费534765万元。2008年，体育事业经费支出达到3327020.6万元，2008年的体育事业经费支出是

---

① 曹可强.论政府公共体育服务供给的需求导向——以上海市为例[J].成都体育学院学报，2011，37（11）：1—4.

1998 年体育事业经费支出的 6.22 倍。[①] 随着公共体育事业投入的不断增加，我国公共体育服务也取得了一定成绩，广大居民的健身场地设施、健身指导、健身环境都有较大幅度的提高。但是，总体而言，公共体育服务系统建设仍未能满足广大居民的体育健身需求。国家体育总局在《体育事业发展"十二五"规划》中明确指出，"十二五"时期，"广大人民群众日益增长的体育需求和社会体育资源相对不足之间的矛盾，仍然是我国体育事业发展中的主要矛盾。特别是在群众体育领域，政府提供的公共体育服务不足，体育场地设施建设、组织体系建立、科学健身指导等诸多方面与广大人民群众的需求存在较大差距，已经成为我国在建设体育强国过程中的基础性薄弱环节。"[②] 在城市社区公共体育服务系统建设方面，同样存在着供给与需求之间的矛盾。这种长期存在的供需矛盾致使城市社区公共体育服务系统呈现出"供需数量失衡、供需质量失衡与供需结构失衡"的平衡态。

4.3.3.1　城市社区公共体育服务供需数量失衡

城市社区公共体育服务供需数量失衡主要是指城市社区公共体育服务供给总量不足，难以满足城市社区公共体育服务对象的需求，具体表现主要是"社会体育指导员""健身场地实施""体育活动组织"等方面的供给数量难以满足城市社区居民的体育需求。就"社会体育指导员数量"而言，相关研究显示，1995 年，我国平均每万人拥有 0.02 名社会体育指导员，1996 年，平均每万人拥有 0.49 名，1999 年，平均每万人拥有 1.19 名，2001 年，平均每万人拥有 1.57 名。截止到 2009 年，我国各级各类社会体育指导员

---

①　李丽，张林.体育事业公共财政支出研究［J］.体育科学，2010，30（12）：22—28.

②　体育事业发展"十二五"规划［EB/OL］.［2011-04-01］. http://www.sport.gov.cn/n16/n1077/n1467/n1843577/1843747.html.

人数已达 1092913 人，平均每万人拥有 8.19 名社会体育指导员。[①]而日本早在 1994 年则达到每 2000 人拥有 1 名社会体育指导员。由此可见，我国社会体育指导员的总量和人均水平均较低，远远落后于近邻日本。笔者对江苏、山东两省城市社区公共体育指导情况的调查显示，城市社区居民接受过"专业社会体育指导员指导"的比例仅为 14.2%。在"体育场地设施"方面，第 5 次全国体育场地普查数据显示，目前我国的各类体育场地数量为 85 万，占地总面积为 22.5 亿平方米，场地面积为 13.3 亿平方米。平均每万人拥有体育场地 6.58 个，人均体育场地面积仅为 1.03 平方米，[②]场地设施的总体状况远远落后于欧美等发达国家。就"城市社区体育场地设施"而言，陈新生等对我国 12 各大中城市 60 个社区的调查显示，北京市 8 个城近郊区 63.5% 的街道办没有体育场地设施，其余的 36.5% 的街道办也只有乒乓球室、棋牌室、门球场等小型场地；郑州市有 70% 的居民小区（尤其是老城区、单位住宅区）没有正规的体育场地设施。[③]笔者对江苏、山东两省"简易体育设施的普及程度"的调查显示，认为城市社区简易体育器材设施普及程度"很高"的比例为 8.2%，而认为普及程度"低"的比例为 28.1%。此外，笔者通过对国家体育总局 1996 年、2001 年和 2007 年组织开展的三次群众体育调查比较发现，体育场地设施缺乏一直是影响居民参与体育锻炼的主要原因。[④]综上所述，城市社区公共体育服务供需数量

---

① 刘亮.我国体育公共服务均等化的现状——基于资源配置的多维度分析［J］.武汉体育学院学报，2012，46（12）：5—9.

② 第五次全国体育场地普查数据公报第五次全国体育场地普查数据公报［EB/OL］.http：//www.sport.gov.cn.

③ 陈新生，楚继军.城市社区休闲体育公共服务的现状与对策［J］.武汉体育学院学报，2011，28（1）：29—33.

④ 李国，孙庆祝，刘超.我国三次群众体育服务现状调查比较研究［J］.沈阳体育学院学报，2013，32（2）：27—31.

失衡的发展状态长期存在,一直未能发生根本改变,呈现出"供需数量失衡"的平衡态,严重影响了社区居民体育运动的开展。正如下面的案例,由于缺乏体育场地设施,社区居民竟然在高速路上进行健身锻炼,这一事件值得人们深思。

案例五:小区缺少活动场所,千余居民在高速路上健身 [①]

芍药居小区住着 3 万多居民,却一直被健身无去处的问题所困扰。由于极度缺少公共活动场所,每天,有近千名居民涌上一段近两公里长的高速公路,形成了一处罕见的"高速路健身场"。每当晚饭过后,夜色降临,如织的人群陆续从芍药居小区走出来,踏上了位于四环望和桥的京承高速路。借着灯光,看到整条路上人头涌动,孩子们嬉闹玩耍,老人们谈天散步,情侣们依偎私语。此刻,望和桥巨大的桥梁跨在人们头顶,汽车飞驰而过。

72 岁的王大爷介绍说,附近的芍药居小区没有公共活动场地,居民们无处可去。"你看那么多楼,里面实在是太挤了。来这儿散步的居民每天早晚都很多,如果赶上天气热和节假日,人更多。保守估计,每天早、晚有上千人在高速公路锻炼、休闲。"据了解,芍药居北里现有健身小广场 3 处,但规模都太小,远远不能满足大家的需求。

4.3.3.2　城市社区公共体育服务供需质量失衡

城市社区公共体育服务不仅存在着供需数量失衡,而且存在着供需质量失衡。这种供需质量失衡主要表现为公共体育服务的质量与城市社区居民对公共体育服务质量的要求之间存在着一定的差距。实际上,城市社区公共体育服务质量不高的实然状况长期存在,也未得到根本整治,呈现出

---

① 小区缺少活动场所,千余居民在高速路上健身 [EB/OL].[2006-09-25].http://news.sina.com.cn/s/2006-09-25/0106/00976795.html.

"供需质量失衡"的平衡态。以体育场地设施为例,笔者调查显示,在"城市社区简易体育器材设施质量"方面,"完好无损"的比例为27.6%,"个别损坏"的比例为44.9%,"多数损坏"的比例为15.4%,"其他情况"的比例为12.1%。在"简易体育器材设施的维护"方面,"经常维护"的比例为24.8%,"偶尔维护"的比例为38.2%,"从不维护"的比例为26.7%,"其他情况"的比例为10.3%。由此可见,城市社区简易体育器材设施的质量不高,损坏情况比较严重,并且没有很好地得到必要的维护,对于城市社区居民正常的健身活动造成了一定的影响。例如,在下面的案例中,社区健身器材长期存在着"残'臂'断'腿'、超期'服役'、不符合国家标准"等现象,不仅未能发挥健身锻炼的作用,反而成为了伤人的"利器"。因此,在今后的工作中,应重视提高城市社区公共体育服务质量,努力打破公共体育服务"供需质量失衡"的平衡态,促进城市社区公共体育服务系统形成动态交流的非平衡结构状态,进而推动系统自组织地有序演进。

案例六:公益性健身器材损坏严重[①]

健身器材设施进入社区,深受百姓欢迎,但一些市民没有掌握科学的健身方法,加之有关部门对健身设施管理不到位,一些器材损坏情况严重,缺乏有效维护,成为伤人的"杀手"。

一是健身器材残"臂"断"腿"现象严重。在一些社区,有些健身器材与地面连接的螺母已经松动,稍用劲一推,就会晃动。如一台"三位扭腰健身器"的室外器材,其3个转动式的站立转盘,两个已损坏。其中一个上部的注塑型转盘已经不见踪影,另一个的塑料转盘中心也因长期使用

---

① 公益性健身器材损坏严重 期盼加强管理维护[EB/OL].[2009-08-28].http://www.gsiic.com.cn/Article/200908/200908285926-95678.html.

而磨穿，且可轻松取下，裸露出内部的腐朽木板。据了解，这些损坏的健身器材搁置已久，至今无人修理。

二是超期"服役"埋隐患。早已超过强制性国家标准规定安全使用寿命期的健身器材，至今仍在继续使用。如 2002 年出厂的一台"组合式儿童运动器材"，按强制性国家标准规定，该产品安全使用的寿命期为 4 年，至今已使用 7 年，损坏状况严重，但是现在仍有不少儿童在攀爬玩耍。

三是部分器材未达标。部分健身器材存在不符合国家标准，并且无法追踪生产厂家信息、注册商标等问题。例如，一台名为"单立柱双位儿童坐姿秋千摆动式器材"，其脚踏杆底部距其运动地面之间的距离不足 80mm，不符合国家标准的相关规定。已有多名儿童在该器材上健身时导致脚步受伤。另一台名为"腰背按摩器"的室外健身器材，不仅按摩轮已损坏，按摩支架也彻底断裂，而且无任何可追溯信息，属于典型的"三无产品"。

按照相关规定，健身器材的管理原则是"谁接收谁管理"。目前，公共场所的一些健身器材大多由体育部门专项资金建设。而体育部门认为，他们只负责项目审批、器材购置和安装，此后的管理和维修应由受赠单位负责。而作为受赠单位的社区，往往因缺少管理资金而无力维修，因此，造成了健身器材质量低下、事故频出。

4.3.3.3　城市社区公共体育服务供需结构失衡

城市社区公共体育服务供需结构失衡主要是指公共体育服务的供给结构与城市社区居民的体育需求结构之间存在差异。同样，城市社区公共体育服务供需结构失衡的实然状态也长期存在，未曾发生根本变化，呈现出相对静止或相对不变的平衡态。在国民经济高速发展、社会生活水平不断提升的情况下，城市社区居民的公共体育需求呈现出多样化的特征。调查显示，在"城市社区居民体育需求"方面，城市社区居民对于"体育场地设施类需求"的比例为79.4%，"运动参与类需求"的比例为74.2%，"健身指导类需求"的比例为63.5%，"体质监测类需求"的比例为48.1%，"体育休闲娱乐类需求"的比例为77.9%，"体育政策法规类需求"的比例为45.6%，"体育信息咨询类需求"的比例为48.8，"其他类需求"的比例为35.1%。不难发现，城市社区居民不仅对于运动参与、健身指导、体质监测等呈现出一定的热情，而且对于体育休闲娱乐、信息咨询等也颇为推崇。然而，现实中的城市社区公共体育服务供给结构却相对单一，难以满足社区居民的多样性需求，造成了城市社区公共体育服务长期处于供需结构失衡的平衡态。以城市社区公共体育活动组织情况为例，调查发现，城市社区公共体育活动的主要形式是以强调竞技性的"综合性运动赛事"与"单项体育竞赛"为主，而城市社区居民则更希望参与一些具有"科学性""娱乐性""地方特色"的体育活动，两者之间呈现出一定的差异性。同样，在城市社区居民健身指导方面，也存在类似的问题，主要表现为社会体育指导员的专业技能相对单一，难以满足城市社区居民多样化的健身需求。

案例七：社会体育指导员技能单一 难以满足居民健身需求 ①

在石家庄平安公园湖边的一片空地上，可以看到大约有百余名中老年人正分成几组，或跳健身舞，或舞太极扇。几个队伍前面的领头人就是社会体育指导员，只见他们一招一式都非常专业，不时停下来对队伍里的人手把手地单独指导。但是在健身器材区，多数锻炼者却各行其是，动作五花八门。正在打羽毛球的韩女士说："像健身舞、太极扇这样的活动表演

---

① 谁阻碍了市民的健身路？［N］. 中国消费报，2010–09–03（07）.

性太强，自己感觉不太适应。但是想进行别的项目的锻炼，又没有人进行专业的组织与指导，所以只能自己跟着感觉走。"像韩女士这样进行锻炼的人不在少数。

据走访调查，目前社区体育指导员相对较少，多数社会指导员将指导的重点都放在自己喜欢、擅长的体育项目上，指导的项目相对集中、单一，造成了目前社会体育指导员的健身指导服务难以满足社区居民多样化的体育需求的问题。

4.3.4　城市社区公共体育服务系统监督疲软

在现代汉语中，监督一词主要是指察看并加以管理。在管理学中，监督是指管理主体为获得较好的管理效益，对管理运行过程中的各项具体活动所实行的检查审核、监督督导和防患促进的一种管理活动。对于城市社区公共体育服务系统建设而言，公共体育服务监督是确保城市社区公共体育服务主体实现公共体育服务系统建设目标、提高公共体育服务效率的重要手段与主要途径。完善的监督机制不仅是城市社区公共体育服务系统建设的重要内容，而且是城市社区公共体育服务系统良性运行的重要保障。在城市社区公共体育服务系统建设推进的过程中，国家十分重视公共体育服务监督机制的建设，并初步形成"自上而下、由内而外"的公共体育服务监督体系，在一定程度上促进了城市社区公共体育服务系统建设的有序开展。但是，由于我国城市社区公共体育服务系统建设起步较晚，整体发展水平不高，相关的监督机制建设还不甚完善，致使城市社区公共体育服务监督疲软问题长期存在，表征为"监督主体缺位、监督内容缺失、监督方式单一"的平衡态。

4.3.4.1　城市社区公共体育服务监督主体缺位

城市社区公共体育服务的监督主体主要是指由"谁"来对公共体育服务进行监督。在城市社区公共体育服务监督工作中，"监督主体缺位"问题长期存在，一直未能得到根本解决，呈现出相对不变的平衡态。在我国，城市社区公共体育服务的监督主体主要由政府部门内部和外部组成。目前，现行的城市社区公共体育服务监督主要以政府部门内部监督为主，包括政府内部纵向的监督和横向的平行部门之间的监督两种形式。就政府内部监督主体而言，主要包括三种类型：一是上级政府部门、行政机关对下级的监督，二是政府内部专业部门之间的监督（如行政监察、财政监督、审计监督等）[①]，三是政府部门或行政机关内部自下而上的监督。从表面上看，公共体育服务的政府内部监督主体之间上下贯通、纵横交错、相对完善。然而，现实中的城市社区公共体育服务内部监督主体却存在着不健全、不作为等问题，并且这种问题长期存在，呈现出相对不变的平衡态。就公共体育服务经费预算而言，虽然《全民健身条例》规定"县级以上人民政府应当将全民健身工作所需经费列入本级财政预算，并随着国民经济的发展逐步增加对全民健身的投入"，但是仍有多数地区存在不拨款的现象，并且这种不拨款现象竟然无人问津。在社区公共体育场地实施建设方面，《公共文化体育设施条例》明确规定，"新建、改建、扩建居民住宅区，应当按照国家有关规定规划和建设相应的文化体育设施。居民住宅区配套建设的文化体育设施应当与居民住宅区的主体工程同时设计、同时施工、同时投入使用。任何单位或者个人不得擅自改变文化体育设施的建设项目和功

---

① 唐忠义，顾杰，张英．我国公共服务监督机制问题的调查与分析［J］．中国行政管理，2013，331（1）：19—22.

能，不得缩小其建设规模和降低其用地指标。"[1] 现实中，虽然很多新建小区没有按《公共文化体育设施条例》的规定进行规划建设，但是并没有相关监督单位进行督促整改或惩治。

案例八：漏建体育配套设施谁来监管[2]

西花市一带有一片大型居民小区，总建筑面积超过 100 万平方米，居住人口数万人。在此居住的杨女士谈起自己居住的小区，心情甚是复杂："这里购物、交通、医疗和教育都很方便，就是没有健身的场地和条件。"

杨女士表示，小区内数万居民基本不可能享受到就近健身的便利，对于像她这样已经退休、对健身活动非常有热情的中老年人来说，每天只能到离家较远的公园去健身，而且还必须早去，因为去公园健身的人很多，如果去晚了，场地就会被人占满。

虽然按照《公共文化体育设施条例》的规定，建设规模在两万平方米以上的居民区均应配套建设公共体育场地和设施。但是，很多地产开发商为了追求经济利益的最大化，往往把应当规划建设的体育设施场地侵占或取消。

按照国家相关政策规定，体育等政府主管部门对公共体育场地的规划、建设负有监督职责。但是，北京市体育局局长孙康林表示："体育主管部门并没有专门的执法队伍，面对城市里这么多的居民小区和相关建设单位，根本不可能去一一调查和处罚。看到很多小区没有按照相关法规建设体育设施和场地，我们对改变这一状况却是心有余而力不足。"

城市社区公共体育服务外部监督主体主要由体育社团、社会媒体以及

---

① 公共文化体育设施条例 [EB/OL].［2017-09-12］.http://www.gov.cn.

② 全民健身有法可依却难以落实 [N].中国青年报,2009-12-13（01）.

社区居民组成。外部主体由于现行体制因素的影响，监督功效一直难以有效发挥，监督情况长期未能改进，也呈现出相对不变的平衡态。对于体育社团而言，由于其性质是民间的社会性组织，在行使监督权方面不具有权威性，很难获得具有时效性的公共体育服务信息，难以对城市社区公共体育服务系统建设起到督促或监管作用。再加上许多体育社会团体维系自身生存发展所需的物质、经费等基本上依靠政府扶植，难以保持自身的独立性，监督效果也不甚理想。社会媒体在城市社区公共体育服务的监督中能够发挥举足轻重的作用。但是，现实中的社会媒体尤其是主流媒体，在例行监督时常常遭受各方阻力，很难发挥监督功效。社区居民作为公共体育服务的对象群体，其公共体育需求既是城市社区公共体育服务系统建设的出发点，又是归宿点。城市社区公共体育服务系统建设是否以社区居民的公共体育需求为依据，理所当然应由社区居民进行评价。但是，现实中并未形成畅通的监督路径，社区居民的监督权利难以发挥。

总体而言，城市社区公共体育服务的政府内部监督主体存在着不健全、不作为等问题，而外部主体则受制于现行体制的约束，难以发挥监督功效。因此，在今后的工作中，应积极加强城市社区公共体育服务监督主体建设，打破"监督主体缺位"的平衡态，解决监督主体不健全的问题，推动公共体育服务监督工作的有序开展。

4.3.4.2 城市社区公共体育服务监督内容缺失

城市社区公共体育服务监督内容主要是指城市社区公共体育服务主体的职责、任务以及执行状况。明确城市社区公共体育服务主体究竟要提供哪些公共体育服务、提供多少公共体育服务、提供什么样的水平与程度的公共体育服务以及怎样提供公共体育服务，是对城市社区公共体育服务进行科学监督的前提。实际上，城市社区公共体育服务的监督内容主要是以公共体育服务系统的建设目标和具体的建设指标为依据，制定的能够全面科学地衡量评估城市社区公共体育服务各项具体指标建设情况的评价体系。完善的监督内容体系，不仅可以客观反映城市社区公共体育服务建设程度，而且可以督促城市社区公共体育服务主体分析问题、识别原因、及时改进。目前，我国尚未形成一套规范统一、科学全面的城市社区公共体育服务系统评价指标与考核标准体系，缺少对公共体育服务具体的数量、种类、质量以及结构的刚性规制。城市社区公共体育服务的监督内容一直处于"相对缺失"的平衡态，造成公共体育服务监督工作犹如"盲人摸象"，难以对公共体育服务建设过程中的存在的问题进行有效监管。例如，《体育事业发展"十二五"规划》中规定："全民健身设施、全民健身组织、全民健身指导队伍和志愿服务队伍等方面的数量与质量显著提高，全民健身服务业发展壮大。到 2015 年，全国各类体育场地达到 120 万个以上，人均体育场地面积达到 1.5 平方米以上，经常参加体育锻炼的人数比例达到 32% 以上，比 2007 年提高 3.8 个百分点，达到《国民体质测定标准》合格以上的人数比例明显增加。"[①] 虽然上述规定涉及一些考核指标及其建设标准，但是各项建设指标及其考核标准过于笼统，缺乏配套的实施细则，在一定程度上制约了监督工作的开展。此外，城市社区公共体育服务监督内容以定性评价为主，易于量化的指标及考核标准较少。例如，在《山东省全民健身实施计划（2011—2015 年）》中，从体育锻炼人数、居民体质状况、体育健身设施、全民健身活动开展、全民健身指导和志愿服务队

---

① 体育事业发展"十二五"规划［EB/OL］.［2011-04-01］. http://www.sport.gov.cn/n16/n1077/n1467/n1843577/1843747.html.

伍、全民健身科技服务能力、全民健身服务业等[①]八个方面进行任务制定，并提出考核标准，但是多数评价准则以定性评价为主，即使涉及了一些量化标准，但也相对含糊，不易于考核。因此，应着重完善城市社区公共体育服务监督内容，健全相关监督指标及考核标准，改变公共体育服务监督内容"相对缺失"的平衡态，推动城市社区公共体育服务监督工作有序运行。

4.3.4.3 城市社区公共体育服务监督方式单一

城市社区公共体育服务的监督方式主要包括两种，一是"自上而下"的监督方式，二是"自下而上"的监督方式。"自上而下"的监督方式主要是指政府部门、行政机关等城市社区公共体育服务建设主体对下级部门的公共体育服务建设工作进行监督的一种方式。"自下而上"的监督方式主要是指城市社区居民、社会体育团体、社会舆论等非权力实体对公共体育服务建设情况进行监督的一种方式。目前，城市社区公共体育服务系统建设的监督方式主要是以相关建设主体"自上而下"为主，监督方式一直较为单一，呈现出相对不变的平衡态。"自上而下"监督方式是传统的管制型政府例行监管的主要手段，监督目的重在考察下级部门是否按照上级政府机构的规章制度、政策方针开展工作。在城市社区公共体育服务建设方面，主要表现为上级政府机构将公共体育服务的建设目标与任务、供给方式与程序等进行明确规定，要求下级部门按照相关规定进行执行，并将根据相关规定对下级部门的公共体育服务建设情况进行考评。例如，在《全民健身条例》中明确规定"国务院制定全民健身计划，明确全民健身工作

---

① 山东省人民政府关于印发山东省全民健身实施计划（2011–2015年）的通知［EB/OL］.
［2018–11–08］. http://www.sport.org.cn/search/system/dfxfg/sd/2018/1108/191892.html.

的目标、任务、措施、保障等内容"①，要求"县级以上地方人民政府根据本地区的实际情况制定本行政区域的全民健身实施计划"，最后提出了"县级以上人民政府及其有关部门的工作人员在全民健身工作中玩忽职守、滥用职权、徇私舞弊的，依法给予处分；构成犯罪的，依法追究刑事责任"的惩戒措施。这种"自上而下"的监督方式具有一定的行政约束力，在一定程度上促进了公共体育服务建设工作的开展。但是，这种监督方式重在要求"下级部门对上级负责"，致使下级部门将工作重点放在满足上级政府的要求、迎合上级的检查上，常常忽视了城市社区公共体育服务对象的现实需求与切实感受。

城市社区公共体育服务"自上而下"的监督方式，从实质上讲，是城市社区公共体育服务建设主体的自建自评。首先，在城市社区公共体育服务系统建设规划、政策、方针等制定时，各级政府部门、体育行政机关常常是最终的决策者；其次，城市社区公共体育服务系统建设各种相关制度的实施与推进，政府机关与体育部门常常又扮演重要的执行者角色；最后，在城市社区公共体育服务系统建设情况考核过程中，相关政府机关与体育部门摇身一变，又成为监督者。在"自上而下"的监督模式中，各级政府机构与体育行政部门集公共体育服务建设的决策者、执行者与监督者于一身，既当"裁判员"，又当"运动员"，既"掌舵"，又"划船"，难以确保监督过程的公开公正、监督结果的客观科学。此外，在监督过程中，上级政府部门或体育行政机关常常难以获得下级单位公共体育服务系统建设的真实信息，致使监督工作浮于表面，以至于造假现象频繁出现。

此外，虽然以城市社区居民、社会体育团体、社会舆论等进行的"自

---

① 全民健身条例［EB/OL］.［2009-08-30］. http://baike.baidu.com/item/%E5%85/fr=aladdin.

下而上"的监督方式常常以"电视问政""网络问政""市民评议"等形式出现，但是这种监督方式还尚未形成一套科学规范、行之有效的运行体系，致使其监督效果大打折扣。总体而言，由于城市社区公共体育服务监督方式的欠科学，常常出现"有权监督的不了解情况，了解情况的又监督不了"的现象，导致公共体育服务监督工作难以到位，监督效果不甚理想。因此，在今后的工作中，应积极发挥"自下而上"的监督方式的作用，不断丰富监督方式，打破监督方式"相对单一"的平衡态，促进城市社区公共体育服务监督工作的有序开展。

4.4　小结

本章按照城市社区公共体育服务主体、公共体育内容以及公共体育服务对象等几个维度，对江苏省、山东省部分城市社区公共体育服务系统实然表征进行调查，结果表明：在城市社区公共体育服务主体方面，社区公共体育管理人员设置以兼职人员为主，社区体育组织仍以政府部门建立的社区体育服务中心或健身站点为主，其他体育组织发展状况不理想，与过去相比，城市社区公共体育服务主体发展情况有所改善，但改善幅度不大，没有发生根本改变，仍表征为"相对单一"的平衡态，政府部门在发展其他建设主体或组织参与公共体育服务方面的积极性不高。在城市社区公共体育服务内容方面，公共体育场地设施欠完善，居民满意度不高；组织开展的体育活动以强调竞技性的综合性运动赛事与单项体育竞赛为主，与社区居民希望开展的体育活动呈现出一定的差异性；居民体质监测工作尚未规范化、系统化，仍有待于进一步提高；基层部门结合当地实际情况制定的公共体育法规条例的比例仍较低，公共体育服务政策执行效果欠佳；与过去比较而言，城市社区公共体育服务内容有所改善，但改善幅度不大，仍表征为"相对缺失"的平衡态；在城市社区公共体育服务对象方面，社区居民体育需求呈现出多样化特征，体育需求表达存在一定的问题。总体而言，城市社区公共体育服务系统建设虽然有所发展，但是改善幅度较小，没有发生根本变化，长期处于"公共体育服务主体相对单一、公共体育服务内容相对缺失、社区居民需求表达不畅"的平衡态，难以满足城市社区居民的体育需求。

运用探索性因子分析与验证性因子分析对城市社区公共体育服务系统非平衡演进的影响因素进行分析，结果显示，相关影响因素主要包括城市社区公共体育服务内容因子、公共体育服务主体因子、公共体育服务对象因子、公共体育资源经费因子、公共体育服务制度建设因子、社会经济文化环境因子，6 个共同因子的累计方差贡献率达到 79.738%。

对城市社区公共体育服务实然表征与相关案例进行分析，认为城市社区公共体育服务系统在非平衡演进过程中主要存在系统开放不足、联系断裂、供需失衡、监督疲软等问题。

第5章　城市社区公共体育服务系统
非平衡演进的路径选择

　　通过对城市社区公共体育服务系统非平衡演进的实证分析，我们发现，城市社区公共体育服务系统存在着开放不足、联系断裂、供需失衡、监管疲软等诸多问题，致使城市社区公共体育服务系统长期处于"公共体育服务主体相对单一、公共体育服务内容相对短缺、公共体育服务对象表达不畅"的平衡态。毋庸赘言，这些问题的出现严重影响了城市社区公共体育服务系统的非平衡演进，阻碍了公共体育服务的有效供给，不利于城市社区居民公共体育需求的实现。因此，如何打破城市社区公共体育服务系统"主体单一、内容短缺、服务对象表达不畅"的平衡态，促进城市社区公共体育服务系统形成动态交流的"非平衡结构"，进而实现自组织有序演进，便成为解决问题的关键所在。我们将结合城市社区公共体育服务系统非平衡演进中的实然表征、影响因素与本质问题，探讨具有针对性的发展路径，为城市社区公共体育服务系统非平衡有序演进提供参考。

5.1　适度开放：城市社区公共体育服务系统非平衡演进的前提

系统科学认为，开放为系统与外部环境之间进行交流创造了条件，能够使系统获得发展所需的养分，促进系统的新陈代谢，并能够激活系统要素的相互关系与相互作用，使系统呈现出动态的"活"非平衡结构状态。在与外界环境进行交流的过程中，系统要素之间的作用、联系与协作趋于优化，推动系统整体功能得以提升。与此同时，系统整体功能的提升又反过来促进了系统的进一步开放与要素间的协同合作。改革开放以来，中国社会主义建设实践取得的伟大成就即为开放推动系统有序演进的生动写照。纵观中国社会发展历程，不难发现，闭关锁国只能落后挨打，使国家处于混沌无序、功能紊乱的平衡态，而开放交流才可以使社会发展充满活力、日新月异、有序演进。毋庸置疑，开放已成为当今社会发展的时代特征，开放意味着打破平衡、封闭或垄断，取消地方保护与条件限制，建立交流沟通、良性互动的新秩序。对于城市社区公共体育服务系统而言，面对着广大社区居民日益增长的多样化的公共体育需求，供给压力倍增，再加上自身开放性不足，致使系统长期处于"公共体育服务资源相对短缺、公共体育服务主体相对单一"的平衡态。只有适度调整开放性，从外部环境不断汲取公共体育服务资源，发展多元主体参与公共体育服务建设，积极学习并运用多种供给方式提供公共体育服务，才能不断提高并优化自身公共体育服务功能，逐渐形成"开放交流的非平衡结构"，进而实现有序演进。总体而言，适度开放不仅能够为城市社区公共体育服务系统的有序发展提供相关资源，促使系统组分之间互动、交流、协作，呈现出动态变化的"活"的非平衡结构，而且能够优化系统功能，提高公共体育服务的供给水平。可以说，适度开放既是城市社区公共体育服务系统非平衡演进的前提，也是其有序演进的现实路径。

5.1.1 汲取社会资源：支持城市社区公共体育服务

虽然国家不断增加公共体育服务的投入，但是"平均每万人拥有体育场地 6.58 个，人均体育场地面积仅为 1.03 平方米，平均每万人拥有 8.19 名社会体育指导员"[①] 的现状显示，公共体育服务资源相对稀缺的状态表征仍未发生根本改变。因此，城市社区公共体育服务系统应当适度增加开放性，吸引相关社会资源参与到公共体育服务系统建设中来，打破公共体育服务资源长期短缺的"平衡态"，改善公共体育资源相对不足的窘境，为城市社区公共体育服务系统发展所需的物质、资金、人才以及信息的有效流通创造条件，进一步推动系统非平衡地有序演进。

第一，应主动开放，为社会体育场地设施等物质资源的流动创造条件。积极争取、引导和鼓励社区周边学校、党政机关、企事业单位和社会团体的体育设施参与到城市社区公共体育服务中来。第五次全国体育场地普查数据公报显示，我国现有体育场地 850080 个，而教育系统所在的比例为 65.6%，共有 55804 个，其中，中高等院校有 2874 个，占全国总数的比例为 3.4%，中专中技 18427 个，比例为 2.2%，中小学为 500370 个，占全国总数的比例为 58.9%。从现有体育场地的分布情况看，67.7% 的体育场地分布在校园，共 549654 个；9.2% 分布在机关与企事业单位，共 75033 个，而分布在社区居民居住小区的体育场地比例仅为 4.86%，共 39477 个。[②] 由

---

① 刘亮.我国体育公共服务均等化的现状——基于资源配置的多维度分析［J］.武汉体育学院学报，2012，46（12）：5—9.
② 第五次全国体育场地普查数据公报第五次全国体育场地普查数据公报［EB/OL］.［2005-12-18］.http://www.sport.gov.cn/n16/n1167/n2768/n32454/134749.html.

此可见，在现有的体育场地中，教育系统、党政机关与企事业单位拥有数量较多，而分布在社区居民居住小区则相对较少。因此，城市社区公共体育服务系统应主动开放，积极创造条件，吸引社区附近的学校、机关以及企事业单位的体育场地设施参与社区公共体育服务，在一定程度上解决公共体育场地设施等物质资源相对不足的困境。

第二，应适度开放，允许社会资本等资金流的有效流通，为城市社区公共体育服务系统注入养分。改革开放以来，国家十分重视体育事业的发展，不断增加经费投入，但是相对于公共体育需求的日益多样化，国家投入的公共体育事业发展经费只是杯水车薪，难以保证公共体育服务系统的有效运行。虽然国家相继出台政策，要求地方政府应当"将全民健身工作纳入国民经济和社会发展规划、纳入工作报告和经费纳入财政预算"[①]，但是由于缺乏相应的监督机制，相关政策难以落实，在一定程度上也加重了公共体育服务资金的短缺。为改善这种状况，保障城市社区公共体育服务系统的正常运行，应积极吸取社会资本参与公共体育服务，为城市社区公共体育服务系统的有序发展注入养分。正如前文我们提到的大型体育场馆的运营问题，由于缺乏相应资金，多数大型体育场馆处于限制荒废状态，这种资源浪费情况的出现与限制社会资本等资金流的有效流通不无关系。因此，为促进城市社区公共体育服务系统的良性运行，应适度调整系统的开放性，为社会资本等资金流的有效流通创造条件。

第三，应积极吸收优秀体育人才参与城市社区公共体育服务。城市社区公共体育服务系统的有序运行离不开体育组织管理者、社会体育指

---

① 全民健身条例［EB/OL］．［2009–08–30］．http：//baike.baidu.com/item/%E5%85/fr=aladdin.

导员等人力资源的辛勤工作。相关资料显示,在社会体育指导员方面,截至 2009 年,平均每万人拥有 8.19 名社会体育指导员。[①] 在体育组织管理者方面,李洪波通过对山东省部分社区的调查显示,有专职体育组织管理者的社区为 34%,有兼职体育组织管理者的社区为 44%,而没有体育组织管理的社区为 22%。[②] 由此可见,社区体育组织管理者与社会体育指导员数量也相对缺乏。应积极吸收优秀体育人才,改善这种人力资源稀缺的状况。首先,应重视社区体育管理者设置与建设,可以通过考察选举一些具有一定群众基础、组织能力较强的社区居民,吸纳他们为城市社区公共体育服务的组织管理者,协助管理公共体育工作。在社会体育指导员方面,应积极创造条件,采取"引进来"的策略,吸引专业体育人才参与公共体育服务。还应对一些具有体育特长、热衷公益体育事业人员,采取"走出去"的策略,推荐他们参与社会体育指导员培训,提升自身专业技术水平。在这种"引进来"与"走出去"策略的推动下,实现优秀体育人才的合理流动,促进城市社区公共体育服务系统人力资源的开发利用。

第四,应促进公共体育服务信息资源的传递与流通。如今我们的社会处于信息时代,城市社区居民的公共体育服务不断变化,呈现出多样化特征,及时了解城市社区居民的公共体育需求,收集相关信息,建立信息互动平台,无疑对于提升公共体育服务效率,形成动态交流的"非平衡结构",

---

① 刘亮.我国体育公共服务均等化的现状——基于资源配置的多维度分析 [J].武汉体育学院学报,2012,46(12):5—9.

② 李洪波.城市社区公共体育资源合理配置与政府绩效评价研究 [D].南京师范大学,2012.

促进公共体育服务系统自组织地有序演进具有重要作用。

5.1.2　发展多元主体：建设城市社区公共体育服务

在社区居民公共体育需求日益增长的背景下，政府部门作为唯一主体，所提供的公共体育服务难以满足社区居民的需求。因此，国家体育总局在颁布的《体育事业发展"十二五"规划》明确指出："在强化政府公共体育服务职能的基础上，促进建立和完善政府统筹、社会协同、市场支持和群众广泛参与的体育发展格局。……鼓励社会组织参与体育社会管理和服务，实现公共体育服务提供主体和提供方式多元化，推进非基本公共体育服务市场化。"[①] 然而，城市社区公共体育服务系统发展的实然表征显示，公共体育服务主体多元化建设并不尽人意，相关主体的参与程度不高，公共体育服务主体长期处于"相对单一"的平衡态。究其原因，主要是由于政府部门依然沿袭传统管理模式，既"掌舵"又"划桨"，严格控制着公共体育服务系统，并未积极地简政放权、转变职能，将公共体育服务的具体事务通过一定的合作方式交由其他建设主体处理，致使公共体育服务主体多元化程度不高，相关主体参与公共体育服务系统建设的情况欠佳，公共体育服务主体多元参与、互动交流的非平衡结构状态尚未形成。政府作为公共体育服务系统的唯一供给主体，不仅导致公共体育服务效率低下，而且容易滋生腐败，难以满足社区居民多样化的体育需求，出现"政府失灵"现象。因此，为提升公共体育服务供给效率，满足社区居民多样化的体育需求，政府应加快职能转变，不但提升自身公共服务能力，简政放权、适

---

① 体育事业发展"十二五"规划 [EB/OL]．[2011-04-01]．http://www.sport.gov.cn/n16/n1077/n1467/n1843577/1843747.html.

度开放，积极创造条件，引进其他主体参与到城市社区公共体育服务系统建设中来，形成"多元参与、互动交流的非平衡结构"，推动系统有序演进。

首先，政府部门应合理定位，转变角色，从繁重的公共体育服务直接生产供给中解脱出来，将工作重心转向"制定发展规划、加强宏观调控、完善规章制度、维护行业秩序上来"，发挥统筹规划、主导发展的作用。其次，应简政放权、适度开放，鼓励、引进、培育其他主体参与到城市社区公共体育服务中来，形成多元主体协调配合、良性互动、共同供给的格局。"世界民营化大师"萨瓦斯在其巨著《民营化与公私部门的伙伴关系》中谈到，政府是公共服务的安排者，而市场组织与第三部门是公共服务的生产者。[①] 因此，对于乐于参与公共体育服务的公益性体育社会团体，应进行积极培育、重点扶植，解决其发展中存在的经费短缺、身份认同问题。对于盈利性体育俱乐部等市场主体，应给予一定的政策支持或优惠，在保障其获得合理收益的情况，促使其提供差异性的公共体育服务，满足社区居民不同的体育需求。对于社区居民，应积极鼓励他们在享受消费公共体育服务的同时，主动反馈信息，为城市社区公共体育服务系统的有序演进献计献策。只有政府部门合理定位、转变角色、简政放权、适度开放，相关主体才能参与到城市社区公共体育服务系统建设中来，才能丰富城市社区公共体育服务的供给内容，才能形成动态交流的非平衡结构，才能推动系统自组织地有序演进。

5.1.3 援引先进模式：提供城市社区公共体育服务

自20世纪80年代起，以美国、英国、澳大利亚为代表的发达国家，为提高公共体育服务效率，解决公共体育服务供给过程中"政府失灵"与"市

---

① E.S.萨瓦斯.民营化与公私部门的伙伴关系［M］.北京：中国人民大学出版社，2012.

场失灵"的现象，不约而同地实施了"政府购买公共服务"的模式。这一模式的实施成效显著，不仅提高了公共体育服务的供给效率，改善了公共体育服务的质量，起到了"优化资源配置、促进社会公平"的作用，而且打破了长期以来供给模式"非政府即市场"的平衡态，促进了公共体育服务系统的发展。"购买公共服务的模式"逐渐发展成为政府履行公共管理职能的一种主流模式，发达国家购买公共服务的经验与做法也逐渐被其他国家所采纳并运用到公共服务实践之中。党的十八届三中全会审议通过《中共中央关于全面深化改革若干重大问题的决定》，其中明确指出，"推广政府购买服务，凡属事务性管理服务，原则上都要引入竞争机制，通过合同、委托等方式向社会购买"，并强调应"加大政府购买公共服务力度"。[①]因此，在城市社区公共体育服务系统建设过程中，应适度调整系统开放性，积极学习国外的先进经验，援引"政府购买公共体育服务"的供给模式，通过公开招标、定向委托、邀标等形式，将原本由政府部门承担的公共服务转交给社会组织、企事业单位履行，既能提高城市社区公共服务供给的质量和财政资金的使用效率，又能形成"多元主体协调配合、共同供给、良性互动"的非平衡结构，推动系统自组织地有序演进，达到满足社区居民多元化体育需求的目的。

案例一：常州市实施政府购买公共体育服务模式[②]

常州市财政局与体育局联合颁布了《常州市关于购买公共体育服务的实施办法》，政府运用以体育彩票公益金为主的公共体育资金，对公共体

---

① 中共中央关于全面深化改革若干重大问题的决定［EB/OL］.［2013–11–15］.http://www.gov.cn/jrzg/2013–11/15–content–2528179.html.

② 常州市出台政府购买公共体育服务实施办法［EB/OL］.［2014–01–15］.http://www.sport.gov.cn/n316/c215240/content.html.

育服务进行购买。本办法的实施推动了城市社区公共体育服务的发展，提升了公共体育服务的供给效率，具有如下优点：

一是购买主体和承接主体清晰。明确市级体育行政部门和参照公务员管理、具有行政管理职能的事业单位为购买主体；具有独立承担民事责任的社会组织和企业、机构等社会力量为承接主体。

二是购买内容广泛。按照"受益广泛、群众急需、保障基本"的原则，突出公益性、普惠性，重点购买各类公共体育服务，内容涉及业余培训、体育设施开放服务、健身活动点管理等群众体育项目 11 个。

三是购买方式多样。根据体育服务项目特点和要求，选择不同的购买方式，主要包括政府采购制、直接资助制和项目申请制。

四是项目实施有序。社会组织按合同履行义务，独立实施，按期完成，购买主体督促项目实施，对项目进行年度绩效考核评价，建立社会组织信用记录，并接受财政部门监管。

五是项目监督有力。市财政局、体育局成立购买公共体育服务领导小组，指导申报、组织专家评审、监督项目进度、开展绩效评价，同时，严格监督管理，接受社会监督。

推进政府购买体育公共服务，将加速此项服务从"政府配餐"向"百姓点餐"的转变，有效解决部分领域公共服务产品短缺、质量和效率不高等问题，提高常州市公共体育服务水平。

5.2 加强联系：城市社区公共体育服务系统非平衡演进的关键

从应然的视角讲，城市社区公共体育服务系统非平衡演进的实质是系统与环境之间、系统内部子系统或要素之间存在着某些联系。这些客观存在的联系并不是简单的、相对的、单一的联系，而是一种复杂的联系网络。在这种网络化联系的作用下，城市社区公共体育服务系统组分之间"关联互动、利益共享、迭代趋优"，在形成非平衡结构的同时，也推动系统自组织地有序演进。然而，城市社区公共体育服务系统非平衡演进的实然表征显示，系统与环境或系统组分之间长期存在着沟通困难、联系不畅等现象，造成联系网络在一定程度上存在着断裂，严重影响了城市社区公共体育服务系统的非平衡演进。因此，要解决上述问题，打破城市社区公共体育服务系统长期"联系断裂"的平衡态，不仅需要适度开放，加强与外部环境之间的交流，而且还需要系统组分之间加强联系、协同而动，形成交流互动的非平衡结构。这种联系互动主要表现为城市社区公共体育服务主体之间以及公共体育服务主体与服务对象之间的对话、沟通与交流。

5.2.1　促进主体交流：实现城市社区公共体育服务主体行为协同

如前文所述，城市社区公共体育服务主体是一个多元化、多层次、复杂的联动系统，从横向上讲，主要是不同层次之间的主体，包括上下级关系的行政部门，从横向上讲，主要是同一层次的主体，例如，与体育行政部门同级别的财政局、教育局、规划局等其他行政部门，以及具有合作或义务协作关系的市场组织、企业单位、体育协会、体育社团、社区居民等。正如国家体育总局原副局长冯建中在 2013 年群众体育工作会议上所言："形势的发展变化越来越突显出全民健身不仅仅是孤立的体育问题，不单单是体育部门一家的事情，越来越需要各级党委和政府的主导统筹，需要教育、科技、文化、卫生等各相关部门的协同配合，需要全社会各方力量的共同参与。"① 城市社区公共体育服务系统建设的非平衡有序推进，需要这些主体的主动配合、协同而动。通过对城市社区公共体育服务主体现状的考察发现，无论纵向上在不同层次主体之间，还是横向上在同一层次主体之间，均存在不同程度的联系困难、交流不畅等现状。因此，需要加强城市社区公共体育服务主体之间的交流，改变各主体之间长期"联系断裂"的平衡态，促使他们在公共体育服务系统建设中产生行为协同效果，推动系统自组织地有序演进。

第一，应该制定城市社区公共体育服务主体加强联系、交流配合的相关法规制度，对各主体之间在公共体育服务中的行为进行指导约束，杜绝各建设主体相关独立、单一行动，维持城市社区公共体育服务系统的整体性与关联系。首先，城市社区公共体育服务主体应加强学习、提高觉悟，摆脱传统的管理体制背景下形成的各自为政的工作作风，确立从整体出发、服务大局的工作理念，积极与相关部门交流配合、加强合作，共同完成提供城市社区公共体育服务的任务。其次，应引入"目标管理"理念，在确定城市社区公共体育服务系统建设总目标后，应将总目标细化、分解，使各服务主体、相关部门承担相应的责任与任务，达到合理分工、共同协作的效果。例如，江苏省宿迁市人民政府办公室转发的《关于加强城乡社区体育设施建设意见》指出："各个部门应明确目标责任，建立城乡社区体育设施建设目标责任制，规划、建设、房管、园林、城管、国土、民政、体育等部门要加强协调配合，突出工作重点，明确部门责任，分解落实任务，按照各自职能，共同做好城乡社区体育设施建设和管理

---

① 冯建中副局长在 2013 年全国群众体育工作会议上的讲话 [EB/OL] . [2013-04-07] . http://www.sports.gov.cn/qts/n4985/c668653/content/html.

工作。"① 并对各级部门的具体行动细则进行了规定，重点强调各部门之间的协调配合。

第二，需要从思想层面对城市社区公共体育服务主体进行教育，使其树立社会主义荣辱观，强化集体主义观念，处理好整体利益与各主体自身利益之间的关系，避免在城市社区公共体育服务系统建设过程中出现损人利己、影响团结的行为。

第三，应建立相应的利益均衡与激励机制，协调城市社区公共体育服务各主体的相关利益，对积极参与城市社区公共体育服务系统建设、协作完成相关服务工作的部门或单位，进行必要的奖励，肯定他们付出的劳动与作出的贡献。

案例二：上海市杨浦区对教育部门向社区开放学校体育资源进行表彰②

上海市杨浦区对教育系统主动开放学校体育资源、为周边社区居民提供场地设施服务进行了总结表彰：授予平凉路街道办事处等 12 个单位"优秀组织奖"和"组织奖"；表彰复旦大学体育教学部等 59 个先进单位和王方椽等 40 名先进个人；对殷行等 12 个社区体育健身俱乐部予以奖励。

上海体育局副局长李伟听同志在表彰会上强调，学校体育资源向周边社区开放，是一项利民惠民的实事，应进一步推广杨浦区教育系统开放学校体育资源的经验，贯彻落实《全民健身条例》，推动教育系统学校体育资源的进一步开放，让更多市民受惠。

杨浦区区属中小学共 95 所，其中 91 所对社区开放，共 13 所高校全部

①　江苏省宿迁市人民政府办公室转发市体育局等部门《关于加强城乡社区体育设施建设意见》的通知 [EB/OL] . [2008-07-28] . http://www.110.com/fagui/law-316385.html.

②　杨浦区学校体育资源向社区开放工作总结表彰会举行 [EB/OL] . [2009-12-26] . http://www.sports.sina.com.cn/s/2009-12-26/08561625365s.shtml.

开放。这种开放学校体育资源服务社区居民的经验受到各方肯定，其先进做法被国务院法制办采用，并以法规的形式体现在《全民健身条例》中。

5.2.2 贯通表达渠道：倾听城市社区公共体育服务对象体育诉求

城市社区公共体育服务系统非平衡演进的实然表征显示，不但城市社区公共体育服务主体之间存在着沟通障碍，而且城市社区公共体育服务主体与服务对象之间的联系也长期呈现出"断裂"的平衡态，甚至这种联系断裂的程度远远高于公共体育服务主体之间的状况。以城市社区体育活动开展为例，公共体育服务主体提供的体育活动主要以强调竞技为主的体育赛事，而城市社区居民则更热衷于以养生保健、科学健身为主的科普性与趣味性的体育活动，造成供需之间产生"错位"，进一步加重了本就失衡的城市社区公共体育服务的供需关系。因此，要解决这种问题，需要加强城市社区公共体育服务主体与服务对象之间的联系，打破两者之间长期"联系断裂"的平衡态，建立与完善公共体育需求表达机制，贯通公共体育需求表达渠道，切实了解社区居民的现实体育需求。

美国著名政治学家、结构功能主义创立者阿尔蒙德（Almond Gabriel Abraham）在其巨著《比较政治学：体系、过程和政策》一书中指出："某个集团或个人'提出要求的过程'称为利益表达，而多数人的意愿形成的共识，称为公共利益。"[①] 公共利益表达机制要求从广大居民的公共利益出发，而非以政府自身利益为主，要求尊重广大社区居民的自由表达权，关注社会需求与民意诉求。公共利益表达机制不仅对于构建现代服务性政

---

① 阿尔蒙德，小鲍威尔．比较政治学：体系、过程和政策 [M]．上海：上海译文出版社，1987.

府、完善市场经济体制具有重要作用，而且能够促进现代法治社会建设、倡导政治文明。公共利益需求表达机制不仅是现代政府权力运行规范化的逻辑起点，而且是现代法治社会建设的重要内容，更是社会政治文明程度的重要标志。在城市社区公共体育服务系统建设过程中，政府部门常常以"上令下行"的形式"下向表达"，而城市社区居民的公共体育需求则难以通过有效途径"上向表达"。因此，在提供公共体育服务的过程中，往往出现政府部门"替民做主"的官僚作风，致使公共体育服务供给效率低下、公共体育资源浪费荒废，甚至出现贪污腐败现象，这也是城市社区公共体育服务主体与服务对象之间长期处于"联系断裂"的平衡态的主要原因。

　　建立城市社区公共体育需求表达机制，贯通公共体育需求表达渠道，促进城市社区公共体育服务主体与服务对象之间的交流与沟通，则可以打破两者之间长期存在的"联系断裂"的平衡态，修复联系网络，形成动态交流、良性互动的非平衡结构，改善公共体育服务需求难以通畅表达的困境。我们可以通过如下途径建立与畅通城市社区居民的公共体育需求表达渠道。首先，规范社区代表选举制度。城市社区居民可以通过选举出的社区代表参与公共体育服务决策，因此应规范选举过程，推荐能够了解社区体育公共服务现状以及社区居民体育需求的代表参与民主决策。其次，完善信访与领导接待日制度。城市社区居民可以通过信访与领导接待日制度直接进行利益表达。因此，应进一步建立健全完善相关制度，畅通社区居民的公共体育需求表达渠道。最后，积极发展社区体育组织。社区体育组织的建立可以使社区居民的公共体育需求以组织化的形式进行统一表达，因此应该重视、鼓励、扶植、培育社区体育组织的发展。只有这样，才能改变城市社区公共体育服务主体与服务对象长期存在的"联系断裂"的平衡态，才能促进两者之间形成沟通交流的非平衡结构，才能推动系统自组织地有序演进。

5.3 以需为本：城市社区公共体育服务系统非平衡演进的核心

刘鹏局长在 2013 年全国群众体育工作会议上指出，"全民健身事关全民族身心健康和生活幸福，是党和政府联系群众、服务群众的重要方面，是重大的民生问题，是党和政府"执政为民""以人为本"执政理念的具体体现，在推动社会主义文化大发展大繁荣中具有独特功能和作用。各级体育部门要把深入学习贯彻党的"十八大"精神作为当前和今后一个时期的首要政治任务，进一步明确发展群众体育的目的和意义，坚持把提高全民族体质健康水平，满足广大群众日益增长的健身需求作为开展工作的出发点和落脚点，紧紧围绕《全民健身计划》提出的'形成覆盖城乡比较健全的全民健身公共服务体系'的总体目标任务，认真学习、宣传和贯彻落实《国家基本公共服务体系'十二五'规划》提出的体育服务的国家基本标准，向广大群众提供更多、更好、更加便利的体育基本公共服务产品。"①

实际上，城市社区公共体育服务系统非平衡演进观与党和政府强调的"执政为民""以人为本"的理念基本契合。非平衡演进要求城市社区公共体育服务系统组分之间充分交流、良性互动，在这种交流沟通的过程中，城市社区居民的公共体育需求能够有效表达，公共体育服务主体能够有效地认识、识别、分析需求，提高公共体育服务供给的效率，推动公共体育服务工作有序开展。因此，为了促进城市社区公共体育服务系统非平衡演

---

① 刘鹏局长在全国体育局长会议上的讲话［EB/OL］.［2013-12-24］. http://sports.people.com.cn/2013/1224/c22176-23935760.html.

进，应确立"以需为本"的服务理念，尊重社区居民在公共体育服务中的中心地位，建立公共体育需求导向的供给机制。

5.3.1　确立中心地位：践行"城市社区居民导向"的体育服务理念

新公共服务理论认为，政府在公共服务过程中的主要职责既不是"划桨"，也不是"掌舵"，而是服务，应确立为公共服务对象提供服务的理念。城市社区公共体育服务系统建设的根本目的就是要满足广大社区居民日益增长的公共体育需求。因此，在城市社区公共体育服务系统建设过程中，应确立城市社区居民在公共体育服务系统建设中的中心地位，践行"城市社区居民导向"的体育服务理念。只有这样，"替民做主"的官僚作风才能逐渐消解，公共体育服务对象与服务主体之间平等的沟通互动才能不断实现，城市社区公共体育服务系统动态交流的非平衡结构才能逐渐形成，公共体育服务系统才能自组织地走向有序。

第一，应确立城市社区居民在公共体育服务系统建设的中心地位。在城市社区公共体育服务系统建设过程中，公共体育服务主体往往将社区居民视为被动地接受公共体育服务的对象，凭借自己的主观想象来供给公共体育服务具体内容项目。这种做法由于缺乏广大社区居民的参与，公共体育服务效果不甚理想，往往造成公共体育资源的浪费或闲置。事实上，城市社区居民不仅仅是公共体育服务消极被动的接受者，也是城市社区公共体育服务系统建设不可或缺的重要建设主体。社区居民的广泛参与，可以弥补"自上而下"的公共体育服务决策机制的不足，提高公共体育资源配置效率。因此，在城市社区公共体育服务系统建设过程中，应明确社区居民的主体地位，鼓励他们参与到公共体育服务系统建设中来。

第二，应发挥城市社区居民在公共体育服务系统建设中的作用。首先，鼓励城市社区居民为公共体育服务系统建设献计献策，根据实际表达需求，实现公共体育服务系统建设"问政于民、问计于民、问需于民"。获取城市社区居民真实的体育需求是有效供给公共体育服务的前提，因此，应鼓励社区居民切实地表达自身需求，发挥建设主体的作用。其次，应发挥社区居民对城市社区公共体育服务的监督评价作用。作为公共体育服务的直接受益者或消费者，社区居民对于公共体育服务的数量多少、质量优劣以及水平高低，拥有绝对的话语权，他们的监督评价无疑能够促进城市社区公共体育服务系统的发展。

5.3.2 基于需求的供给：建立"以需为本"的公共体育服务供给机制

国家体育总局在《体育事业发展"十二五"规划》中明确指出："以满足人民群众不断增长的体育需求为宗旨，加快完善公共体育服务体系，提高公共体育服务水平，切实提高全民族的身体素质和健康水平。"[1] 随后，刘鹏局长在多次讲话中重点强调"将满足广大群众日益增长的健身需求作为开展工作的出发点和落脚点"。由此可见，满足社区居民的公共体育需求、保障其参与体育活动的权利，是推进公共体育服务系统建设的根本目的。因此，城市社区公共体育服务系统建设，应从社区居民的公共体育需求出发，建构供给机制，为广大社区居民提供多元化与多样性的公共体育服务。

然而，城市社区公共体育服务系统非平衡演进的实然表征显示，社区居民公共体育需求与公共体育服务供给之间长期处于"供需失衡"的平衡

---

① 体育事业发展"十二五"规划［EB/OL］．［2011-04-01］．http://www.sport.gov.cn/n16/n1077/n1467/n1843577/1843747.html.

态，主要表现在供需数量失衡、供需质量失衡与供需结构失衡三个方面。究其原因，主要是由于"政府的自立性、服务理念陈旧、信息沟通渠道不畅以及决策机制不完善"①。为改变这种供需失衡的现象，应建立基于需求导向的公共体育服务供给机制。首先，应积极了解城市社区居民的公共体育需求。了解和识别社区居民的公共体育需求是城市社区公共体育服务系统建设的逻辑起点，只有了解社区居民的公共体育需求是什么，才能有针对性地进行供给。其次，允许社区居民参与公共体育服务供给决策，广泛征求社区居民的意见与建议，倾听他们的心声与意愿，才能做到更好地"问需于民、服务于民"。最后，应积极关注社区居民公共体育需求的变化。在城市社区居民公共体育需求发生变化时，应及时调整供给内容。如若出现新的体育需求，应积极回应、及时供给。只有这样，才能真正做到基于城市社区居民的公共体育服务需求实施供给，才能形成供需双方互动交流的发展格局，才能促进城市社区公共体育服务系统自组织地有序演进。

5.4　规范制度：城市社区公共体育服务系统非平衡演进的保障

作为城市社区公共体育服务系统非平衡演进的序参量，公共体育服务制度一方面能够刻画系统非平衡演进的有序程度，另一方面，可以起到约束系统组分行为、维持系统整体性与关联性、促使系统组分产生行为协同的作用。然而，现实中的城市社区公共体育服务制度建设却相对滞后，存在制度形成不科学、制度内容不完善、制度执行不到位等问题，致使公共

---

① 曹可强.论政府公共体育服务供给的需求导向——以上海市为例［J］.成都体育学院学报，2011，37（11）：1—4.

体育服务制度序参量的役使作用难以充分发挥。因此，在城市社区公共体育服务系统建设过程中，应重视制度建设，形成科学的制度制定民主机制，规范细化制度内容，强化并督促制度的执行，为城市社区公共体育服务系统组分形成"动态交流的非平衡态"、自组织地有序演进提供保障。

5.4.1 鼓励居民参与：建立城市社区公共体育服务的民主决策机制

从应然的视角讲，公共体育服务制度这一序参量应是城市社区公共体育服务系统组分在充分沟通交流、协商讨论、竞争协同的过程中形成的，是系统各组分或利益相关者在利益表达、利益博弈后达成的既能维护自身利益，又能实现组织或系统发展目标的共识，对于系统各组分或利益相关者均具有一定的约束力。因此，要发挥公共体育服务制度的约束役使作用，应保证制度形成的科学性，使其既能维护系统各组分的自身利益，又能更好地实现系统的整体目标。

通过考察城市社区公共体育服务制度的形成过程，不难发现，相关制度的制定往往并不是经由全部利益相关者充分论证、考量、协商制定的。以公共体育服务政策为例，相关研究表明，在公共体育服务政策的制定过程中，体育主管部门人员全程参与制度制定，相关领域专家学者的参与比例为65.6%，各种体育组织的参与比例为15.6%，而普通居民的参与比例仅为12.5%。[①] 由此可见，公共服务制度的制定并未充分经由相关利益主体的论证、协商、考量，难以体现相关利益主体的自身权益，公共体育制度制定的科学性不高，因此导致在执行过程中，往往出现阻滞现象，难以发

---

① 曹可强，兰自力.论公众参与政府公共体育服务的决策［J］.体育学刊，2012，19（6）：31—34.

挥役使约束作用。

为提高城市社区公共体育服务制度的科学性，更好地发挥其序参量的役使作用，在城市社区公共体育服务制度形成的过程中，应鼓励社区居民参与决策，充分发扬民主机制，使相关利益主体的自身利益得以表达、维系，从而更好地推动系统整体目标的实现。正如亚里士多德所言："我们可以以此为准则：不容许公民共享的制度是寡头的，容许公民共享的制度是民主的。"事实上，城市社区居民广泛参与制度的制定，不仅可以获取更多的来自社区基层的公共体育需求信息，提高制度本身的科学性，而且可以在一定程度上促进制度的有效执行。我们可以采取如下措施提升城市社区居民参与公共体育服务制度制定的力度。首先，政府部门应建立政务公开机制，及时发布制定相关制度的信息。其次，应丰富社区居民参与制度执行决策的方式与途径，力求简洁易行。

5.4.2　规范制度内容：明确城市社区公共体育服务内容的指标和标准

城市社区公共体育服务制度内容的规范化、明晰化、指标化与标准化，是其发挥序参量约束役使作用的重要前提。制度内容的规范化不仅可以促使城市社区公共体育服务主体在建设过程中做到有据可依、依据而行，而且可以对城市社区公共体育服务系统的建设过程与发展效果进行监督、衡量与评价。《体育事业发展"十二五"规划》强调："加强体育标准化工作，初步构建服务体育事业科学发展的标准体系、制度体系、体育标准化制度组织体系。抓紧制定体育发展急需的国家标准和行业标准。"因此，在制定城市社区公共体育服务制度时，应明晰制度内容、规范建设指标、设定建设标准，为城市社区公共体育服务系统的建设和发展指明方向。

回顾公共体育服务的相关制度政策，不难发现，国家层面出台的一些政策文件本身的规定性、明晰度以及标准化不高，对城市社区公共体育服务系统的建设目标以及具体建设指标的规定较含糊，缺乏明确的建设或考核标准，难以为公共体育服务主体提供明确的指导，严重影响制度政策的执行力。各地方主管部门设置的公共体育服务制度安排也相对不足，多数政策文件只是套用国家文件，并未因地制宜地设置相应的制度内容，可操作性不强，对地方社区公共体育服务系统建设实践的指导价值不高。因此，为发挥城市社区公共体育服务制度的指导与役使作用，应规范城市社区公共体育服务制度内容。

第一，根据城市社区公共体育服务系统建设总目标，制定具体的建设指标。首先，以城市社区公共体育服务系统建设总目标位指导，采用民主决策机制，邀请公共体育服务制度涉及的相关利益主体共同讨论、协商与论证，初步制定具体建设指标。其次，应保证相关建设指标的独立性、代表性、可测性与可操作性，明晰相关指标的内涵。最后，应对制定的相关制度内容，实行试行制，根据试行期间的反馈信息适度调整制度内容。

第二，根据具体建设指标与本地实际，制定切实可行的建设标准。相关标准的制定是保障城市社区公共体育服务系统建设质量的必要条件，是衡量公共体育服务系统建设情况的准则。制定相关指标的标准应参考本地实际情况，科学设计标准测度，标准要求过高，则会脱离实际，要求过低，则难以实现建设目标，应坚持"切合实际、适度超前"的原则。

5.4.3 强化监督管理：完善城市社区公共体育服务的监督评价机制

在城市社区公共体育服务系统非平衡演进的过程中，公共体育服务的监管长期处于"监督主体缺位、监督内容缺失、监督方式单一"的平衡态，致使出现监督疲软的问题。因此，应积极完善监督机制，健全丰富监督主体，提升监督方式的科学化水平，明确监督内容，建构评价体系，解决城市社区公共体育服务监督不力的问题。

5.4.3.1　倡导城市社区公共体育服务监督主体的多元化

城市社区公共体育服务监督主体主要以政府部门内部监督为主，在监督过程中存在着监督主体缺位、不作为等问题，监督效果不甚理想。为提高监督效果、发挥监督功效，有必要丰富城市社区公共体育服务监督主体，提倡多元主体共同参与监督管理。

第一，应发挥人民代表大会的权力监督职能。我国宪法规定，人民代表大会是权力机关，具有立法权、决定权、任免权、监督权。各级人民代表大会是地方权力机关，有权对地方社会经济发展、地方行政部门的工作等进行监督测评。与此同时，人民代表大会是由人民代表组成的权力主体，不同于体育行政部门等官方力量，作为监督主体，具有一定的合理性和相对的独立性，能够发挥良好的监督测评作用。因此，在城市社区公共体育服务监督工作中，应积极发挥人民代表的权力监督职能。

第二，应发挥人民政治协商会议的民主监督职能。人民政治协商会议是中国共产党领导的多党合作和政治协商的重要机构，是中国政治生活中发扬社会主义民主的一种重要形式，主要职能包括政治协商、参政议政、民主监督，能够通过建议和批评对国家宪法、法律和法规的实施，重大方针政策的贯彻执行，以及国家机关及其工作人员的工作进行监督。人民政治协商会议是由中国共产党、各民主党派、无党派人士、人民团体、少数民族和社会各界代表等组成的，同样不同于行政机关等官方力量，作为监督主体也具有一定的合理性与相对的独立性，能够很好地行使监督职能。

因此，在城市社区公共体育服务监督工作中，同样应积极发挥人民政治协商会议的民主监督职能。

第三，应发挥公众和新闻舆论的社会监督作用。社会公众作为公共体育服务的对象群体，对公共体育服务的质量优劣、水平高低拥有绝对的发言权，他们熟识公共体育服务的现状，了解存在的问题与不足，不仅能够反馈有效信息，而且可以发挥良好的监督作用。社会舆论监督是新闻媒体拥有运用舆论的独特力量，帮助公众了解政府事务、社会事务和一切涉及公共利益的事务，并促使其沿着法制和社会生活公共准则的方向运作的一种社会行为的权利。随着信息时代的到来，社会舆论的监督作用愈发重要，因此应当予以重视。

5.4.3.2　采用"自上而下"与"自下而上"相结合的监督方式

目前，城市社区公共体育服务系统建设的监督方式主要采用自上而下的监督方式为主，这种监督方式具有一定的行政约束力，在一定程度上促进的公共体育服务建设工作的开展，但是也会促使下级部门将工作重点放在应付检查、迎合上级部门上，很难获取真实有效的反馈信息，严重影响监督的效果。因此，为改善这种状况，应采用"自上而下"与"自下而上"相结合的监督方式，提高监督效果。

首先，应继续实施"自上而下"的监督方式。"自上而下"的监督方式虽然存在一定的缺点，但是其具有一定的行政约束力与强制性，能够在一定程度上督促下级部门积极开展公共体育服务建设工作。

其次，应建立完善"自下而上"的监督方式。"自下而上"的监督方式虽然能够反馈真实信息，发挥监督作用，但是，这种监督方式还尚未形成一套科学规范、行之有效的运行体系。因此，应积极建立完善这一监督方式，使其能够顺利地发挥监督功效。

5.4.3.3　构建城市社区公共体育服务系统发展评价体系

城市社区公共体育服务系统建设发展的最终目的是提供优质的公共体育服务，满足广大社区居民的公共体育需求。提供的公共体育服务质量如何？社区居民的公共体育需求的满足程度怎样？这些问题的解决需要进行评价考核，这就需要构建客观科学的评价体系。城市社区公共体育服务评价体系的确立，不仅能够明确监督内容，而且可以对城市社区公共体育服务系统的发展情况进行衡量，及时发现存在的问题，以便进一步改进。那么，我们应该如何构建这一评级体系？相关步骤如下：

第一，应确定评价主体，即应明确由"谁"来进行评价。第二，应确定评价客体，即应明确对"谁"进行评价。第三，筛选评价指标。评价指标是对评价客体所要达到的总目标进行分解得到的易于测量的指标。第四，确定评价标准，根据评价指标制定相应的评价准则与测度。第五，确定评价方法。评价方法应根据评价客体的属性和评价指标的性质进行选择。

5.5　优化环境：城市社区公共体育服务系统非平衡演进的基础

系统科学认为，环境是一切系统生存的基础，不存在脱离环境的系统。如前文所述，城市社区公共体育服务系统发展所需的物质、能量、信息等均来自系统之外的环境。因此，营造优越的环境条件，为公共体育服务系统的发展提供充足的养分，是城市社区公共体育服务系统非平衡演进的基础。

5.5.1　优化财政支持：改善城市社区公共体育服务系统的经济环境

国家统计局统计数据显示，2013 年，国内生产总值 568845 亿元，按可比价格计算，比上年增长 7.7%，社会经济稳步发展。社会经济的高速发展为体育事业的发展奠定了坚实的经济基础。刘鹏局长在 2013 年全国体育局长会议上指出，2013 年，在基本公共体育健身场地设施建设方面，投入总局本级体育彩票公益金约 13.3 亿元，建设体育健身工程近 50000 个、雪炭工程 190 个，并采购符合新国标的健身路径器材 1192 套。[①] 虽然国家对于体育事业的投入不断增加，但是总体看来，体育事业经费投入比例占 GDP 与国家财政支出的比重非常低，不能满足体育发展的需要。相关研究表明，2002 年至 2007 年，体育事业经费投入占 GDP 的比重仅为 0.12% 左右。西欧多数发达国家体育经费占本国 GDP 的比值超过 1% 以上，瑞士体育投入占 GDP 的比例高达 4.3%。[②] 国家体育经费投入的不足，严重影响了公共体育服务系统的建设。因此，应对公共体育服务系统发展的经济环境进行优化，保障体育经费的投入，为公共体育服务系统的非平衡演进奠定坚实的经济基础。

第一，加强公共体育服务财政保障法规的执行与监督。为保障体育事业发展必要的财政支持，国家相继出台了一系列的法规政策，对体育事业财政投入进行规约。《中华人民共和国体育法》明确规定："县级以上各级人民政府应当将体育事业经费、体育基本建设资金列入本级财政预算和基本建设投资计划，并随着国民经济的发展，逐步增加对体育事业的投入。"[③]《全民健身条例》也明确指出："县级以上地方人民政府应当将

---

① 刘鹏局长在全国体育局长会议上的讲话［EB/OL］.［2013-12-24］. http://sports.people. com.cn/2013/1224/c22176-23935760.html.

② 李丽，张林.体育公共服务：体育事业发展对公共财政保障的需求［J］.体育科学， 2010, 30（6）：53—58.

③ 中华人民共和国体育法［EB/OL］.［1995-08-29］. http://www.old.moe.gov.cn/pnblicfiles/ business/htmlfiles/moe/s6615/2017/138901.html.

全民健身事业纳入本级国民经济和社会发展规划，……县级以上人民政府应当将全民健身工作所需经费列入本级财政预算，并随着国民经济的发展逐步增加对全民健身的投入。"① 此外，还有一些政策文件，诸如《公共文化体育设施条例》等，对体育事业经费问题进行规定。但是，相关政策法规的执行情况不尽人意，地方政府对于体育发展的财政投入明显不足。因此，应加强相关政策法规的执行力度与监督考核，督促相关部门积极执行，为公共体育服务发展提供财政支持。

第二，协调竞技体育与群众体育的财政投入比例。由于历史原因，竞技体育一直受到各级政府的重视，在发展过程中能够获得充足的经费保障。与之相对的群众体育事业则发展相对缓慢，经费投入相对较少，致使公共体育健身场地设施、健身指导员等相对缺乏，长期处于"供需失衡"的平衡态。相关研究显示，2008 年我国体育事业资金支持总额为 3327020.6 元，其中，群众体育资金支出仅为 691053 万元，占总经费的比例仅为 20.77%。② 由此可见，群众体育资金支出比例明显偏低。因此，应协调体育事业资金的投入比例，优化资金投入结构，为公共体育服务发展提供资金保障。

第三，拓宽公共体育服务经费的来源渠道。除了优化政府财政投入外，应积极拓宽城市社区公共体育服务资金的来源渠道，积极引入社会资本参与建设。纵观发达国家公共体育服务建设实践，社会的支持是推动公共体育服务有序发展重要力量。刘鹏局长在 2013 年全国体育局长会议上强调："在强化政府基本公共体育服务职能的基础上，由直接管理向注重引导、

---

① 全民健身条例［EB/OL］.［2009-08-30］. http://baike.baidu.com/item/%E5%85/fr=aladdin.

② 国家体育总局体育经济司. 体育事业统计年鉴［M］. 北京：国家体育总局经济司，2009.

注重激发各方面作用转变，创新思维，推广购买公共体育服务，发挥社会单位、社会组织、体育社团的作用，充分调动社会力量参与到基本公共体育服务体系的构建中。"① 因此，城市社区公共体育服务系统建设应进一步开放，充分利用丰富的社会物质经费等资源，拓宽资金来源渠道，调动市场组织、体育社团、广大社区居民参与建设的积极性与能动性，缓解自身发展遇到的物质、人员、经费等问题。

5.5.2 加强宣传引导：改良城市社区公共体育服务系统的文化环境

毋庸置疑，和谐的社会人文环境无疑有利于城市社区公共体育服务系统的非平衡演进。由于受传统观念的影响，社会对于公共体育事业的发展存在一定的偏见，认为体育事业的发展无足轻重，往往将其置于边缘化位置，严重阻碍了社区公共体育服务的发展。因此，应积极转变思想观念，树立正确的公共体育服务理念，提高对公共体育服务重要性的认识，加强体育宣传教育工作，积极引导社区居民科学健身，创造和谐的社区体育文化氛围，达到改良社会文化环境、促进公共体育服务系统建设的目的。

第一，树立正确的公共体育服务理念。首先，应加强宣传教育，改变传统观念对于体育的轻视，提升对社会公共体育事业重要性的认识，提高对公共体育服务工作的认同度、认可度以及接受度，形成正确的公共体育服务价值观，促进社会对公共体育服务系统建设的理解、关注与支持。其次，应优化舆论环境。积极引导社会舆论正确认识、评价与宣传公共体育服务系统建设，增加对公共体育服务系统建设的诠释，创造积极向上的公共体

---

① 刘鹏局长在全国体育局长会议上的讲话［EB/OL］.［2013-12-24］. http://sports.people.com.cn/2013/1224/c22176—23935760.html.

育服务舆论环境。

第二，创建和谐的社区体育文化氛围。首先，应积极引导社区居民形成良好的生活方式，积极参与体育运动锻炼，丰富社区体育文化生活，创造良好的体育文化氛围，支持公共体育服务系统建设。其次，应创建平等的对话交流机制，保证社区居民公共体育需求表达的通畅性与参与社区体育事务决策的权力，促进公共体育服务主体与服务对象之间的交流与沟通、理解与认可，形成和谐的社区体育文化氛围。

5.6　小结

本章主要是针对城市社区公共体育服务系统非平衡演进存在的问题提出非平衡演进的现实路径选择。主要从适度开放、加强联系、以需为本、规范制度与优化环境五个方面进行论述。研究认为，适度开放是城市社区公共体育服务系统非平衡演进的前提，可以通过汲取社会资源、发展多元主体以及援引先进模式等途径促进城市社区公共体育服务系统适度开放；加强联系是城市社区公共体育服务系统非平衡演进的关键，可以通过促进主体交流、贯通表达渠道等途径加强城市社区公共体育服务系统组分之间的联系；以需为本是城市社区公共体育服务系统非平衡演进的核心，应确立社区居民的中心地位，践行社区居民导向的体育服务理念，建立"以需为本"的公共体育服务供给机制；规范制度是城市社区公共体育服务系统非平衡演进的保障，应鼓励社区居民参与城市社区公共体育服务决策，进一步规范公共体育服务制度内容，完善城市社区公共体育服务监督评价机制；优化环境是城市社区公共体育服务系统非平衡演进的基础，应对城市社区公共体育服务系统的经济环境与社会文化环境进行优化，为其发展创造良好的经济条件与文化氛围。

第 6 章　城市社区公共体育服务系统
非平衡演进的效果评价

　　城市社区公共体育服务系统的非平衡演进不仅需要以政府为主导的其他建设主体积极参与、协同运动，而且还应积极征求城市社区公共体育服务对象的意见，促使城市社区公共体育服务主体与服务对象之间能够畅通交流、良性互动。然而，城市社区公共体育服务系统非平衡演进的实际效果究竟如何？是否形成了"对外开放、外内搞活"的非平衡态？能否提供优质的公共体育服务呢？我们有必要对其非平衡演进的效果进行监督评价。实际上，在城市社区公共体育服务系统的建设实践中，监督评价机制的不健全在很大程度上影响了公共体育服务系统的良性发展。正如前文所述，从评价主体上讲，体育行政部门既是供给主体，又是监督评价主体，致使评价结果缺乏科学性；从评价内容上讲，主要考察是否按照相关政策规定的指标进行建设，对其适用性的评测不足；从评价方式看，主要采用自上而下的方式，基层社区居民的评测意见难以表达。因此，完善监督评价机制、构建客观科学的评价体系势在必行。基于上述分析，本书尝试构建城市社区公共体育服务系统非平衡演进效果的评价体系，旨在完善监督考核机制、提高监督评价效果，更好地推动城市社区公共体育服务系统有序演进。

6.1　城市社区公共体育服务系统非平衡演进效果评价的价值意蕴

6.1.1　科学的评价体系是满足城市社区居民体育需求的制度保障

在 2014 全国体育局长会议上，国家体育总局李鹏局长表示，"体育系统一项很重要的工作，就是要按照十八届三中全会提出的加快社会事业改革的要求，进一步推进体育事业的改革创新，解决好人民最关心、最直接、最现实的利益问题，努力为社会提供多样化服务，更好地满足人民群众的体育和健身需求"[①]，并重点强调，"要探索建立全民健身体系考核评价办法"，促进公共体育服务体系建设，为满足广大居民多样化的体育需求提供制度保障。事实上，在城市社区公共体育服务系统的建设实践中，考核评价体系与方法的欠科学与不完善严重影响了城市社区公共体育服务系统建设的进程与质量。正如前文所述，在城市社区公共体育服务系统建设的监督评价过程中，作为重要利益相关者的社区居民常常被排除在评价主体之外，相关评价指标也常常忽视社区居民的现实需求与切实感受，评价方式也主要采用"自上而下"的执行方式，基层社区居民难以通畅地表达和传递反馈意见。因此，在探索建立与完善城市社区公共体育服务系统

[①]　刘鹏局长在全国体育局长会议上的讲话［EB/OL］.［2013–12–24］. http://sports.people.com.cn/2013/1224/c22176–23935760.html.

非平衡演进的评价体系过程中，应积极改变上述状况，重点强调城市社区居民的评价主体地位，筛选能够反映社区居民公共体育需求的评价指标，选取易于操作、便于执行的评价方法，从而为进一步满足城市社区居民的公共体育需求提供制度保障。

6.1.2 科学的评价体系是促进公共体育服务系统建设的重要手段

著名的国际质量管理专家、国际质量科学院院士詹姆斯·哈林顿（H. James Harrington）博士曾经指出："评价是关键，如果不能评价，你就不能控制；如果不能控制，你就不能管理；如果不能管理，你就不能提高。"科学的评价体系是促进城市社区公共体育服务系统非平衡演进的重要手段。第一，科学的评价体系可以判断、认定城市社区公共体育服务系统建设的水平高低、优劣程度，可以对城市社区公共体育服务系统的建设成效、存在的主要问题与矛盾等进行诊断；第二，科学的评价体系可以督促城市社区公共体育服务系统朝着预设的目标发展演进，可以激发城市社区公共体育服务系统的内在动力，提高评价对象的创造性与积极性；第三，科学的评价体系可以对城市社区公共体育服务系统的演进发展进行必要的调节，避免其偏离目标，使城市社区公共体育服务系统的建设进程能够顺利推进；第四，科学的评价体系可以对城市社区公共体育服务系统建设预期的发展目标、预期任务的完成情况进行考核，可以督促城市社区公共体育服务系统建设相关计划方案的制定与组织实施。由此可见，城市社区公共体育服务系统非平衡演进的评价体系的探索与完善是促进城市社区公共体育服务系统建设发展的重要手段。因此，我们应当积极地探索客观科学的城市社区公共体育服务系统非平衡演进效果的评价体系，从而发挥其重要的督促考核价值。

6.2　城市社区公共体育服务系统非平衡演进效果评价的设计思路

6.2.1　城市社区公共体育服务系统非平衡演进效果的评价思路

思路主要是指对问题进行分析、处理时人们思维活动进展的线路或轨迹。城市社区公共体育服务系统非平衡演进的评价思路主要是指在对城市社区公共体育服务系统非平衡演进情况进行评价和考核时所采用的分析处理线路。在参考相关文献的基础上，城市社区公共体育服务系统非平衡演进的评价思路主要包括以下四部分：一是确定评价目的，二是制定评价体系，三是实施评价方案，四是分析评价结果。具体评价思路如图 6-1 所示。

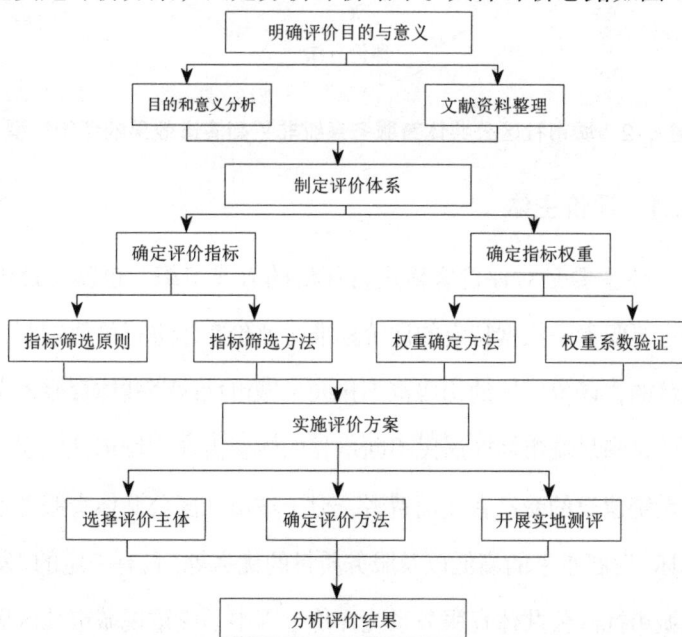

图 6-1　城市社区公共体育服务系统非平衡演进效果评价思路

6.2.2　城市社区公共体育服务系统非平衡演进效果评价模型

城市社区公共体育服务系统非平衡演进效果的评价模型主要包括评价主体、评价指标、评价标准、评价方法与评价客体五个部分。它们之间的关系可以表述为，评价主体依托评价指标和评价标准、运用评价方法对评价客体进行测评（如图6-2所示）。在对城市社区公共体育服务系统的非平衡演进进行测评之前，首先应明确评价模型的各组成部门的内涵和作用。

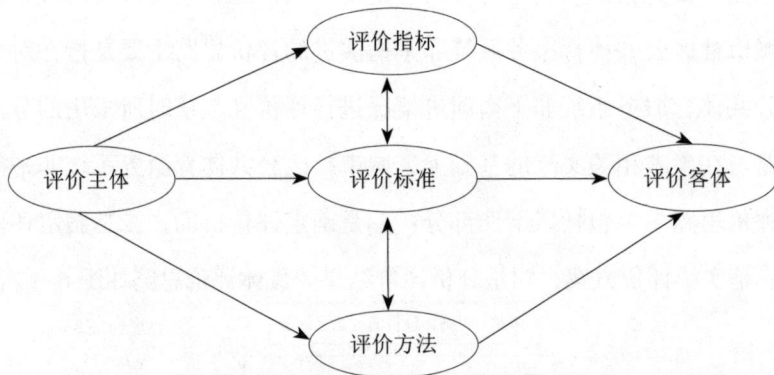

图6-2　城市社区公共体育服务系统非平衡演进效果的评价模型

6.2.2.1　评价主体

评价主体主要是对评价客体进行评价的人或组织，也就是评价者。评价主体的主要职责是依据特定的评价标准对评价客体进行价值判断，根据不同的评价目的，评价主体的构成也不相同。城市社区公共体育服务系统建设的主要目的是满足城市社区居民不断增长的体育需求，城市社区居民是公共体育服务系统建设的受益者或消费者，对于城市社区公共体育服务系统建设状况的好坏、发展水平的高低以及服务质量的优劣等，具有一定的"发言权"。因此，在城市社区公共体育服务系统评价过程中，应重视城市社区居民对公共体育服务的进行评价的作用，确立他们的评价主体地位。

6.2.2.2　评价指标

评价指标是评价目标一个方面的规定，它是具体的、可测量的、行为化和操作化的目标，是目标的细化，具有行为化、可测量的特点，是直接的、具体的评价内容。评价目标逐级分解后形成了一个既有层次顺序，又相互联系的指标群。在评价目标分解的过程中，第一次分解后得到的指标称为一级指标，一级指标再次分解后形成二级指标，二级指标分解后得到三级指标……，直到指标具有可测性不用再分解时，则指标体系形成。将评价目标逐级进行分解形成末级评价指标的过程，即为建构评价指标体系的过程。城市社区公共体育服务系统是指由以满足城市社区公共体育需求为目的的相互作用和相互联系的要素组成的具备提供公共体育服务功能的有机整体，在提供公共体育服务功能的引领下，城市社区公共体育服务系统内部组分之间相关联系、协调配合，不断地满足城市社区居民的公共体育需求。因此，在制定城市社区公共体育服务系统评价指标时，应重点考虑提供的公共体育服务的优劣，系统组分之间的联系与协作以及城市社区居民公共体育需求满足情况。在此基础上，将相关指标进行细化，获取易于操作、便于测量的评价指标。

6.2.2.3　评价标准

标准意指衡量人或事物的准则，评价标准是指评价人或事物的准则。每项指标都有自己的评价标准，多项指标的评价标准的组合就构成了评价标准体系。按照评价标准的性质可以分为主观标准与客观标准、绝对标准与相对标准，按照表达形式可以分为定性标准与定量标准，按照测量尺度可分为类别标准、等级标准、等距标准、比值标准和隶属度标准等。确定城市社区公共体育服务系统非平衡演进的评价指标体系后，应对各评价指标的评价标准进行编制。根据城市社区公共体育服务系统非平衡演进的实际情况，我们可以灵活选用相应的评价标准。

6.2.2.4 评价方法

一般认为，方法是关于认识世界和改造世界的目的方向、途径、策略手段、工具以及操作程序的选择系统。评价方法主要是指依据特定的评价目的、内容、要求、对象、评价力量、实施条件等方面的因素，从相应评价理论的方法群中选取的评价方法、技术和工具，并进行合理配置，而构成的一个具有操作性的方法技术系统。评价方法可以分为定性评价方法与定量评价方法两种。定性评价方法是一种非数量化方法。在应用这种方法测定评价要素隶属度时，先依据指标内涵及其质量要求，划定（优、良、中、差）等级的标准区间，确定隶属度的模糊矩阵，然后，评价者采用评价信息资料进行推理和价值判断，进而对照指标（优、良、中、差）的等级区间标准，确定每一项指标隶属于"优、良、中、差"中的某一个等级。如个人判断法、多人判定法、专家会议法、现场评定法、混合评判法等都是定性测定法。定量评价方法是一种数量化方法，评价者依据客观统计资料，对照评价要素的质量要求，对被评对象的性状进行定量分析、判定，然后按照一定的数学程序和数量标准，确定评价要素隶属于"优、良、中、差"某一等级区间的测量手段和技术。同样，在城市社区公共体育服务系统非平衡演进的评价过程，应结合实践情况，灵活运用相关的评价方法。

6.2.2.5 评价客体

评价客体是评价主体认识和评价的对象，即评价对象。在城市社区公共体育服务系统的评价过程中，城市社区公共体育服务系统建设的方方面面都可以作为评价对象，例如，城市社区公共体育服务系统的演进状态、发展过程、现实成果等。考察评价客体时，应充分考虑评价客体内部与外部、显性与隐性因素的影响，客观科学地对其进行评价。若忽略相关因素的影响，将城市社区公共体育服务系统视为孤立的、静止的客体进行评价，则可能导致评价结果出现偏颇，得出的结论与提出的整改建议也会有一定的局限性。

6.3　城市社区公共体育服务系统非平衡演进效果评价指标体系的构建

6.3.1　城市社区公共体育服务系统非平衡演进效果评价指标的筛选原则

6.3.1.1　科学性原则

对城市社区公共体育服务系统非平衡演进进行测评，应遵循城市社区公共体育服务系统自身发展的规律，改革传统的以绩效进行评价的偏颇做法。应以满足城市社区居民公共体育需求为目的，确定城市社区居民的评价主体地位，结合城市社区公共体育服务系统的现实状况，筛选易于操作、便于执行、相对全面的评价指标，对城市社区公共体育服务系统的发展演进情况进行客观、科学的评价。

6.3.1.2　导向性原则

导向性原则主要要求城市社区公共体育服务系统评价指标应坚持正确的方向，规范评价对象的行为，引导评价客体的演进与发展。评价能够使评价客体认识到自身存在的不足与缺点，并明确努力的方向。

6.3.1.3　操作性原则

操作性原则主要是指评价指标的设计应简洁明了、涵义明确、便于观测，并与城市社区公共体育服务系统演进实践紧密结合，在评价过程中便于操作执行、易于获取反映现状的资料与信息。

6.3.1.4 可比性原则

可比性原则要求评价指标要有纵向（被测量评价客体与自己比较）和横向（与他人比较）两个自由度。在纵向、横向两个维度上，都要有连续性和可比性，特别要注意城市社区公共体育服务系统发展评价结果的区分，使测评具有广泛的公信力，测量评价结果具有可比性与可接受性。

6.3.1.5 发展性原则

发展性原则是对城市社区公共体育服务系统进行测评的重要原则之一，对城市社区公共体育服务系统进行评价的主要目的就是诊断演进过程中存在的问题与矛盾，提出相应的整改建议，促进其非平衡发展。因此，在城市社区公共体育服务系统测评过程中，应坚持以发展的眼光看待城市社区公共体育服务系统的演进发展。

6.3.1.6 代表性原则

作为复杂的巨系统，城市社区公共体育服务系统涉及众多要素。在评价指标的选取过程中，不可能将所有要素均作为指标进行测评，因为面面俱到的评价指标不仅提高评价工作的难点，也降低了评价指标的可操作性。因此，在选取评价指标时，重点选取代表性强的、能够反映主要信息的指标。

6.3.1.7 有效性原则

有效性是指对于城市社区公共体育服务系统的测评应真实有效，能够客观反映其现实状况。传统评价常常重视指标数据的易取性，而对有效性却考虑不足。实际上，评价的有效性才是评价工作真正的出发点和落脚点。离开了有效性，即使测量评价过程再客观、结果再准确，还是不能正确评价客体的真实状态。

6.3.1.8　独立性原则

独立性原则要求城市社区公共体育服务系统评级指标之间应相对独立，避免用两个指标测量同一个问题或是两个指标之间具有较高的相关性。因此，在确定好评价指标后，应进行相关分析或聚类分析，合并或剔除相关性较高的指标，提高评价的科学性与准确性。

6.3.2　城市社区公共体育服务系统非平衡演进效果评价指标的初步筛选

在城市社区公共体育服务系统非平衡演进评价模型的分析中，要确定评价主体和评价客体。下文将对城市社区公共体育服务系统非平衡演进评价指标进行分析筛选，获取评价指标体系。主要采用文献资料法、实地调研法与专家咨询法初步筛选评价指标。

6.3.2.1　文献资料整理筛选评价指标

通过对城市社区公共体育服务评价相关资料进行查询检索，收集整理与城市社区公共体育服务系统评价具有较高相关性的评价指标，主要的参考文献有《城市社区体育公共服务居民满意度调查分析》《地方政府公共服务质量评价体系及其应用》《江苏省城镇居民体育公共服务满意度调查》《全民健身公共体育服务评价指标体系探析》《体育公共服务绩效评价：指标体系构建与评分计算方法》《体育生活化社区评价指标体育研究》等。虽然上述文献中的相关指标并不全面，例如一些指标例如体育场地设施、体育服务指导、体育活动开展等属于城市社区公共体育服务的内容被包含在城市社区公共体育服务系统范围之内。因此，我们将上述相关指标进行分析整理、重新组合，初步确定为相关评价指标，为评价指标体系的最终确定提供参考。

6.3.2.2　实地调研访谈筛选评价指标

为了客观了解城市社区居民的公共体育需求，获取评价城市社区公共体育服务系统非平衡演进效果的相关指标，笔者及调研团队分别对江苏省与山东省部分城市社区进行实地调研，结合社区公共体育服务实践情况，对部分社区居民进行访谈，获取相关建议。主要可以总结为以下几点：（1）在城市社区公共体育服务内容方面，城市社区居民大多认为不仅应该增加公共体育服务的数量，而且应该提高公共体育服务的质量与种类，重点是应结合本社区实际，提供多样性的公共体育服务。（2）在城市社区公共体育服务主体方面，一些社区居民认为，政府部门应重视公共体育服务系统建设，增加公共体育服务经费投入，增加基础体育建设场馆设施建设，积极对体育社团进行培育，并创造条件，鼓励市场组织提供差异性的公共体育服务，促进公共体育服务主体多元化，从而提高公共体育服务的供给效率。（3）在城市社区居民公共体育需求表达方面。一些居民认为，在公共体育服务系统建设过程中，因考虑社区居民实际的体育需求，积极听取居民的意见，建立社区居民对公共体育服务建设情况的考核评价机制，充分发挥社区居民在监督评价中的重要作用。

6.3.2.3　专家咨询交流筛选评价指标

笔者在参加第九届全国体育科学大会、第四届中国体育博士高层论坛期间，就城市社区公共体育服务系统评价指标问题对体育管理学、体育社会学以及体育政策研究领域的相关专家进行了访谈咨询。一些专家认为，城市社区公共体育服务系统是复杂的巨系统，对其进行评价需要依据可操作性、代表性与易观测性原则，逐级对评价指标进行分析，尽量将相关指标进行细化，使其能够准确反映评测信息。有的专家认为，城市社区公共体育服务系统的测评，应以是否满足城市社区居民的公共体育需求为出发点，充分考虑社区居民运动健身的便捷性与舒适性，确立城市社区居民在公共体育服务评价中的主体地位，重视城市社区居民公共体育服务的满意度。还有的专家认为，相关指标的选取不应只重视城市社区公共体育服务内容，而且还应涉及城市社区公共体育服务主体的多样性与积极性、城市社区公共体育服务对象的需求表达通畅性与问题处理的及时性等相关指标，尽量将能够表征城市社区公共体育服务系统非平衡演进实况的相关指标囊括在内。

通过文献分析、实地调研与专家访谈，对城市社区公共体育服务系统非平衡演进的评价指标进行的分析、整理与组合，初步形成了包括 3 个一级指标、10 个二级指标与 28 个三级指标的评价指标体系，为评价指标体系的最终确定奠定了基础。

6.3.3　城市社区公共体育服务系统非平衡演进效果评价指标的最终确定

在初步选定城市社区公共体育服务系统非平衡演进的评价指标之后，采用特尔斐法咨询相关领域专家判定指标的合理性，进而筛选最终指标，专家选取及具体判断过程如下。

6.3.3.1　咨询专家的基本情况

（1）咨询专家的选定

选择相关领域专家对初选指标进行判定是特尔斐法的重要步骤之一。因此，在选取城市社区公共体育服务非平衡演进评价指标的判定专家时，应结合专家的研究领域、知识结构、工作年限以及相关研究基础进行选择。

基于此，笔者结合研究需要，主要选取了具有相关研究基础的高校体育工作者、体育科研机构的研究人员以及体育行政部门的管理人员作为专家咨询对象（如表6-1所示）。

表6-1　咨询专家的知识结构与工作单位一览表

研究领域	大学	科研单位	体育行政部门	总计
体育管理学	4	1	2	7
体育社会学	4	1	1	6
体育法学	2	0	1	3
总计	10	2	4	16

（2）咨询专家的人数

一般而言，咨询专家的人数为4—16人，便能够得到较为满意的咨询结果，本研究结合实际需要，并结合相关专家的特点，最终确定由16人组成的专家小组对评价指标进行判定。

（3）咨询专家的职称结构与工作年限

咨询专家主要由体育社会学、体育管理学、体育法学等领域的专家组成，也包括体育主管部门的工作人员。他们对于城市社区公共体育服务发展评价具有一定的研究基础和实践经验，职称结构与工作年限较为合理（如表6-2所示）。

表6-2　咨询专家的职称结构与工作年限一览表

工作年限	大学	科研单位	体育行政部门	总计
20年以上	2	0	1	3
10—20年	5	4	3	12
10年以下	0	1	0	1
总计	7	5	4	16

6.3.3.2　两轮专家判定情况

以问卷形式对相关专家进行咨询，采用李克特五级量表（很合理、合理、一般、不合理、很不合理）调查形式。首先运用重测法和专家判定法对问卷的信度和效度进行测定，统计表明问卷具有良好的信效度，可以对相关专家进行调查咨询。第一轮邀请16位专家对城市社区公共体育服务系统非平衡演进的评价指标进行判定，回收问卷 14 份，专家积极系数为 87.5%。根据第一轮的专家判定情况和修改意见，对相关指标进行调整、合并与剔除，形成新的咨询问卷，进行第二轮专家咨询，共对 14 名专家进行咨询，回收问卷 14 份，专家积极系数为 100%（如表 6-3 所示）。

表 6-3　两轮咨询专家积极系数一览表

轮次	发放	回收	积极系数
第一轮	16	14	87.5%
第二轮	14	14	100%

6.3.3.3　评价指标的最终确定

表 6-4　城市社区公共体育服务系统非平衡演进的评价指标体系一览表

一级指标（B）	二级指标（C）	三级指标（D）
B1 公共体育服务主体	C_{11} 体育行政部门	D_{111} 社区公共体育服务机构建设
		D_{112} 社区公共体育服务管理人员配置
B2 公共体育服务内容	C_{12} 其他建设主体	D_{121} 经营性体育组织的参与情况
		D_{122} 体育社团的参与情况
		D_{123} 社区居民的参与情况
	C_{21} 体育活动开展	D_{211} 开展体育活动的次数情况
		D_{212} 开展体育活动的种类情况
	C_{22} 体育场地设施	D_{221} 体育场地设施数量情况
		D_{222} 体育场地设施质量情况
		D_{223} 体育场地设施位置情况
		D_{224} 体育场地设施维修更新情况
	C_{23} 体育健身指导	D_{231} 社会体育指导员配置
		D_{232} 开展健身指导活动
		D_{233} 提供健身咨询情况
	C_{24} 公共体育政策	D_{241} 政策法规制订的科学性
		D_{242} 政策法规执行的效果
	C_{25} 居民体质监测	D_{251} 居民体质监测站点建设情况
		D_{252} 居民体质监测周期情况
		D_{253} 体育监测人员服务态度
B3 公共体育服务对象	C_{31} 体育需求表达	D_{311} 居民体育需求表达通畅程度
		D_{312} 居民体育需求表达处理情况
	C_{32} 服务监督评价	D_{321} 居民公共体育服务监督情况
		D_{322} 居民公共体育服务评价情况

经过两轮专家咨询后，相关专家对于城市社区公共体育服务系统非平衡演进的评价指标的判定基本趋于一致，评价指标的总体合理程度（很合理与合理之和）高于70%，笔者认为经过两轮专家咨询进行筛选的评价指标较为合理，不再进行第三轮咨询。城市社区公共体育服务系统非平衡演进的评价指标体系基本确定（如表6-4所示）。

6.4 城市社区公共体育服务系统非平衡演进效果评价指标权重的确定

权重是指某一评价指标在整个评价指标体系中所占的相对重要程度，它是一个相关概念，主要针对某一指标而言，评价指标权重确定的方法有很多种，例如，特尔斐法、权值因子判断表法、层次分析法（AHP）等。本研究主要采用层次分析法对评价指标的权重系数进行赋值，这一方法由美国学者 T. L. Saaty 于 20 世纪 70 年代提出的，该方法可以用数量科学、精确地描述专家的经验，实现定性分析（专家经验）与定量分析有机结合，具有易于操作、简单易用的特点。

6.4.1 城市社区公共体育服务系统非平衡演进效果评价指标权重的确定方法

（1）建立层次结构模型

这里的层次结构模型就是我们先前建立的评价指标体系，在层次分析法中，将评价指标体系的一级指标视为目标层，二级指标视为准则层，三级指标视为方案层（如图6-3所示）。

目标层

一级指标 B

准则层

二级指标 C_1　二级指标 C_2　二级指标 C_3

方案层

三级指标 D_1　三级指标 D_2　三级指标 D_3　三级指标 D_4　三级指标 D_5　三级指标 D_6

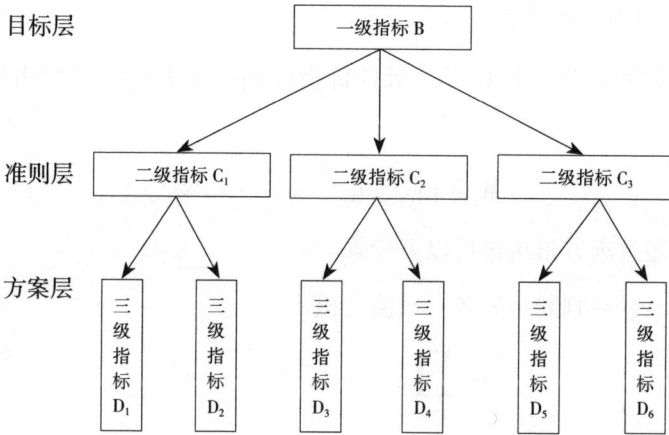

图 6-3　评价指标体系的层次结构模型

（2）构建判断矩阵

请相关专家参照评价指标重要程度赋值表（如表 6-5 所示）对各级评价指标的相关重要程度进行判定并赋值。

表 6-5　评价指标重要程度赋值表

赋值	说明
1	表示指标 a 与 b 相比，具有同样的重要性
3	表示指标 a 与 b 相比，指标 a 比指标 b 稍微重要
5	表示指标 a 与 b 相比，指标 a 比指标 b 明显重要
7	表示指标 a 与 b 相比，指标 a 比指标 b 强烈重要
9	表示指标 a 与 b 相比，指标 a 比指标 b 极端重要
2，4，6，8	对应以上两相邻判断的中间情况
倒数	a 与 b 相比的判断值为 c，则 b 与 a 的比较值为 $1/c$

统计整理专家对各级指标的重要程度和赋值情况，构建判断矩阵（如表 6-6 所示）。

表 6-6　某层判断矩阵形式

X_k	Y_1	Y_2	$\cdots$	Y_n
Y_1	Y_{11}	Y_{12}	$\cdots$	Y_{1n}
Y_2	Y_{21}	Y_{22}	$\cdots$	Y_{2n}
$\cdots$	$\cdots$	$\cdots$	$\cdots$	$\cdots$
Y_n	Y_{n1}	Y_{n2}	$\cdots$	Y_{nn}

（3）计算权重系数

根据判断矩阵，计算下一级评价指标相对于上一级评价指标的初级
权重

$$W_i'=(w_1',\ w_2',\ w_3',\ \cdots,\ w_n')^{\,T} \tag{6-1}$$

可以通过求方根法进行以下步骤。

首先，计算判断矩阵各行赋值之积

$$M_i=\prod_{j=1}^{n}a_{ij}\ (i=1,\ 2,\ \cdots,\ n) \tag{6-2}$$

$$W_i'=\sqrt[n]{M_i}\ (i=1,\ 2,\ \cdots,\ n) \tag{6-3}$$

然后，对 $W_i'=(w_1',\ w_2',\ w_3',\ \cdots,\ w_n')^{\,T}$，$i=1,\ 2,\ \cdots,\ n$ 进行对归
一化处理，即

$$W_i=\frac{W_i'}{\sum_{j=1}^{n}W_i'}\ (i=1,\ 2,\ \cdots,\ n) \tag{6-4}$$

则 $W=(w_1,\ w_2,\ w_3,\ \cdots,\ w_n)^{\,T}$ 即为各评价指标的相应权重。

（4）进行一致性检验

由于判断矩阵中的各指标值是专家主观断定的结果，具有很强的主观
性，往往会出现不一致的情况，因此有必要对判断矩阵进行一致性检验。

指标一致性检验公式为：

$$CR=\frac{CI}{RI} \tag{6-5}$$

其中，

$$CI=\frac{\lambda_{\max}-n}{n-1} \tag{6-6}$$

$\lambda_{\max}$ 是判断矩阵 A 的最大特征根，计算公式为：

$$\lambda_{\max}=\sum_{j=1}^{n}\frac{(AW)}{nW_i} \tag{6-7}$$

RI 是判断矩阵 A 的随机一次性指标，它只与矩阵阶数有关，其取值如表 6-7 所示。当 $CR=\dfrac{CI}{RI}<0.10$ 时，判断矩阵具有满意的一致性，否则需要调整判断矩阵。

表 6-7　n 阶判断矩阵 RI 值一览表

阶数 n	1	2	3	4	5	6	7	8	9
RI 值	0	0	0.58	0.90	1.12	1.24	1.32	1.41	1.45

6.4.2　城市社区公共体育服务系统非平衡演进效果评价指标的权重和赋值

按照城市社区公共体育服务系统非平衡演进评价指标权重确定方法步骤，本研究以城市社区公共体育服务内容为例对指标权重的确定过程进行示范分析，评价指标权重系数的具体赋值过程主要包括下面几个环节。

建构城市社区公共体育服务内容的层次结构模型，将城市社区公共体育服务内容作为目标层，体育场地设施、体育活动开展、体育健身指导、居民体质监测、公共体育政策等二级指标作为准则层，相关三级指标为方案层（如图 6-4 所示）。

咨询相关领域的专家，对城市社区公共体育服务内容的各层次的评价指标的相对重要性进行赋值，统计各专家的赋值，先将各专家赋值计算乘积，然后再进行求次方根处理。本研究共选取 7 位专家对评价指标相对重要性进行赋值，因此，先将各指标重要程度赋值进行乘积运算，再求 7 次方根。依据层次分析法的相应步骤进行求值，获取相关指标的权重系数。最后进行一致性检验，若满足检验要求，则权重系数赋值合理。

在城市社区公共体育服务内容各层评价指标中，下一层指标对上一层指标（方案层对准则层、准则层对目标层）的相应的判断矩阵、权重系数与一致性检验如表6-8至表6-14所示。

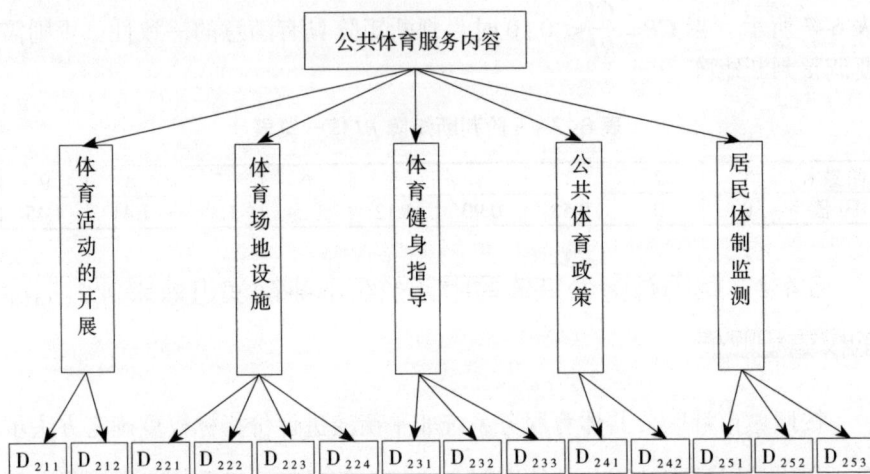

图6-4　城市社区公共体育服务内容层次结构模型

表6-8　城市社区体育活动开展指标判断矩阵与权重系数

C_{21}	D_{211}	D_{212}	权重
D_{211}	1	2	0.67
D_{212}	1/2	1	0.33

表6-9　城市社区体育场地设施指标判断矩阵与权重系数

C_{22}	D_{221}	D_{222}	D_{223}	D_{224}	权重
D_{221}	1	2	3	3	0.46
D_{222}	1/2	1	2	2	0.26
D_{223}	1/3	1/2	1	1	0.14
D_{224}	1/3	1/2	1	1	0.14

注：λ max=4.011，CR=0.004 < 0.1。

表6-10　城市社区体育健身指导指标判断矩阵与权重系数

C_{23}	D_{231}	D_{232}	D_{233}	权重
D_{231}	1	3	5	0.65
D_{232}	1/3	1	2	0.23
D_{233}	1/5	1/2	1	0.12

注：λ max=3.004，CR=0.0345 < 0.1。

表 6-11　城市社区公共体育政策指标判断矩阵与权重系数

C_{24}	D_{231}	D_{232}	权重
D_{241}	1	5/4	0.56
D_{242}	4/5	1	0.44

表 6-12　城市社区居民体质监测指标判断矩阵与权重系数

C_{25}	D_{251}	D_{252}	D_{253}	权重
D_{251}	1	4/3	5/2	0.45
D_{252}	3/4	1	3	0.40
D_{253}	2/5	1/3	1	0.15

表 6-13　城市社区公共体育服务内容指标判断矩阵与权重系数

B_2	C_{21}	C_{22}	C_{23}	C_{24}	C_{25}	权重
C_{21}	1	4/3	2/3	5/4	1	0.20
C_{22}	3/4	1	5/4	3/2	4/5	0.21
C_{23}	3/2	4/5	1	3/5	5/4	0.20
C_{24}	4/5	2/3	5/3	1	3/2	0.21
C_{25}	1	5/4	4/5	2/3	1	0.18

注：λ max=5.1568，CR=0.035 < 0.1。

表 6-14　城市社区公共体育服务系统评价指标判断矩阵与权重系数

A	B_1	B_2	B_3	权重
B_1	1	6/7	1	0.30
B_2	7/6	1	7/6	0.40
B_3	1	6/7	1	0.30

注：λ max=3.0056，CR=0.0048 < 0.1。

城市社区公共体育服务系统非平衡演进评价的其他各层指标，均如上述公共体育服务内容评价指标，依据专家赋值，构建判断矩阵，计算各级评价指标的权重系数。最后，构建各目标层评价指标对城市社区公共体育服务系统非平衡评价总目标的判断矩阵，确定各目标层相对于总目标的权重系数（如表 6-14 所示）。

计算整个评价指标体系的组合权重。根据专家判断矩阵，计算出各层指标权重系数，根据概率乘法原理要求，从最低层到最高层进行连乘计算，最终确定各层指标的组合权重，形成城市社区公共体育服务系统非平衡演进的评价指标权重体系（如表 6-15 所示）。

表 6-15 城市社区公共体育服务系统非平衡演进的评价指标体系一览表

一级指标（B）	二级指标（C）	三级指标（D）
B₁ 公共体育服务主体（0.30）	C₁₁ 体育行政部门（0.150）	D₁₁₁ 社区公共体育服务机构建设（0.081）
		D₁₁₂ 公共体育服务管理人员配置（0.069）
	C₁₂ 其他建设主体（0.150）	D₁₂₁ 经营性体育组织的参与情况（0.050）
		D₁₂₂ 体育社团的参与情况（0.050）
		D₁₂₃ 社区居民的参与情况（0.050）
B₂ 公共体育服务内容（0.40）	C₂₁ 体育活动的开展（0.080）	D₂₁₁ 开展体育活动次数情况（0.054）
		D₂₁₂ 开展体育活动种类情况（0.026）
	C₂₂ 体育场地设施（0.084）	D₂₂₁ 体育场地设施数量情况（0.039）
		D₂₂₂ 体育场地设施质量情况（0.021）
		D₂₂₃ 体育场地设施位置情况（0.012）
		D₂₂₄ 体育场地设施维修更新情况（0.012）
	C₂₃ 体育健身指导（0.080）	D₂₃₁ 社会体育指导员配置（0.052）
		D₂₃₂ 体育健身指导情况（0.018）
		D₂₃₃ 提供健身咨询情况（0.010）
	C₂₄ 公共体育政策（0.084）	D₂₄₁ 政策法规制订的科学性（0.047）
		D₂₄₂ 政策法规的执行效果（0.037）
	C₂₅ 居民体质监测（0.072）	D₂₅₁ 居民体质监测站点建设情况（0.032）
		D₂₅₂ 居民体质监测周期情况（0.029）
		D₂₅₃ 体育监测人员服务态度（0.011）
B₃ 公共体育服务对象（0.30）	C₃₁ 体育需求表达（0.160）	D₃₁₁ 居民体育需求表达通畅程度（0.088）
		D₃₁₂ 居民体育需求表达处理情况（0.072）
	C₃₂ 服务监督评价（0.140）	D₃₂₁ 居民参与公共体育服务监督（0.074）
		D₃₂₂ 居民参与公共体育服务评价（0.065）

各层指标权重系数释析。由 B 层上各一级指标的权重系数可知，城市社区公共体育服务内容指标所占的比重最大，达到 0.40。由此可见，专家对城市社区公共体育服务内容的认可度较高。事实上，提供多样性的城市社区公共体育服务内容，满足城市社区居民的公共体育服务需求，是城市社区公共体育服务系统建设的最终目的，城市社区公共体育服务主体的发展与城市社区公共体育服务对象的参与都是围绕着公共体育服务内容这一核心目的而展开的。因此，城市社区公共体育服务内容的权重系数高于城市社区公共体育服务主体与公共体育服务对象。此外，城市社区公共体育服务主体与城市社区公共体育服务对

象的权重系数相同，这说明专家认为公共体育服务主体与公共体育服务对象所发挥的作用是同等重要的，因此，在城市社区公共体育服务系统建设过程中，既应重视公共体育服务主体的建设，也应强调公共体育服务对象的参与。

从 C 层各二级指标的权重看，城市社区居民的体育需求表达、体育行政部门与其他建设主体的权重系数分别为 0.16、0.15、0.15，在 C 层上居于前三位，说明在各二级指标中，专家对社区居民的体育需求表达、体育行政部门与其他建设主体的认可度较高，在城市社区公共体育服务系统建设过程中，应重视社区居民的体育需求表达，强调体育行政部门与其他参与主体的作用。

在 D 层各三级指标权重中，专家对社区公共体育服务机构建设、社区公共体育服务管理人员配置、经营性体育组织的参与情况、体育社团的参与情况、社区居民的参与情况、体育活动开展次数情况、社会体育指导员配置、政策法规制订的科学性、居民体育需求表达通畅程度、居民体育需求表达处理情况、居民公共体育服务监督情况、居民公共体育服务评价情况等指标的认可度较高。因此，在城社区公共体育服务系统非平衡演进的评价中，应重视分析这些指标的建设发展情况。

6.5　城市社区公共体育服务系统非平衡演进效果的模糊综合评价

如前文所述，建设和发展城市社区公共体育服务系统的根本目的是满足城市社区居民不断增长的多元化的公共体育需求，社区居民是城市社区公共体育服务系统建设的应然评价主体。城市社区居民公共体育需求满足程度具有一定的模糊性，是城市社区居民对于公共体育服务系统建设的一种自身感受，难以用精确量化的指标去衡量。此外，从确定的评价指标体系看，多数指标属于定性指标，需要作为评价主体的社区居民根据实际情况与自身感受去综合判断，在一定程度也决定需采用模糊综合评价法。

6.5.1 城市社区公共体育服务系统非平衡演进效果的模糊综合评价步骤

模糊评价法是以模糊数学原理为基础，对复杂巨系统进行测评的一种方法，其基本原理是用"属于程度"代替"属于或不属于"，主要刻画元素对于某一集合的"隶属程度"，基本步骤如图6-5所示。

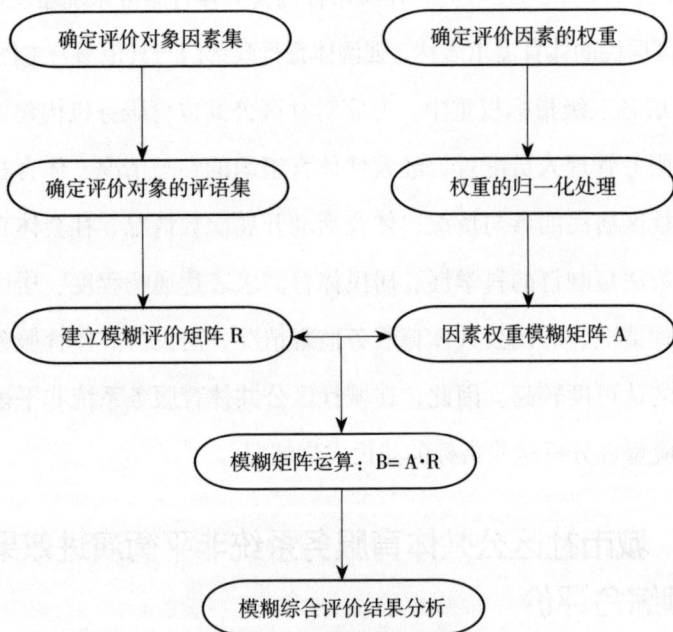

图6-5　模糊综合评价步骤

6.5.1.1 确立评价对象的因素集，形成评价指标体系

对评价对象的相关因素进行分析，采用专家访谈、特尔斐法等征求专家关于城市社区公共体育服务系统建设非平衡演进效果评价指标体系的建议，根据相关建议，对相关指标进行归纳整理、合并或删去，再经专家多次判定，最终形成城市社区公共体育服务系统非平衡演进效果的评价指标

体系，即评价对象的因素集：

$$U_i=\{u_1,\ u_2,\ u_3,\ \cdots,\ u_i\},\ i=1,\ 2,\ \cdots,\ n \qquad （6\text{-}8）$$

其中，U_i 是第 i 个评价指标。

6.5.1.2　确定评价对象的评语集，建立评价标准体系

将评价者对城市社区公共体育服务系统评价指标可能做出的评价分成评语等级，形成评价标准，一般而言，评价等级主要为 3—5 个等级，各评级等级共同组成评语等级集：

$$V=\{v_1,\ v_2,\ \cdots,\ v_j\},\ j=1,\ 2,\ \cdots,\ n \qquad （6\text{-}9）$$

其中 v_j 是第 j 个评价评语结果。

6.5.1.3　确定评价对象的因素权重，形成评价指标权重体系

权重反映了评价对象各因素的相对重要程度，对评价结果影响较大，在不同权重的作用下，评价结果会各不相同。本研究采用层次分析法（AHP），对城市社区公共体育服务系统非平衡演进效果的评价指标权重体系进行了确定，权重体系可表示为：

$$A=\{a_1,\ a_2,\ \cdots,\ a_m\},\ m=1,\ 2,\ \cdots,\ n \qquad （6\text{-}10）$$

其中 a_m 表示第 m 个评价指标的权重。

6.5.1.4　建立评价对象的模糊评价矩阵 R

以评语集为标准，对城市社区公共体育服务系统的各指标进行评价判断，确定各指标相对于评级等级的隶属度，基于隶属度建构模糊关系矩阵 R：

$$R=\begin{pmatrix} r_{11} & r_{12} & \cdots & r_{1n} \\ r_{12} & r_{22} & \cdots & r_{2n} \\ r_{m1} & r_{m2} & \cdots & r_{mn} \end{pmatrix} \qquad （6\text{-}11）$$

其中，r_{mn} 是第 m 个评价指标对于第 n 个评语等级的隶属度。具体评价过程是评价主体根据评语集对评价指标进行评定，选择能够反映该指标具体情况的评语等级，并在该评语等级上划上"√"，统计整理所有评价主体的评定情况，将评定结果绘制成指标评价表（如表6-16所示），对相关评语的评定人数进行归一化处理，即为隶属度。

表 6-16　城市社区公共体育服务系统指标评价表

指标＼评语	V_1 人数 比率	V_2 人数 比率	V_3 人数 比率	V_j 人数 比率
U_1	r_{11}	r_{12}	r_{13}	r_{1n}
U_2	r_{21}	r_{22}	r_{23}	r_{2n}
…	…	…	…	…
U_i	r_{i1}	r_{i2}	r_{i3}	r_{in}

6.5.1.5　多指标模糊综合评价

选取模糊算子 M（·，＋），将城市社区公共体育服务系统评价指标隶属度矩阵 R 与权重矩阵 A 进行合成运算，可以获得城市社区公共体育服务系统非平衡演进效果的模糊综合评价结果矢量 B，这一算法既保留了所有指标的影响，又涉及其权重，能够全面反映城市社区公共体育服务系统非平衡演进效果的综合情况。模糊综合评价模型可表示为：

$$B = AR = (a_1,\ a_2,\ \cdots,\ a_m)\begin{pmatrix} r_{11} & r_{12} & \cdots & r_{1n} \\ r_{12} & r_{22} & \cdots & r_{2n} \\ \vdots & \vdots & \vdots & \vdots \\ r_{m1} & r_{m2} & \cdots & r_{mn} \end{pmatrix} = (b_1,\ b_2,\ \cdots,\ b_n) \quad (6-12)$$

其中，b_n 表示城市社区公共体育服务系统非平衡演进的整体效果相对于评语集 v_j 的隶属度。

6.5.2　城市社区公共体育服务系统非平衡演进效果的模糊综合评价实例

6.5.2.1　评价样本选择与问卷编制

选取山东省 J 市 D 社区为评价对象，D 社区现辖面积 3.2 平方公里，现有社区干部 8 人，共有 6 个居民小组，4365 户居民。根据城市社区公共体育服务系统非平衡演进评价指标体系，制定城市社区公共体育服务系统评价调查表，采用重测法与专家评定法对调查表信效度进行了测评，结果显示问卷具有良好的信效度。采用分层抽样与简单随机抽样相结合的方法，选取 4 个居民小组的社区居民进行调查，共发放问卷 240 份，回收 227 份，其中有效问卷 220 份。居民的职业、年龄、教育程度等基本信息如表 6-17 所示。

表 6-17　D 社区被调查居民基本信息一览表

职业	比例（%）	年龄	比例（%）	教育程度	比例（%）
行政事业人员	18	30 岁以下	27	高中以下	31
企业单位职工	32	31 岁 -40 岁	25	大专	36
服务业人员	26	41 岁 -50 岁	31	本科	24
其他人员	24	50 岁以上	17	研究生以上	8

6.5.2.2　城市社区公共体育服务系统非平衡演进效果评价体系的确定

前文已尝试构建了包括 3 个一级指标、9 个二级指标和 23 个三级指标的城市社区公共体育服务系统评价指标体系与权重体系。下文将以城市社区公共体育服务内容为例（如表 6-18 所示），对城市社区公共体育服务系统非平衡演进效果的模糊综合评价进行阐释。

表 6-18　城市社区公共体育服务内容评价指标与权重一览表

一级指标（B）	二级指标（C）	三级指标（D）
B₂ 公共体育服务内容（0.40）	C₂₁ 体育活动开展（0.080）	D₂₁₁ 开展体育活动次数情况（0.054）
		D₂₁₂ 开展体育活动种类情况（0.026）
	C₂₂ 体育场地设施（0.084）	D₂₂₁ 体育场地设施数量情况（0.039）
		D₂₂₂ 体育场地设施质量情况（0.021）
		D₂₂₃ 体育场地设施位置情况（0.012）
		D₂₂₄ 体育场地设施维修更新情况（0.012）
	C₂₃ 体育健身指导（0.080）	D₂₃₁ 社会体育指导员配置（0.052）
		D₂₃₂ 体育健身指导情况（0.018）
		D₂₃₃ 提供健身咨询情况（0.010）
	C₂₄ 公共体育政策（0.084）	D₂₄₁ 政策法规制订的科学性（0.047）
		D₂₄₂ 政策法规执行的效果（0.037）
	C₂₅ 居民体质监测（0.072）	D₂₅₁ 居民体质监测站点建设情况（0.032）
		D₂₅₂ 居民体质监测周期情况（0.029）
		D₂₅₃ 体育监测人员服务态度（0.011）

6.5.2.3　城市社区公共体育服务系统非平衡演进效果评价语集的确定

将评价等级分为5级：很好（90）、好（80）、一般（70）、差（60）、很差（50），构成城市社区公共体育服务系统非平衡演进效果的评价语集：

$V=\{v_1, v_2, v_3, v_4, v_5\}=\{$很好，好，一般，差，很差$\}=\{90, 80, 70, 60, 50\}$。

6.5.2.4　城市社区公共体育服务内容指标隶属度与评价矩阵的确定

将220份问卷依据评语等级进行整理，统计各评价等级的选择人数，将各评语等级选择人数进行归一化处理，得到各评语等级比率，即为各评价指标的隶属度（如表6-19所示）。

表 6-19　城市社区公共体育服务内容评价指标隶属度一览表

评语\指标	V₁ 人数	比率	V₂ 人数	比率	V₃ 人数	比率	V₄ 人数	比率	V₅ 人数	比率
D₂₁₁	31	0.14	41	0.19	73	0.33	53	0.24	22	0.10
D₂₁₂	17	0.08	55	0.25	83	0.38	36	0.16	29	0.13

续表

评语\指标	V₁		V₂		V₃		V₄		V₅	
	人数	比率	人数	比率	人数	比率	人数	比率	人数	比率
D_{222}	24	0.11	38	0.17	83	0.38	44	0.20	31	0.14
D_{223}	44	0.20	48	0.22	55	0.25	46	0.21	27	0.12
D_{224}	27	0.12	46	0.21	68	0.31	38	0.17	41	0.19
D_{231}	22	0.10	51	0.23	58	0.26	41	0.19	48	0.22
D_{232}	36	0.16	40	0.18	55	0.25	48	0.22	41	0.19
D_{233}	14	0.06	41	0.19	86	0.39	41	0.19	38	0.17
D_{241}	29	0.13	36	0.16	76	0.35	55	0.25	24	0.11
D_{242}	20	0.09	33	0.15	61	0.28	58	0.26	48	0.22
D_{251}	22	0.10	48	0.22	64	0.29	46	0.21	40	0.18
D_{252}	24	0.11	27	0.12	76	0.35	40	0.18	53	0.24
D_{253}	33	0.15	31	0.14	74	0.34	51	0.23	31	0.14

由公式 $R=\begin{pmatrix} r_{11} & r_{12} & \cdots & r_{1n} \\ r_{12} & r_{22} & \cdots & r_{2n} \\ \vdots & \vdots & \vdots & \vdots \\ r_{m1} & r_{m2} & \cdots & r_{mn} \end{pmatrix}$ 建立 C_{21}、C_{22}、C_{23}、C_{24}、C_{25} 的模

糊隶属度关系矩阵：

$$R_{21}=\begin{bmatrix} 0.14 & 0.19 & 0.33 & 0.24 & 0.10 \\ 0.08 & 0.25 & 0.38 & 0.16 & 0.13 \end{bmatrix}$$

$$R_{22}=\begin{bmatrix} 0.14 & 0.20 & 0.31 & 0.19 & 0.16 \\ 0.11 & 0.17 & 0.38 & 0.20 & 0.14 \\ 0.20 & 0.22 & 0.25 & 0.21 & 0.12 \\ 0.12 & 0.21 & 0.31 & 0.17 & 0.19 \end{bmatrix}$$

$$R_{23}=\begin{bmatrix} 0.10 & 0.23 & 0.26 & 0.19 & 0.22 \\ 0.16 & 0.18 & 0.25 & 0.22 & 0.19 \\ 0.06 & 0.19 & 0.39 & 0.19 & 0.17 \end{bmatrix}$$ （6-13）

$$R_{24}=\begin{bmatrix} 0.13 & 0.16 & 0.35 & 0.25 & 0.11 \\ 0.09 & 0.15 & 0.28 & 0.26 & 0.22 \end{bmatrix}$$

$$R_{25}=\begin{bmatrix} 0.10 & 0.22 & 0.29 & 0.21 & 0.18 \\ 0.11 & 0.12 & 0.35 & 0.18 & 0.24 \\ 0.15 & 0.14 & 0.34 & 0.23 & 0.14 \end{bmatrix}$$

6.5.2.5　城市社区公共体育服务内容三级指标模糊综合评价

运用模糊算子 M（·，＋），将城市社区公共体育服务内容三级指标隶属度矩阵与三级指标对权重矩阵进行合成运算，对 C_{21}、C_{22}、C_{23}、C_{24}、

C_{25} 进行模糊综合评价：

$$C_{21} = A_{21}^{'} * R_{21} = (0.054, 0.026) * \begin{bmatrix} 0.14 & 0.19 & 0.33 & 0.24 & 0.10 \\ 0.08 & 0.25 & 0.38 & 0.16 & 0.13 \end{bmatrix}$$
$$= (0.00964, 0.01676, 0.0277, 0.01712, 0.00878) \tag{6-14}$$

$$C_{22} = A_{22}^{'} * R_{22} = (0.039, 0.021, 0.012, 0.012) * \begin{bmatrix} 0.14 & 0.20 & 0.31 & 0.19 & 0.16 \\ 0.11 & 0.17 & 0.38 & 0.20 & 0.14 \\ 0.20 & 0.22 & 0.25 & 0.21 & 0.12 \\ 0.12 & 0.21 & 0.31 & 0.17 & 0.19 \end{bmatrix}$$
$$= (0.01161, 0.01653, 0.02679, 0.01617, 0.01290) \tag{6-15}$$

$$C_{23} = A_{23}^{'} * R_{23} = (0.052, 0.018, 0.010) * \begin{bmatrix} 0.10 & 0.23 & 0.26 & 0.19 & 0.22 \\ 0.16 & 0.18 & 0.25 & 0.22 & 0.19 \\ 0.06 & 0.19 & 0.39 & 0.19 & 0.17 \end{bmatrix}$$
$$= (0.00868, 0.01710, 0.02192, 0.01574, 0.01656) \tag{6-16}$$

$$C_{24} = A_{24}^{'} * R_{24} = (0.047, 0.037) * \begin{bmatrix} 0.13 & 0.16 & 0.35 & 0.25 & 0.11 \\ 0.09 & 0.15 & 0.28 & 0.26 & 0.22 \end{bmatrix}$$
$$= (0.00944, 0.01307, 0.02681, 0.02137, 0.01331) \tag{6-17}$$

$$C_{25} = A_{25}^{'} * R_{25} = (0.032, 0.029, 0.011) * \begin{bmatrix} 0.10 & 0.22 & 0.29 & 0.21 & 0.18 \\ 0.11 & 0.12 & 0.35 & 0.18 & 0.24 \\ 0.15 & 0.14 & 0.34 & 0.23 & 0.14 \end{bmatrix}$$
$$= (0.00804, 0.01206, 0.02317, 0.01447, 0.01426) \tag{6-18}$$

6.5.2.6 城市社区公共体育服务内容二级指标的模糊综合评价

以城市社区公共体育服务内容三级指标模糊综合评价结果为隶属度建构关系矩阵，与二级指标权重矩阵进行合成运算，对城市社区公共体育服务内容二级指标进行模糊综合评价。

$$\underset{\sim}{B_2} = \underset{\sim}{A_2'} * \underset{\sim}{R_2} = \left(A_{21},\ A_{22},\ A_{23},\ A_{24},\ A_{25}\right) * \left(C_{21},C_{22},C_{23},C_{24},C_{25}\right)$$

$$= (0.080,0.084,0.080,0.084,0.072) * \begin{bmatrix} 0.00964 & 0.01676 & 0.02770 & 0.01712 & 0.00878 \\ 0.01161 & 0.01653 & 0.02679 & 0.01617 & 0.01290 \\ 0.00868 & 0.01710 & 0.02192 & 0.01574 & 0.01656 \\ 0.00944 & 0.01307 & 0.02681 & 0.02137 & 0.01331 \\ 0.00804 & 0.01206 & 0.02317 & 0.01447 & 0.01426 \end{bmatrix}$$

$$（6-19）$$

同理，依据上述步骤分别对城市社区公共体育服务主体、城市社区公共体育服务对象二级指标进行模糊综合评价，

$$\underset{\sim}{B_1} = \underset{\sim}{A_1'} * \underset{\sim}{R_1} = (0.00362,0.00651,0.00827,0.00368,0.00273) \quad （6-20）$$

$$\underset{\sim}{B_3} = \underset{\sim}{A_3'} * \underset{\sim}{R_3} = (0.00315,0.00537,0.00976,0.00341,0.00379) \quad （6-21）$$

6.5.2.7　城市社区公共体育服务系统非平衡演进效果的模糊综合评价结果

最后，山东省 J 市 D 社区的公共体育服务系统非平衡演进效果的评价结果为：

$$\underset{\sim}{B} = \underset{\sim}{A} * \underset{\sim}{R} = \left(A_1,\ A_2,\ A_3\right) * \left(\underset{\sim}{B_1},\underset{\sim}{B_2},\underset{\sim}{B_3}\right)$$

$$= (0.30,0.40,0.30) * \begin{bmatrix} 0.00362 & 0.00651 & 0.00827 & 0.00368 & 0.00273 \\ 0.00381 & 0.00606 & 0.01014 & 0.00682 & 0.00526 \\ 0.00315 & 0.00537 & 0.00976 & 0.00341 & 0.00379 \end{bmatrix}$$

$$= (0.00356,0.00599,0.00947,0.00486,0.00406) \quad （6-22）$$

将 B 进行归一化处理：

$$B' = (0.12742,0.21439,0.33894,0.17394,0.14531)$$

$$评价分值 T = B' * V = (0.12742,0.21439,0.33894,0.17394,0.14531) * \begin{bmatrix} 90 \\ 80 \\ 70 \\ 60 \\ 50 \end{bmatrix} = 70.0467$$

$$（6-23）$$

由评价结果可知，山东省 J 市 D 社区的公共体育服务系统非平衡演进效果评价分值为 70.0467 分，发展情况为一般。因此，在今后的工作中，应重视城市社区公共体育服务主体的多元化发展，提供多样性的公共体育服务，积极了解城市社区居民的公共体育需求，贯通居民需求表达机制，促使城市社区公共体育服务系统形成良性互动、共同参与、动态交流的非平衡结构状态。

6.6　小结

城市社区公共体育服务系统非平衡演进效果评价体系的尝试构建，不仅为不断满足城市社区居民的公共体育需求提供了制度保障，而且是促进城市社区公共体育服务系统建设的有效手段。城市社区公共体育服务系统非平衡演进效果评价模型主要包括评价主体、评价指标、评价标准、评价方法与评价客体等五部分，根据城市社区公共体育服务系统建设的根本目的，应确立城市社区居民的评价主体地位，筛选客观科学的评价指标，并根据城市社区公共体育服务系统的复杂性，应选取模糊综合评价方法进行测评。

运用文献资料、实地调研与专家访谈法，对城市社区公共体育服务系统非平衡演进效果的评价指标进行初步筛选，在此基础上，运用特尔菲法确定评价指标，最终确立了包括 3 个一级指标、9 个二级指标、23 个三级指标的评价指标体系。运用层次分析法，对评价指标的权重进行了确定，由权重系数可知，城市社区公共体育服务内容在一级指标中权重较高，城市社区居民的体育需求表达、体育行政部门与其他建设主体在二级指标中权重较高，在三级指标中，权重较高的有社区公共体育服务机构建设、社区公共体育服务管理人员配置、经营性体育组织的参与情况、体育社团的参与情况、社区居民的参与情况、体育活动开展次数情况、社会体育指导员配置、政策法规制订的科学性、居民体育需求表达通畅程度、居民体育需求表达处理情况、居民公共体育服务监督情况、居民公共体育服务评价情况。

运用城市社区公共体育服务系统非平衡演进效果评价体系，选取模糊综合评价方法，对山东省 J 市 D 社区公共体育服务系统建设情况进行了实际测评，评价结果显示，D 社区的评价分值为 70.0467 分，公共体育服务系统建设情况处于一般等级。

第7章 结论、不足与展望

7.1 研究结论

城市社区公共体育服务系统主要包括城市社区公共体育服务主体、城市社区公共体育服务内容、城市社区公共体育服务对象三个子系统，它们之间相互作用、相互影响。城市社区公共体育服务主体与城市社区公共体育服务内容之间是供给与被供给的关系，城市社区公共体育服务对象与城市社区公共体育服务内容之间是决定与被决定的关系，城市社区公共体育服务主体与城市社区公共体育服务对象之间是服务与被服务的关系。城市社区公共体育服务对象决定公共体育服务主体供给的公共体育服务内容。反之，城市社区公共体育服务主体供给的公共体育服务内容影响公共体育服务对象。

城市社区公共体育服务系统非平衡演进主要是指城市社区公共体育服务系统在开放与交流的非平衡结构状态下的演进与发展，其内涵可以表述为"对外开放，对内搞活"，实质是城市社区公共体育服务系统与环境之间、各子系统之间存在相互依存、相互制约的联系。城市社区公共体育服务系统非平衡演进的方向是自组织地形成有序结构状态。在非平衡演进过程中，城市社区公共体育服务系统体现出整体性、稳定性、层次性、多样性、相关性、包容性等特征，具有组织管理、资源整合、服务供给、保障监督、评价反馈等功能。

城市社区公共体育服务系统非平衡演进的运行机制既需要系统组分自发地组织起来主动发生联系，也需要对系统组分的行为进行必要的约束役使。自组织机制是指通过城市社区公共体育服务系统各组分或子系统之间自发自主地相互联系、相互作用，实现从简单到复杂、从低级到高级、从无序到有序的演进，进而实现城市社区公共体育服务系统的良性运行。自组织机制的有序运行需要以城市社区公共体育服务系统的开放性、远离平衡态、非线性作用与涨落为条件，而动力则主要源自城市社区公共体育服务系统内部组分之间的竞争与协同作用。役使机制是指系统组分之间相互竞争、相互协同而形成的序参量的约束役使作用，而公共体育服务制度即为这一序参量。公共体育服务制度规范与有效执行是序参量发挥约束役使作用的条件，而动力则来自系统各组分之间的利益诉求与责任驱动。在两种机制的共同作用下，城市社区公共体育服务系统获得了有序演进的内源式动力。

城市社区公共体育服务系统非平衡演进的实然表征是联系断裂与供需失衡的平衡态。影响城市社区公共体育服务系统非平衡演进的主要因素有城市社区公共体育服务内容因子、城市社区公共体育服务主体因子、城市社区公共体育服务对象因子、城市社区公共体育资源经费因子、城市社区公共体育服务制度建设因子、社会经济文化环境因子，6 个共同因子的累计方差贡献率达到 79.738%。城市社区公共体育服务系统在非平衡演进过程中，主要存在开放不足、联系断裂、供需失衡、监督疲软等问题。

城市社区公共体育服务系统非平衡演进的现实路径主要包括适度开放、加强联系、以需为本、规范制度与优化环境五个方面，适度开放是城市社区公共体育服务系统非平衡演进的前提，可以通过汲取社会资源、发展多元主体以及援引先进模式等途径促进城市社区公共体育服务系统适度开放；加强联系是城市社区公共体育服务系统非平衡演进的关键，可以通过促进主体交流、贯通表达渠道等途径加强城市社区公共体育服务系统组分之间的联系；以需为本是城市社区公共体育服务系统非平衡演进的核心，应确立社区居民的中心地位，践行"社区居民导向"的体育服务理念，建立"以需为本"的公共体育服务供给机制；规范制度是城市社区公共体育服务系统非平衡演进的保障，应鼓励社区居民参与城市社区公共体育服务决策，进一步规范公共体育服务制度内容，完善城市社区公共体育服务监督评价机制；优化环境是城市社区公共体育服务系统非平衡演进的基础，应对城市社区公共体育服务系统的经济环境与社会文化环境进行优化，为其发展创造良好的经济条件与文化氛围。

科学的评价体系不仅是满足社区居民公共体育需求的制度保障，而且是完善城市社区公共体育服务系统监督评价机制的重要手段。城市社区公共体育服务系统非平衡演进效果的评价模型主要包括评价主体、评价指标、评价标准、评价方法与评价客体五个部分，根据城市社区公共体育服务系统建设的根本目的，应确立城市社区居民的评价主体地位，运用文献资料、实地调研与专家访谈法对城市社区公共体育服务系统非平衡演进效果的评价指标进行初步筛选，在此基础上，采用特尔菲法确定评价指标，最终确立了包括3个一级指标、9个二级指标、23个三级指标的评价指标体系。运用层次分析法对评价指标的权重进行了确定，由权重系数可知，城市社区公共体育服务内容在一级指标中权重较高，城市社区居民的体育需求表达、体育行政部门与多元建设主体在二级指标中权重较高，在三级指标中，权重较高的有社区公共体育服务机构建设、社区公共体育服务管理人员配置、经营性体育组织的参与情况、体育社团的参与情况、社区居民的参与情况、体育活动开展次数情况、社会体育指导员配置、政策法规制订的科学性、居民体育需求表达通畅程度、居民体育需求表达处理情况、居民公共体育服务监督情况、居民公共体育服务评价情况。选取模糊综合评价方法，对山东省 J 市 D 社区公共体育服务系统建设情况进行了实际测评，评价结果显示，D 社区的评价分值为 70.0467 分，公共体育服务系统建设情况处于一般等级。

7.2 研究不足

对于城市社区公共体育服务系统这一复杂巨系统而言，系统组分及其相互作用较为复杂，仅仅将其系统结构划分为城市社区公共体育服务主体、城市社区公共体育服务内容、城市社区公共体育服务对象三个子系统，在一定程度上降低了系统结构及其相关作用的复杂性，难以客观全面地反映系统的结构状态。

分析城市社区公共体育服务系统的发展演进需要系统科学、管理学、社会学、经济学、法学、体育学等多学科知识，受自身能力和相关知识储备的影响，笔者对于一些城市社区公共体育服务系统非平衡演进中相关问题的分析较为浅显。

本书虽然运用问卷调查法与案例分析法，对城市社区公共体育服务系统非平衡演进的实然表征与存在的问题进行了实证性分析，但是由于样本选择仅局限于江苏与山东两省的部分城市社区，相关案例也仅为一些典型现象分析，因而论据也呈现出一定的局限性。

本书虽然运用探索性因子分析与验证性因子分析相结合的方法，对城市社区公共体育服务系统非平衡演进的影响因素进行了分析，推导出 6 个影响因子，但是对于相关影响因子的作用原理与作用路径尚未进行深入分析。

本书对于城市社区公共体育服务系统非平衡的现实路径的分析，仅是基于系统科学视角下的一些路径选择，分析也较为浅显，尚需进一步深入研究。在城市社区公共体育服务系统非平衡演进评价指标的筛选中，相关专家对于不同指标的选择具有一定的个人偏好，评价指标的选取具有一定的主观性。此外，仅仅对评价体系作了初步的应用性实验，其科学性与实用性还有待于实践的进一步检验。

7.3　研究展望

本书主要运用系统科学理论、自组织理论与新公共服务理论，围绕"何为非平衡""为何非平衡""如何非平衡"等基本问题，从"理论分析"和"实证调研"两个方面，对城市社区公共体育服务系统非平衡演进进行论证。本研究只是针对城市社区够公共体育服务系统发展问题，提出了一种非平衡演进的观点，相关论证分析仍处于宏观分析层面，对于城市社区公共体育服务系统非平衡演进的具体问题分析，仍有待于从如下几个方面进行：

城市社区公共体育服务系统非平衡演进方式研究。这类研究主要探讨城市社区公共体育服务系统非平衡研究的具体方式。本书已对城市社区公共体育服务系统非平衡演进的内涵、实质、方向、特征、功能与运行机制等基本理论问题进行探讨，在此基础上，需要进一步深化理论研究，以自组织理论为基础，分析城市社区公共体育服务系统非平衡演进的具体方式，丰富与完善城市社区公共体育服务系统非平衡演进的理论研究。

城市社区公共体育服务系统非平衡演进影响因素作用路径研究。作为复杂的巨系统，城市社区公共体育服务系统的非平衡演进受多种因素的影响，本书只是从宏观整体的角度探讨了城市社区公共体育服务系统非平衡演进的相关影响因素，需要进一步加强对城市社区公共体育服务系统非平衡演进影响因素的作用机理与作用路径的研究。

城市社区公共体育服务系统非平衡演进的制度设计。相关制度研究可以为城市社区公共体育服务系统非平衡演进提供保障。如前所述，公共体育服务制度是约束役使城市社区公共体育服务系统各组分行为的序参量，科学、完善的公共体育服务制度不仅能够反映城市社区公共体育服务系统建设的有序程度，而且可以对系统各组分发挥役使约束作用，促进城市社区公共体育服务系统的演进发展。因此，应结合城市社区公共体育服务发展实况，探讨公共体育服务制度设计中存在的具体问题，提高公共体育服务制度的科学性与规范性。

多学科视角下城市社区公共体育服务系统非平衡演进路径研究。本书主要基于系统科学理论与自组织理论，对城市社区公共体育服务系统非平衡演进的现实路径进行了分析探讨。由于城市社区公共体育服务系统的复杂性，涉及的问题也相对复杂，对于相关问题的分析需要多学科理论的综合，才能运用解决相关问题，或是立足某一理论视角，分析具体问题的解决途径。因此，需要加强运用多学科相关知识对城市社区公共体育服务系统非平衡演进具体路径问题的研究。

城市社区公共体育服务系统非平衡演进评价主体与评价标准研究。首先，评价主体研究主要是解决由"谁"去评价的问题，相关研究主要涉及对评价主体的选择、评价主体的责任等进行分析，明确各评价主体扮演的角色与相应的职责。评价标准研究主要是制订客观科学的评价准则与标准，为衡量城市社区公共体育服务系统非平衡演进的效果提供测评依据。

附录1 城市社区公共体育服务系统发展现状调查问卷

尊敬的女士/先生：

  您好！

  为了解城市社区公共体育服务的现实状况，探究与分析城市社区公共体育服务存在的问题与不足，进一步提升城市社区公共体育服务水平，满足广大社区居民日益增加的体育需求，现就贵社区公共体育服务相关情况进行调查，请您依据具体情况如实填写。本次调查仅为课题研究所用，请在横线上填写或在选项中打"√"，您提供的资料将有利于课题研究的顺利完成，在此衷心感谢您的支持与配合！

南京师范大学体育科学学院博士研究生

指导教师：孙庆祝教授

一、您所在社区的概况

1. 您所在的社区位于：＿＿省＿＿市＿＿县（市/区）＿＿街道＿＿社区。

2. 您的职业：（1）行政事业人员　（2）企业单位职工

（3）服务业人员　　（4）其他人员

3. 您的年龄：（1）30岁以下　　（2）31岁—40岁

（3）41岁—50岁　（4）50岁以上

4. 您的受教育程度：（1）高中以下（2）大专

（3）本科　　（4）研究生以上

二、城市社区公共体育服务主体情况

5. 您所在社区有公共体育服务组织管理人员吗？

A. 有专职管理人员　　　　　　B. 有兼职管理人员

C. 没有管理人员

6. 您所在的社区有哪些体育组织？（可多选）

A. 社区文体中心或健身站点　　B. 体育协会等公益性组织

C. 经营性体育组织　　　　　　D. 居民自发成立的体育组织

7. 与过去相比，您所在的社区参与体育服务的部门或组织的发展变化情况如何？

A. 增加幅度较大　　　　　　　B. 有所增加但不大

C. 有所减少　　　　　　　　　D. 其他

8. 您所在的社区积极引导私营体育组织或企业参与公共体育服务吗？

A. 很积极　　　　　　　　　　B. 积极

C. 一般　　　　　　　　　　　D. 不积极

E. 很不积极

9. 您所在的社区积极培育公益性体育社团参与公共体育服务吗？

A. 很积极　　　　　　　　　　B. 积极

C. 一般　　　　　　　　　　　D. 不积极

E. 很不积极

10. 您所在的社区积极鼓励社区居民参与公共体育服务吗？

A. 很积极   B. 积极

C. 一般   D. 不积极

E. 很不积极

三、 城市社区公共体育服务内容的情况

11. 您所在社区的简易体育器材设施的普及程度如何？

A. 很高   B. 高

C. 一般   D. 低

E. 很低

12. 您所在社区的简易体育器材设施损坏情况如何？

A. 完好无损   B. 个别损坏

C. 多数损坏   D. 其他

13. 您所在社区的简易体育器材设施的维护情况如何？

A. 经常维护   B. 偶尔维护

C. 不维护   D. 其他

14. 本地的公共体育场馆的开放和收费情况如何？

A. 免费开放   B. 收费开放

C. 不开放   D. 其他

15. 您认为本社区的体育场地设施的完善程度情况如何？

A. 很完善   B. 完善

C. 一般   D. 不完善   E. 很不完善

16. 您认为本社区体育场地的设施满足居民公共体育活动需求的情况如何？

A. 完全能　　　　　B. 能够　　　　C. 一般

D. 不能　　　　　　E. 完全不能

17. 与过去相比，您所在社区的体育场地设施条件的改善情况如何？

A. 改善幅度较大　　　　　B. 有所改善但不大

C. 不如过去　　　　　　　D. 其他

18. 您所在社区经常组织哪些体育活动？（可多选）

A. 综合性运动赛事　　　　　B. 单项体育竞赛

C. 体育科普活动　　　　　　D. 趣味性体育活动

E. 传统体育项目

19. 您希望参与的体育活动主要有哪些？（可多选）

A. 综合性运动赛事　　　　　B. 单项体育竞赛

C. 体育科普活动　　　　　　D. 趣味性体育活动

F. 传统体育项目

20. 与过去相比，您所在社区的体育活动组织开展的改善情况如何？

A. 改善幅度较大　　　　　B. 有所改善但不大

C. 不如过去　　　　　　　D. 其他

21. 您接受过哪类人员的体育健身指导？

A. 社会体育指导员　　　　　B. 有一定体育特长的人

C. 健身同伴或朋友　　　　　D. 其他人员

E. 无人指导

22. 您对所在的社区的体育健身指导情况的满意程度如何？

A. 很满意　　　　　B. 满意

C. 一般   D. 不满意

E. 很不满意

23. 与过去相比，您所在社区的公共体育健身指导服务的改善情况如何？

A. 改善幅度较大   B. 有所改善但不大

C. 不如过去   D. 其他

24. 您所在社区的居民体质的监测情况如何？

A. 定期监测   B. 不定期监测

C. 不监测

25. 您所在社区的公共体育政策法规主要有哪些？（可多选）

A. 中央部门   B. 省级

C. 地、区、市   D. 基层自制

26. 您所在社区的公共体育政策法规的执行情况如何？

A. 较好   B. 好

C. 一般   D. 差   F. 较差

27. 您认为影响公共体育政策执行的主要因素有哪些？（可多选）

A. 政治体制因素   B. 物质经费因素

C. 社会文化因素   D. 其他因素

28. 本地是否有对公共体育政策执行情况的监督机制？

A. 有   B. 没有

C. 不清楚

29. 与过去相比，您所在社区的公共体育服务政策制定与执行的改善情况如何？

A. 改善幅度较大   B. 有所改善但不大

C. 不如过去   D. 其他

四、城市社区公共体育服务对象的情况

30. 您的体育需求主要有哪些？（可多选）

A. 体育场地设施类需求　　B. 运动参与类需求

C. 健身指导类需求　　D. 体质监测类需求

E. 体育休闲娱乐类需求　　F. 体育政策法规类需求

G. 体育信息咨询类需求　　H. 其他

31. 您的体育需求能够有效地表达给相关部门吗？

A. 完全能　　B. 能够

C. 一般　　D. 不能

E. 根本不能

32. 与过去相比，您的体育需求表达的改善情况如何？

A. 改善幅度较大　　B. 有所改善但不大

C. 不如过去　　D. 其他

五、城市社区公共体育服务系统发展的影响因素

33. 请对城市社区公共体育服务系统影响因素的重要性进行判断，在重要程度一栏打"√"。

影响因素	重要程度				
	很重要	重要	一般	不重要	很不重要
x_1 城市社区居民体育需求的表达情况	⑤	④	③	②	①
x_2 社会经济发展水平	⑤	④	③	②	①
x_3 公共体育服务制度的制定情况	⑤	④	③	②	①
x_4 社会文化环境的影响	⑤	④	③	②	①
x_5 社区公共体育经费的投入情况	⑤	④	③	②	①
x_6 城市社区居民的体育健身意识	⑤	④	③	②	①
x_7 公共体育服务物质资源投入	⑤	④	③	②	①
x_8 社区公共体育服务内容的质量	⑤	④	③	②	①
x_9 公共体育服务评价考核情况	⑤	④	③	②	①
x_{10} 公共体育服务制度的执行情况	⑤	④	③	②	①
x_{11} 社会体育指导员、体育管理者等人力资源开发	⑤	④	③	②	①
x_{12} 政府部门公共体育服务的责任意识	⑤	④	③	②	①

续表

影响因素	重要程度				
	很重要	重要	一般	不重要	很不重要
x_{14} 社区公共体育服务内容的数量	⑤	④	③	②	①
x_{15} 政府、市场、社会组织以及居民之间的联系沟通	⑤	④	③	②	①
x_{16} 市场主体、社会组织、社区居民的参与情况	⑤	④	③	②	①
x_{17} 社区公共体育服务内容的结构或种类	⑤	④	③	②	①

六、城市社区公共体育服务存在的问题与对策

34. 您认为城市社区公共体育服务存在的问题有哪些?（请简要填写）

_____

_____

_____

_____

35. 您关于城市社区公共体育服务发展的建议有哪些?（请简要填写）

_____

_____

_____

_____

问卷结束，感谢您的支持与帮助!

附录 2　城市社区公共体育服务系统
非平衡演进效果评价指标专家调查问卷（第一轮）

尊敬的专家：

您好！

为获得城市社区公共体育服务系统建设发展评价指标，客观科学地对城市社区公共体育服务系统进行评价，根据研究需要，设计专家调查问卷，对评价指标进行筛选，特邀请您作为评定专家，对本研究建立的评价指标的合理程度进行评判，提出指标修改建议。您的宝贵建议是我们建立评价指标体系的重要依据。感谢您的支持与帮助。

在此祝您工作顺利，身体健康！

南京师范大学体育科学学院博士研究生

指导教师：孙庆祝教授

问卷填写说明：

1.本研究设计的评价指标体系由一级指标、二级指标与三级指标构成，请您对各级指标的合理程度进行评判，如需增加、删去或修改指标，请将修改建议填写在修改意见栏。

2. 请在表格合理程度一栏对相关指标进行评判，每一指标只选一种合理程度，在相应程度栏划"√"。

（一）城市社区公共体育服务系统非平衡演进效果的一级指标

指标名称	指标合理程度					指标修改意见
	很合理	合理	一般	不合理	很不合理	
B_1 城市社区公共体育服务主体						
B_2 城市社区公共体育服务内容						
B_3 城市社区公共体育服务对象						

（二）城市社区公共体育服务系统非平衡演进效果的二级指标

指标名称		指标合理程度					指标修改意见
		很合理	合理	一般	不合理	很不合理	
B_1 公共体育服务主体	C_{11} 体育行政部门						
	C_{12} 其他建设主体						
B_2 公共体育服务内容	C_{21} 体育活动开展						
	C_{22} 体育场地设施						
	C_{23} 体育健身指导						
	C_{24} 公共体育政策						
	C_{25} 居民体质监测						
	C_{26} 社区体育文化						
B_3 公共体育服务对象	C_{31} 体育需求表达						
	C_{32} 服务监督评价						

（三）城市社区公共体育服务系统非平衡演进效果的三级指标

指标名称		指标合理程度					指标修改意见
		很合理	合理	一般	不合理	很不合理	
C_{11} 体育行政部门	D_{111} 社区公共体育服务机构建设						
	D_{112} 社区公共体育服务管理人员配置						
C_{12} 多元建设主体	D_{121} 经营性体育组织的参与情况						
	D_{122} 体育社团的参与情况						
	D_{123} 社区居民的参与情况						
C_{21} 体育活动开展	D_{211} 开展体育活动的次数情况						
	D_{212} 开展体育活动的种类情况						

续表

指标名称		指标合理程度					指标修改意见
		很合理	合理	一般	不合理	很不合理	
C_{22} 体育场地设施	D_{221} 体育场地设施数量情况						
	D_{222} 体育场地设施质量情况						
	D_{223} 体育场地设施位置情况						
	D_{224} 体育场地设施维修情况						
	D_{225} 体育场地设施的更新情况						
	D_{226} 体育场地设施的覆盖率						
C_{23} 体育健身指导	D_{231} 社会体育指导员数量						
	D_{232} 社会体育指导员等级情况						
	D_{233} 体育健身指导情况						
	D_{234} 提供健身咨询情况						
C_{24} 公共体育政策	D_{241} 政策法规制订的科学性						
	D_{242} 政策法规执行的效果						
C_{25} 居民体质监测	D_{251} 居民体质监测站点建设情况						
	D_{252} 居民体质监测监率						
	D_{253} 体育监测人员服务态度						
C_{26} 社区体育文化	D_{261} 社区体育文化建设						
	D_{262} 社区体育文化宣传						
C_{31} 体育需求表达	D_{311} 居民体育需求表达通畅程度						
	D_{312} 居民体育需求表达处理情况						
C_{32} 服务监督评价	D_{321} 居民参与公共体育服务监督情况						
	D_{322} 居民参与公共体育服务评价情况						

问卷结束，感谢您的支持与帮助！

附录 3　城市社区公共体育服务系统
非平衡演进效果评价指标专家调查问卷（第二轮）

尊敬的专家：

　　您好！

　　为获得城市社区公共体育服务系统建设发展评价指标，客观科学地对城市社区公共体育服务系统进行评价，根据研究需要，设计专家调查问卷，对评价指标进行筛选，特邀请您作为评定专家，对本研究建立的评价指标的合理程度进行评判，提出指标修改建议。您的宝贵建议是我们建立评价指标体系的重要依据。感谢您的支持与帮助。

　　在此祝您工作顺利，身体健康！

南京师范大学体育科学学院博士研究生

指导教师：孙庆祝教授

问卷填写说明：

　　1. 在第一轮专家调查中，专家对二级指标与三级指标中的部分指标提出了修改建议，本轮再对二级与三级指标进行专家调查。请您对各级指标的合理程度进行评判，如需增加、删去或修改指标，请将修改建议填写在修改意见栏。

2.请在表格合理程度一栏对相关指标进行评判，每一指标只选一种合理程度，在相应程度栏划"√"。

（一）城市社区公共体育服务系统非平衡演进效果的二级指标

指标名称		指标合理程度					指标修改意见
		很合理	合理	一般	不合理	很不合理	
B_1 公共体育服务主体	C_{11} 体育行政部门						
	C_{12} 其他建设主体						
B_2 公共体育服务内容	C_{21} 体育活动开展						
	C_{22} 体育场地设施						
	C_{23} 体育健身指导						
	C_{24} 公共体育政策						
	C_{25} 居民体质监测						
B_3 公共体育服务对象	C_{31} 体育需求表达						
	C_{32} 服务监督评价						

（二）城市社区公共体育服务系统非平衡演进效果的三级指标

指标名称		指标合理程度					指标修改意见
		很合理	合理	一般	不合理	很不合理	
C_{11} 体育行政部门	D_{111} 社区公共体育服务机构建设						
	D_{112} 社区公共体育服务管理人员配置						
C_{12} 多元建设主体	D_{121} 经营性体育组织的参与情况						
	D_{122} 体育社团的参与情况						
	D_{123} 社区居民的参与情况						
C_{21} 体育活动开展	D_{211} 开展体育活动的次数情况						
	D_{212} 开展体育活动的种类情况						
C_{22} 体育场地设施	D_{221} 体育场地设施数量情况						
	D_{222} 体育场地设施质量情况						
	D_{223} 体育场地设施位置情况						
	D_{224} 体育场地设施维修更新情况						

续表

指标名称		指标合理程度					指标修改意见
		很合理	合理	一般	不合理	很不合理	
C_{23} 体育健身指导	D_{231} 社会体育指导员配置						
	D_{232} 体育健身指导情况						
	D_{233} 提供健身咨询情况						
C_{24} 公共体育政策	D_{241} 政策法规制定的科学性						
	D_{242} 政策法规执行的效果						
C_{25} 居民体质监测	D_{251} 居民体质监测站点建设情况						
	D_{252} 居民体质监测周期情况						
	D_{253} 体育监测人员的服务态度						
C_{31} 体育需求表达	D_{311} 居民表达体育需求的通畅程度						
	D_{312} 居民体育需求的处理情况						
C_{32} 服务监督评	D_{321} 居民参与公共体育服务的监督情况						
	D_{322} 居民参与公共体育服务的评价情况						

问卷结束，感谢您的支持与帮助！

附录4　城市社区公共体育服务系统
非平衡演进效果评价指标权重的确定（专家判断问卷）

尊敬的专家：

　　您好！

　　为客观科学地对城市社区公共体育服务系统进行评价，根据研究需要，设计专家评价指标权重判断问卷，对评价指标指标权重进行判定，特邀请您作为评定专家，对本研究建立的评价指标权重的重要程度进行评判。您的宝贵建议是我们确定评价指标权重的重要依据。感谢您的支持与帮助。

　　在此祝您工作顺利，身体健康！

南京师范大学体育科学学院博士研究生

指导教师：孙庆祝教授

问卷填写说明：

　　请参照评价指标重要程度赋值表，对各级评价指标的相关重要程度进行判定并赋值。

评价指标重要程度赋值表

赋值	说明
1	表示指标 a 与 b 相比, 具有同样的重要性
3	表示指标 a 与 b 相比, 指标 a 比指标 b 稍微重要
5	表示指标 a 与 b 相比, 指标 a 比指标 b 明显重要
7	表示指标 a 与 b 相比, 指标 a 比指标 b 强烈重要
9	表示指标 a 与 b 相比, 指标 a 比指标 b 极端重要
2, 4, 6, 8	对应以上两种相邻判断的中间情况
倒数	a 与 b 相比的判断值为 c, 则 b 与 a 的比较值为 1/c

（一）城市社区公共体育服务系统非平衡演进效果的一级指标权重

目标层	公共体育服务主体	公共体育服务内容	公共体育服务对象
公共体育服务主体	1		
公共体育服务内容		1	
公共体育服务对象			1

（二）城市社区公共体育服务系统非平衡演进效果的二级指标权重

公共体育服务主体	体育行政部门	其他建设主体
体育行政部门	1	
其他建设主体		1

公共体育服务内容	体育活动开展	体育场地设施	体育健身指导	公共体育政策	居民体质监测
体育活动开展	1				
体育场地设施		1			
体育健身指导			1		
公共体育政策				1	
居民体质监测					1

公共体育服务对象	体育需求表达	服务监督评价
体育需求表达	1	
服务监督评价		1

（三）城市社区公共体育服务系统非平衡演进效果的三级指标权重

体育行政部门	社区公共体育服务机构建设	社区公共体育服务管理人员配置
社区公共体育服务机构建设	1	
社区公共体育服务管理人员配置		1

续表

其他建设主体	经营性体育组织的参与情况	体育社团的参与情况	社区居民的参与情况
经营性体育组织的参与情况	1		
体育社团的参与情况		1	
社区居民的参与情况			1

体育活动的开展	开展体育活动的次数情况	开展体育活动的种类情况
开展体育活动的次数情况	1	
开展体育活动的种类情况		1

体育场地设施	体育场地设施数量情况	体育场地设施质量情况	体育场地设施位置情况	体育场地设施维修和更新情况
体育场地设施数量情况	1			
体育场地设施质量情况		1		
体育场地设施位置情况			1	
体育场地设施维修和更新情况				1

体育健身指导	社会体育指导员配置	开展健身指导活动	提供健身咨询情况
社会体育指导员配置	1		
开展健身指导活动		1	
提供健身咨询情况			1

公共体育政策	制定政策法规的科学性	政策法规执行的效果
制定政策法规的科学性	1	
政策法规的执行情况		1

居民体质监测	居民体质监测站点建设情况	民体质监测周期情况	体育监测人员服务态度
居民体质监测站点建设情况	1		
居民体质监测周期情况		1	
体育监测人员服务态度			1

续表

体育需求表达	居民表达体育需求的 通畅程度	居民表达体育需求的 处理情况
居民表达体育需求的通畅程度	1	
居民表达体育需求的处理情况		1

服务监督评价	居民公共体育服务监督情况	居民公共体育服务评价情况
居民公共体育服务监督情况	1	
居民公共体育服务评价情况		1

问卷结束，感谢您的支持与帮助！

附录 5　城市社区公共体育服务系统
非平衡演进效果评价调查表

尊敬的居民：

　　您好！为了解社区体育公共体育服务系统建设发展情况，更好地为社区居民提供公共体育服务，特对本社区公共体育服务系统发展状况进行调查，请您根据社区实际情况，对社区公共体育服务评价指标进行评判，在相应评语等级栏划"√"。调查结果仅用于学术研究，我们将对您填写的内容信息严格保密，感谢您的配合与支持。

南京师范大学体育科学学院博士研究生

指导教师：孙庆祝教授

一、您的基本信息

1.您的职业：（1）行政事业人员　　　　（2）企业单位职工

　　　　　　　（3）服务业人员　　　　　（4）其他人员

2.您的年龄：（1）30 岁以下　　　　　　（2）31 岁—40 岁

　　　　　　　（3）41 岁—50 岁　　　　　（4）50 岁以上

3. 您的教育程度：（1）高中以下　　　　（2）大专

　　　　　　　　　（3）本科　　　　　　（4）研究生以上

二、您对所在社区公共体育服务系统建设发展各指标的评价

评级指标体系			评语等级				
一级指标	二级指标	三级指标	很好	好	一般	差	很差
B_1 公共体育服务主体	C_{11} 体育行政部门	D_{111} 社区公共体育服务机构建设					
		D_{112} 社区公共体育服务管理人员配置					
	C_{12} 其他建设主体	D_{121} 经营性体育组织的参与情况					
		D_{122} 体育社团的参与情况					
		D_{123} 社区居民的参与情况					
B_2 公共体育服务内容	C_{21} 体育活动开展	D_{211} 开展体育活动的次数情况					
		D_{212} 开展体育活动的种类情况					
	C_{22} 体育场地设施	D_{221} 体育场地设施数量情况					
		D_{222} 体育场地设施质量情况					
		D_{223} 体育场地设施位置情况					
		D_{224} 体育场地设施维修和更新情况					
	C_{23} 体育健身指导	D_{231} 社会体育指导员配置					
		D_{232} 体育健身指导情况					
		D_{233} 提供健身咨询情况					
	C_{24} 公共体育政策	D_{241} 政策法规制订的科学性					
		D_{242} 政策法规执行的效果					
	C_{25} 居民体质监测	D_{251} 居民体质监测站点建设情况					
		D_{252} 居民体质监测周期情况					
		D_{253} 体育监测人员的服务态度					
B_3 公共体育服务对象	C_{31} 体育需求表达	D_{311} 居民体育需求表达通畅程度					
		D_{312} 居民体育需求表达处理情况					
	C_{32} 服务监督评价	D_{321} 居民参与公共体育服务的监督情况					
		D_{322} 居民参与公共体育服务的评价情况					

问卷结束，感谢您的支持与帮助！

参考文献

［1］Bilmes L J，Gould S W. *People Factor: Strengthening America by Investing in Public Service*［M］. Washington: Brooking Institution Press，2009.

［2］Chelladurai P，Chang K. Targets and Standards of Quality in Sport Services［J］. *Sport Management Review*，2000，3（1）：1-22.

［3］Donhue J D, Nye J S Jr. *For the People: Can We Fix Public Service?*［M］. Washington: Brooking Institution Press，2003.

［4］E·S. 萨瓦斯. 民营化与公私部门的伙伴关系［M］. 北京：中国人民大学出版社，2012.

［5］Frank P J Jr. *Global Sports: Cultures，Markets and Organizations*［M］. SGP：World Scientific，2009.

［6］Greenwell T C，Fink J S，Pastore D L. Assessing the Influence of the Physical Sports Facility on Customer Satisfaction within the Context of the Service Experience［J］. *Sport Management Review*，2002，5（2）：

129–148.

[7] Guttmann A, Thomson L. *Japanese Sports*: *A History* [M]. Honolulu: University of Hawaii Press, 2001.

[8] Johnson B K, Whitehead J C, Mason D S. Willingness to pay for downtown public goods generated by large, sports–anchored development projects: The CVM approach [J]. *City*, *Culture and Society*, 2012, 3（3）: 201–208.

[9] Manson J. *Public Service on the Brink* [M]. Futon: Andrews UK, 2012.

[10] Misener K, Doherty A. Understanding capacity through the processes and outcomes of inter–organizational relationships in nonprofit community sport organizations [J]. *Sport Management Review*, 2013, 16（2）: 135–147.

[11] Seifried C, Clopton A W. An alternative view of public subsidy and sport facilities through social anchor theory [J]. *City*, *Culture and Society*, 2013, 4（1）: 49–55.

[12] 1984 年中共中央关于进一步发展体育运动的通知 [EB/OL]. [2004–04–24]. http://www.olympic.cn/rule_code/code/2004/0426/26065.html.

[13] 阿尔蒙德, 小鲍威尔. 比较政治学: 体系、过程和政策 [M]. 上海: 上海译文出版社, 1987.

[14] 曹可强, 俞琳. 论体育公共服务供给主体的多元化 [J]. 体育学刊, 2010, 17（10）: 22–25.

[15] 陈从刊, 卢文云, 陈宁. 英国公共体育服务供给体系建设的经验与启示 [J]. 成都体育学院学报, 2012, 37（1）: 28–32.

［16］陈伟东.社区自治——自组织网络与制度设置［M］.北京：中国社会科学出版社，2004.

［17］陈新生，楚继军，王宝珠.我国城市社区休闲体育公共服务体系的结构与运行机制分析［J］.北京体育大学学报，2012，35（10）：35-41.

［18］陈新生，楚继军.城市社区休闲体育公共服务的现状与对策［J］.西安体育学院学报，2011，28（1）：29-33.

［19］陈玉忠.城市化进程中体育公共服务建设的策略选择［J］.西安体育学院学报，2012，29（4）：406-411.

［20］第五次全国体育场地普查数据公报［EB/OL］.［2005-02-18］.http://www.sport.gov.cn/n16/n1167/n2768/n32454/134749.html.

［21］丁鸿祥.社区公共体育服务供给模式创新研究［J］.广州体育学院学报，2012，32（1）：19-22.

［22］杜海燕，肖林鹏.澳大利亚体育生活方式探析［J］.体育文化导刊，2011（3）：44-52.

［23］樊炳有.体育公共服务的理论框架及系统结构［J］.体育学刊，2009，16（6）：14-19.

［24］樊炳有.体育公共服务的运行机制探讨［J］.体育与科学，2010，31（2）：25-32.

［25］房蕊.青少年自主健身行为概念模型建构与量表研制［D］.曲阜师范大学，2012.

［26］费孝通.费孝通文集［M］.北京：群言出版社，1999.

［27］巩东超.和谐社会视野下的体育公共服务实现路径［J］.山东体育

学院学报，2013，29（2）：20-23.

［28］谷礼燕.我国城市社区体育公共服务供给制度的改革研究［J］.广州体育学院学报，2011，31（1）：24-27.

［29］国家体育总局体育经济司.体育事业统计年鉴［M］.北京：国家体育总局经济司，2009.

［30］胡锦涛在北京奥运会残奥会总结表彰大会上的讲话［EB/OL］.
［2008-09-29］.http://www.gov.cn/ldhd/2008-09/29/content_1109754.htm.

［31］胡锦涛在中国共产党第十八次全国代表大会上的报告［EB/OL］.
［2012-11-18］.http://cpc.people.com.cn/n/2012/1118/c64094-19612151.html.

［32］胡锦涛在中国共产党第十七次全国代表大会上的报告［EB/OL］.
［2017-11-17］.http://news.cyol.com/content/2017-10/11/content_16573950.htm.

［33］胡茵.我国社区体育公共服务体系的建设与完善［J］.北京体育大学学报，2009，32（5）：12-15.

［34］黄恒学.中国事业管理体制改革研究［M］.北京：清华大学出版社，1998.

［35］姜大勇，王玉珠，张蓉.山东省城市社区公共体育服务供给现状与改进策略［J］.山东体育学院学报，2011，27（1）：1-8.

［36］孔祥.城市社区体育公共服务体系建设的供给主体及实现路径［J］.体育与科学，2011，32（4）：66-71.

［37］蓝国彬，樊炳有.我国体育公共服务供给主体及供给方式探析［J］.

首都体育学院学报，2010，22（2）：27-31.

［38］李国，孙庆祝，刘超.我国三次群众体育服务现状调查比较研究［J］.沈阳体育学院学报，2013，32（2）：27-31.

［39］李国，孙庆祝.奥林匹克运动文化系统自组织发展研究［J］.天津体育学院学报，2009，24（3）：249-252.

［40］李国.基于WSR方法论的群众体育系统影响因素与评价模型研究［J］.体育科学，2012，32（4）：29-34.

［41］李静，陈嵘.浙江省社区体育公共服务体系的现状与对策研究——以杭州市为例［J］.成都体育学院学报，2009，35（12）：23-25.

［42］林子.非营利体育组织参与体育公共服务的路径选择［J］.体育与科学，2012，33（3）：110-117.

［43］刘明生，李建国.城市社会体育组织参与体育公共服务的困境与对策［J］.上海体育学院学报，2012，36（3）：53-56.

［44］刘鹏局长在2013年全国群众体育工作会议上的讲话［EB/OL］.［2013-04-07］.http://www.sport.gov.cn/n16/n1077/n1467/n3986231/3990114.html.

［45］刘艳丽，姚从容.从经济学视角试论我国体育公共服务产业生产主体的多元化［J］.西安体育学院学报，2004，21（5）：16-18.

［46］刘玉.发达国家体育公共服务均等化政策及启示［J］.上海体育学院学报，2010，34（3）：1-5.

［47］刘玉.发达国家体育公共服务社会化改革经验及启示［J］.西安体育学院学报，2011，28（3）：294-300.

［48］刘玉.改革开放30年我国体育公共服务供给模式转型与现实选

择［J］体育科学，2013，33（2）：11-21.

［49］刘玉.体育公共服务市场化改革——发达国家经验及借鉴［J］.北京体育大学学报，2012，35（11）：6-10.

［50］刘玉.我国体育公共服务发展中体育非营利组织参与困境与对策研究［J］.山东体育学院学报，2010，26（9）：16-22.

［51］刘玉.我国体育公共服务社会化系统运行理论、困境及路径［J］.上海体育学院学报，2013，37（1）：14-18.

［52］刘志斌，王彦红.城市社区体育公共服务体系综合评价研究——基于模糊层次分析法［J］.职教论坛，2013，35：94-96.

［53］刘志成.我国城市社区全民健身公共服务体系构建研究［J］.体育与科学，2012，33（4）：75-80.

［54］鲁长芬，陈琪.从当代体育价值观的转变透视新时期体育功能［J］.体育学刊，2007，14（3）：126-129.

［55］栾丽霞，张晓洁.基于网络治理理论的社区体育公共服务供给模式研究［J］.成都体育学院学报，20112，38（9）：25-29.

［56］浦义俊，宋惠娟，邰崇禧.善治视阈下公共体育服务均等化路径选择［J］.成都体育学院学报，2011，37（10）：6-10.

［57］齐立斌.农村公共体育服务体系的运行机制研究［J］.南京体育学院学报，2010，24（4）：44-48.

［58］邱雪.体育强国指标体系的创建［J］.中国体育科技，2010，46（1）：10-14.

［59］全民健身条例［EB/OL］.［2009-08-30］.https://baike.baidu.com/item/%E5%85%A8%E6%B0%91%E5%81%A5%E8%BA%AB%E6%9D%

A1%E4%BE%8B/6049701?fr=aladdin.

［60］邵斌，蔡玉军，周曰智，等.体育公共服务的政府供给研究［J］.上海体育学院学报，2012，36（4）：7-11.

［61］宋娜梅，罗彦平，郑丽.体育公共服务绩效评价：指标体系构建与评分计算方法［J］.体育与科学，2012，33（5）：30-34.

［62］孙庆祝，李国.奥运会系统自组织发展的环境和条件因素研究［J］.体育与科学，2008，29（1）：3-7.

［63］谭华.新中国体育的重大转折——1978年以后体育战线的三年调整［J］.体育文史，1999（5）：1-5.

［64］汤际澜.英国公共服务改革和体育政策变迁［J］.南京体育学院学报，2010，24（2）：43-47.

［65］唐立慧，郇昌店，肖林鹏，等.我国公共体育服务的市场化改革研究［J］.西安体育学院学报，2010，27（3）：257-261.

［66］田华，陈静波.论社区公共服务供给中的多元主体［J］.云南行政学院学报，2007（6）：103-106.

［67］田雨普.新中国60年体育发展战略重点转移的回眸与思索［J］.体育科学，2010，30（1）：3-9.

［68］王景波，赵顺来，魏丕来.地方政府体育公共服务绩效评估指标体系的研究［J］.沈阳体育学院学报，2011，30（2）：1-7.

［69］王骏，周曰智.补贴与项目委托契约下体育公共服务供给模式的创新——基于上海市杨浦区政府、学校、体育俱乐部合作模式的调查［J］.山东体育学院学报，2012，28（1）：1-5.

［70］王凯，殷宝林，王正伦.公共服务视域政府体育工作绩效"异体评

估"研究［J］.体育科学，2011，31（9）：34-40.

［71］王凯珍，任海，王渡，等.我国城市社区体育的现状及发展趋势［J］.
体育科学，1997，17（5）：6-10.

［72］王凯珍.社会转型与中国城市社区体育发展［D］.北京体育大学，
2004.

［73］王梦阳.政府公共体育服务满意度绩效评估指标的构建——以上海
市为例［J］.体育科学，2013，33（10）：63-70.

［74］王芹.我国社区体育健身俱乐部公共服务绩效评估研究［J］.上海
体育学院学报，2012，36（4）：22-26.

［75］王艳.公共体育服务政府供给的创新途径研究［J］.沈阳体育学院
学报，2011，30（2）：12-15.

［76］吴彤.自组织方法论研究［M］.北京：清华大学出版社，2001.

［77］肖林鹏，李宗浩，杨晓晨.公共体育服务概念及其理论分析［J］.
天津体育学院学报，2007，22（2）：97-101.

［78］谢正阳.全民健身公共服务评价指标体系探析［J］.体育与科学，
2013，34（1）：86-93.

［79］徐本力.体育强国、竞技体育强国、大众体育强国内涵的诠释与评
析［J］.天津体育学院学报，2009，24（2）：93-98.

［80］许金锋，麻新远.城市化进程中我国公共体育服务供给的困境及破
解途径［J］.沈阳体育学院学报，2013，32（4）：37-43.

［81］许静，王正然.美国大众体育健身服务业发展研究及其启示［J］.
南京体育学院学报，2010，24（5）：73-75.

［82］杨桦，任海.转变体育方式由"赶超型"走向"可持续发展型"［J］.

北京体育大学学报，2013，36（1）：1-9.

［83］于善旭.论公民体育权利［J］.体育科学，1993，13（6）：23-25.

［84］袁方.中国社会结构转型——社会学家访谈丛书［M］.北京：中国
社会出版社，1998.

［85］张宏，陈琦.我国公共体育服务不同供给主体的职责划分［J］.广
州体育学院学报，2013，33（2）：4-7.

［86］张梅.服务外包理论下我国体育公共产品供给模式研究［J］.体育
与科学，2012，33（5）：20-26.

［87］张永韬.非营利体育组织供给体育公共产品模式研究［J］.成都体
育学院学报，2012，38（12）：24-27.

［88］张枝梅，李月华.体育生活化社区评价指标体系研究［J］.北京体
育大学学报，2012，35（4）：34-38.

［89］赵一平.竞技体育人才培养链理论与实证研究［D］.南京师范大学，
2010.

［90］珍妮特·V.登哈特，罗伯特·B.登哈特.新公共服务：服务，而不
是掌舵［M］.北京：中国人民大学出版社，2010.

［91］郑杭生.社会学概论新修［M］.北京：中国人民大学出版社，2003.

［92］郑家鲲，黄聚云.基本公共体育服务评价指标体系的构建［J］.上
海体育学院学报，2013，37（1）：9-13.

［93］郑家鲲，沈建华.长三角地区体育公共服务发展现状、基本矛盾与
对策［J］.上海体育学院学报，2009，33（3）：6-9.

［94］郑丽.社会体育组织参与体育公共服务的路径选择［J］.体育文化
导刊，2011（7）：9-12.

［95］政府工作报告——一九九五年三月五日在第八届全国人民代表大会第三次会议上［N］.人民日报，1995-03-20（01）.

［96］中华人民共和国体育法［EB/OL］.［1995-08-29］. http://old.moe.gov.cn//publicfiles/business/htmlfiles/moe/s6615/201207/138901.html.

［97］周爱光."体育大国"与"体育强国"的内涵探析［J］.体育学刊，2009，16（11）：1-4.

［98］周爱光.从体育公共服务的概念审视政府的地位和作用［J］.体育科学，2012，32（5）：64-70.

［99］周兰君.美国大众体育管理方式管窥［J］.体育学刊，2010，17（9）：45-49.

［100］周良君.广东省体育公共服务均等化现状与路径选择［J］.上海体育学院学报，2011，35（3）：33-37.